本专著从事的研究受到国家自然科学基金项目"科学合作网络的不连通问题研究"（No.71473237）资助。

本专著是国家新闻出版广电总局首批新闻出版业科技与标准重点实验室"富媒体数字出版内容组织与知识服务重点实验室"的研究成果，受中国科学技术信息研究所"富媒体数字出版内容组织与知识服务关键技术研发与应用示范"项目（ZD2018-07）资助。

本专著部分研究内容是中国工程科技知识中心建设项目"知识组织体系建设"(CKCEST-2017-1-12，CKCEST-2018-1-26)的研究成果。

语义指纹著者姓名消歧理论及应用

Author Name Disambiguation Based on Semantic Fingerprint: Theory and Applications

韩红旗　著

U0642804

科学技术文献出版社
SCIENTIFIC AND TECHNICAL DOCUMENTATION PRESS

·北京·

图书在版编目（CIP）数据

语义指纹著者姓名消歧理论及应用 / 韩红旗著. —北京：科学技术文献出版社，2018.7

ISBN 978-7-5189-4594-8

Ⅰ．①语… Ⅱ．①韩… Ⅲ．①信息检索 Ⅳ．① G254.9

中国版本图书馆 CIP 数据核字（2018）第 140314 号

语义指纹著者姓名消歧理论及应用

策划编辑：周国臻　　　责任编辑：李　晴　　　责任校对：张吲哚　　　责任出版：张志平

出　版　者	科学技术文献出版社
地　　　址	北京市复兴路15号　　邮编 100038
编　务　部	（010）58882938，58882087（传真）
发　行　部	（010）58882868，58882870（传真）
邮　购　部	（010）58882873
官 方 网 址	www.stdp.com.cn
发　行　者	科学技术文献出版社发行　全国各地新华书店经销
印　刷　者	北京教图印刷有限公司
版　　　次	2018 年 7 月第 1 版　2018 年 7 月第 1 次印刷
开　　　本	710×1000　1/16
字　　　数	220千
印　　　张	14.25
书　　　号	ISBN 978-7-5189-4594-8
定　　　价	68.00元

版权所有　违法必究

购买本社图书，凡字迹不清、缺页、倒页、脱页者，本社发行部负责调换

自　序

大学期间，曾受几位老师和两位非常有科研天分的学长指点和提携，参加了几个项目的研发工作，做了一点跟科研相关的事情。然而，毕业后并没有走向科研道路，不适合做商业工作的我进入了一个小型的国有企业，成为一名工程师，然后成为一名市场营销人员，将10年最宝贵的青春年华浪费在了绝对不擅长的商业领域。

直到过了而立之年，迷茫之中的我决定读研究生学点管理学知识，以弥补自己欠缺的商业能力。然而毕业后我没有再回到企业，而是阴差阳错地进入了一所地方高校，成为一名光荣的人民教师。这时，环顾四周，我才发现在这个知识分子成堆的地方，自己学到的商业知识不重要，科研能力才是未来赖以生存的能力。

为此，我决定攻读博士学位，转向科研道路，开始了个人转型之路。这期间的酸甜苦辣、压力、困难、挫折难以言表。

在转到科研道路后，一直想将自己的科研成果总结一下，写一本书。这个念头出现之后，曾多次想启动这个工作，但一方面觉得研究尚浅，实在拿不出手，不适合成书；另一方面，编书是一件折磨人的事情，而我不是一个自律性很强的人，如果没有压力和动力，我是很难忍受长时间的枯燥工作的。为此，我在2014年申请的国家自然科学基金项目"科学合作网络的不连通问题研究"中有意设立了一个指标，就是完成一本图书，逼着自己下功夫来完成这个"艰苦卓绝"的工作。

转眼间，3年过去了，指标中的图书还没有踪影。眼看项目周期的最后一年临近，迫不得已，才逼着自己静下心来考虑如何完成这个指标，至于编一本"流芳百世"的书的想法完全烟消云散了。好在这2年我自己在科学合作网络上有了一些研究的积累，我指导的几个硕士生和同研究室的同事也有了一些成果提供了基本的素材让我来编纂这本图书了。

申请的自然科学基金项目是科学合作网络领域的。科学合作网络是一个跟人物有关的网络，准确地说，是科研工作者由于合作而产生的人物社会网络。我想做跟人物相关的研究有两个原因。一个原因源自于我的博士导师北京理工大学朱东华教授给我的一个教诲，他说做科技监测要"三盯"，即"盯人、盯机构、盯项目"。"三盯"让我们知道一个科研人员、一个科研机构、一个国家在做什么、发展什么，我想把"盯人"这个先做了，因为人是科研的第一要素，没有"人"就没有科研、就没有创新，而且机构的研究是靠科研人员做的，项目也是科研人员申请的。另一个原因源自于我到中国科学技术信息研究所工作以后承担的一个国家科技支撑计划课题，这个课题的名字是"基于多源信息的电动汽车数据挖掘关键技术研究"。我在这个课题中承担了一个任务，是关于学术社会网络的相关技术研究的。学术社会网络是由一个个科研人员构成的，通过社会网络"盯人"是一个好的方法，而这正是我愿意做的一个方向。

在研究中我发现构建科学合作网络的第一个问题是姓名消歧。只有将重名人员"各归其位"，构建的网络才更准确，分析的结论才更可靠。我在进入中国科学技术信息研究所工作之前一直在做文本挖掘相关的研究，对社会网络知之甚少，对姓名消歧的难度也没有深刻认识。所以，当一个学术造诣深厚的同事跟我说"姓名消歧是世界难题"时，我不以为然，曾"豪情万丈"地说这个问题将被我们解决。然而，随着对姓名消歧研究的逐渐深入，我才真正认识到这个问题的复杂性和难度，暗暗为当时的吹牛脸红。姓名消歧问题的复杂性和难度不仅在于现实中有些姓名重名的人很多、科研人员的流动性很强、有些重名人员可能只有1篇或2篇论文等客观条件，更在于其技术上的难度。首先，聚类的数量没有先验知识，歧义程度不服从正态分布，网页是噪声源，属性和其他索引很难抽取；其次，姓名消歧涉及文本聚类、信息抽取、词义区分等复杂的自然语言处理和信息检索技术，当前的姓名唯一标识系统也难以从根本上解决这个问题，而跨学科研究重名人员、姓名的变体、跨语言姓名消歧等更增加了这个问题解决的难度。

　　我们在前人研究的基础上，提出了一套以语义指纹技术为基础的著者姓名消歧方法，达到了较好的姓名消歧效果，较同类研究在时间成本、运算代价和存储空间需求上均有明显的优势，具有较强的实用性。现将研究成果编纂成书，一方面希望能为后来者研究这个问题提供一点资料和想法，算是抛砖引玉吧；另一方面我们出版此书也希望更多的学者来继续关注这一问题，让我们在互联网的海洋中不迷失自己，能知道我是谁、他是谁。

　　尽管我们在编纂此书过程中力求严谨，但受个人能力、时间所限，本书难免存在不足甚至是错误之处，恳请读者批评指正。任何咨询、批评、建议可以发邮件给我，邮箱地址为 bithhq@163.com。

　　感谢那些为本书提供了大量素材的研究室同事和研究生们。

如果本书有些亮点，那一定是你们的功劳；如果本书有问题，那一定是我的粗心和马虎。感谢国家自然科学基金委员会给予我们项目的支持，才让我们有条件完成这本书的编纂。感谢在这一课题研究过程中给予我们指导和批评的专家和学者，正是你们的真知灼见让我们的研究得以完善。感谢我所在工作单位的领导和同事，正是你们给了我支持，才让我完成了这项对我来说很艰难的工作。感谢我挚爱的妻子和儿子，由于你们对家庭的默默付出，以及对我工作无底线的支持，我才有了大量时间来完成这一工作。

韩红旗

2018 年 2 月于北京

前　言

　　狭义上讲，科学合作网络（Scientific Collaboration Network）是指以论文或专利数据中的合著关系为基础构建的社会网络。论文的作者、专利的发明人在本书统一称为著者或作者。科学合作网络中，节点是著者，边是著者之间的合著关系（Co-authorship）。虽然也有研究国家或地区间合作的科学合作网络，但本研究限定其为著者合著关系构建的网络。科学合作网络中的合著关系是一种强社会关系，合著者一般认识，往往是同一个机构、同一个项目、同一个科研工作中的"同事"，或者通过其他合著者间接认识，所以它在揭示科研工作者的关系、发现科研合作社区、提升学术信息检索质量、评价科研人员的能力、提供学术推荐和科研合作建议、服务科研论文和项目评审等方面有着重要的应用，从而受到了不少研究人员的关注。

　　在对科学合作网络进行研究的过程中，我们发现构建的科学合作网络由很多不连通的子网络构成，其中通常存在一个作者数量很多的"中心网络"和很多作者数量较少的"边缘网络"。文献调研中发现，虽然不少研究者已经注意到构建的科学合作网络是由很多不连通的子网络构成的，但并未就其进行深入研究。科学合作网络的不连通问题会在一些实际应用产生错误的结果，影响其应用效果。为此，本项目拟对不连通问题的原因、不连通问题对实际应用的影响进行分析，探索提高科学合作网络连通性的方法。基于不连通是因为数据不全面的假设，对中英双语言体系下的跨数据库姓名消歧问题进行研究，在此基础上，对采用关系扩展方法提高科学合作网络连通性的方法进行研究。基于关系扩展法成本高、效率低等不足，对采用链接预测算法提高科学合作网络连通性的方法进行研究。通过对科学合作网络不连通问题的研究，探索提高连通性的方法，希望为科学合作网络的深入研究和应用提供新的理论或方法的指导。

在科学合作网络研究中，著者姓名消歧是普遍认可的一个重要步骤，也是一个关键步骤。来源于传统图书馆权威控制（Authority Control）思想的人工消歧固然是一种较为可靠的方法，但该方法效率较低，人为因素可能造成消歧效果充满不确定性，使其难以满足文献数据量激增和数字图书馆服务及时化的需求。因此，采用自动化的姓名消歧技术是一种更为现实的解决方案，也是当前的研究热点和重点。自动姓名消歧技术是自然语言处理的基本问题之一，最初是作为实体共指现象来研究的，后来在一些会议和评测竞赛的推动下，姓名消歧作为一个单独的研究问题被提出来。提出的众多自动化消歧技术大体上可以落入无监督和有监督的机器学习的范畴。虽然很多算法被提出来以解决这个问题，但迄今为止不少研究者认为它依然是学术界的一大难题。此外，当前的自动化处理技术多研究静态数据环境下的姓名消歧，大多需要较大的运算量，较少考虑真实的、动态的数字图书馆情景下的消歧。

随着数字图书馆、互联网的进一步发展，姓名歧义问题越来越得到重视。对于著者姓名消歧来说，图书情报领域的国内外研究人员和机构提出构建一个注册系统，为每一名科研人员分配唯一的 ID，这样就能从根本上解决著者姓名歧义问题。表面上这个提议很好，但有些专家指出，该系统不符合现实世界的人类行为，没有考虑到基于 Web 的资源天性是脆弱的，也没有考虑到这样一个注册系统谁愿意来长期资助并维护，因此这样的系统并不能从根本上解决姓名歧义问题。尽管国内外一些机构建立了 ResearcherID、ORCID、ScholarID 等科研人员唯一标识系统，对这种思想进行了具体实践，然而数年过去了，仍未见该提议起到根本的效果。

我们在语义指纹、著者姓名消歧相关理论和应用的研究过程中，以及在本书的编写过程中，参考了大量国内外出版物和网上资料，在此谨向各位作者表示由衷的敬意和感谢。我们尽可能地遵循学术规范要求，将有关观点、文字、图表的引用出处列入参考文献中，如有疏漏，也请谅解。

本书是团队工作的结晶，参加编写的人员主要来自于中国科学技术信息研究所知识组织与知识工程研究室的研究人员和研究生。研究人员主要有韩红旗、姚长青、董诚、刘志辉、张运良、李琳娜、王莉军、李颖、刘洢颖、王力、高影繁、张兆锋、桂婕，研究生主要有付媛、于永胜、李仲、翟晓瑞。其中，姚长青、董诚、刘志辉、张运良对本书的编纂和研究工作提出了具体的意见和指导，李琳娜、王莉军、李颖、刘洢颖、王力、高影繁、张兆锋、桂婕、付媛、于永胜、李仲、翟晓瑞等参与了前期的资料收集和整理及文字内容的检查、修订工作，付出了辛勤的劳动，在此表示最诚挚的谢意。

目　　录

图表目录

第 1 章　姓名消歧综述

姓名歧义存在两种情况：同名异人（Polysemy Problem）和同人异名（Synonym Problem）。同名异人是指现实世界不同的两个人有相同的名字，同人异名则是现实世界的一个人拥有多个不同的名字。本书的研究主要是针对同名异人开展的。姓名歧义在数据库检索、科学家成果评价等方面给我们带来了种种不便。获取的数据常常需要花费大量人工、时间进行姓名消歧后才能进一步使用。

1.1　姓名歧义现象

姓名歧义现象普遍存在于各个国家和各类语言中，无论是外国人还是中国人，一般指的是不同的现实人物实体拥有同样的姓名，在对某一姓名进行查询时得到的结果为具有相同姓名的不同人物实体内容的混合，产生了难以区分的问题。例如，美国人口调查局 1990 年发布的报告显示，有 1 亿美国人却仅仅用了 90 000 个不同的名字[1-3]，即 1 亿个美国人分享了 9 万个名字。中国公民身份证号码查询服务中心在 2014 年年底公布了"中国重名最多的 50 个姓名"，其中姓名叫"张伟"的有 299 025 人[4]。另据相关报道，4 个高重名姓名在中国的重名覆盖人数分别是："王刚" 15 万，"工伟" 28 万，"张伟" 29 万，"刘波" 130 万[5]。2014 年，《人民日报》微博发布《中国重名 20 强》，分别是：1 张伟、2 王伟、3 王芳、4 李伟、5 李娜、6 张敏、7 李静、8 王静、9 刘伟、10 王秀英、11 张丽、12 李秀英、13 王丽、14 张静、15 张秀英、16 李强、17 王敏、18 李敏、19 王磊、20 刘洋①。

国外有一个网站专门列出了一些重名的名人，这些重名的名人常常给人们带来困扰②。图 1.1 是其中的 3 个例子，其中（a）列出了《华尔街》电

---

① 中国重名 20 强出炉　你家孩子中招了吗 [EB/OL]. (2014 – 11 – 27) [2017 – 10 – 16]. http：//baby. 163. com/14/1127/16/AC2ORTBP00362USS. html.

② Famous people with the same real name [EB/OL]. [2017 – 12 – 09]. http：//www. ranker. com/list/famous-people-with-the-same-name/celebrity-lists.

影男主角、著名影星 Michael Douglas 与出演《蝙蝠侠》的另一个著名影星重名；(b) 显示了著名影星 Kate Hudson 与一个流行歌星重名的情况，后者使用了她妈妈的未婚名字才不会因与前者同名而造成困扰；(c) 显示了著名科学家 Albert Einstein 与一个著名影星重名的情况。

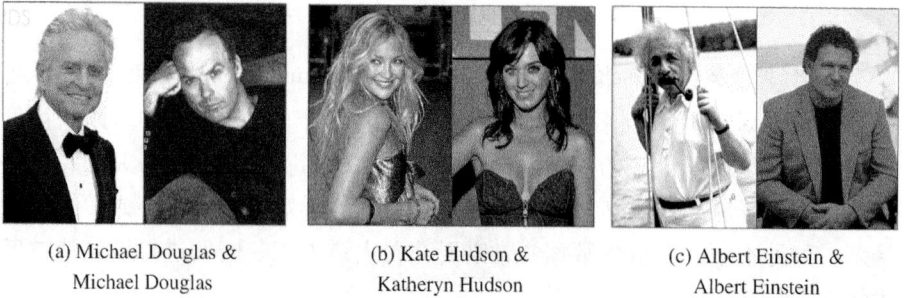

(a) Michael Douglas &
Michael Douglas

(b) Kate Hudson &
Katheryn Hudson

(c) Albert Einstein &
Albert Einstein

图 1.1　重名的国外名人

中国人也存在不少名人重名现象。例如，当代著名相声演员、与相声演员郭德纲搭档的于谦，与明代民族英雄、政治家、军事家和文学家于谦重名；以演唱《好人一生平安》和《青藏高原》闻名、后来遁入佛门的著名流行歌手李娜与中国女子网球名将李娜重名；以演唱《常回家看看》闻名的歌手陈红与著名电影导演陈凯歌的妻子、在电视剧《三国演义》中饰演貂蝉的陈红重名。有些名字重名特别严重，例如，在百度百科中查询高峰这个名字时存在有 119 个义项，即有 119 个名人重名（检索时间：2018 年 2 月 23 日），除了比较著名的足球运动员高峰外，还有大学教授、相声演员、著名歌手、政府官员、企业家等与其重名。

著名人物的重名虽然给人们带来了不便，但分辨起来比较容易，人们可以通过其作品、家乡、年代、性别等属性区分，而对于普通人员，尤其是重名非常多的人，要一一区分是非常困难的。

1.2　姓名歧义带来的挑战

使用搜索引擎查询自己所需要的信息已经成为现代人工作和生活必不可少的一部分。当前，如何从海量数据中高效快速地返回用户感兴趣的内容，同时满足搜索用户对搜索引擎查准率和查全率的高水平要求，成为信息检索服务面临的重要挑战。搜索姓名获取人物相关信息是用户搜索的重要方式之一，也是用户在互联网搜索的主要目的之一。当很多人的姓名相同时，针对该姓名的搜索将是一个非常有挑战性的任务[6]。

据统计，在搜索引擎查询中对人名的搜索和查询请求占 5%~10%[7]，是信息查找的关键点之一。一项对 AllTheWeb 和 Altavista 搜索站点检索日志的研究发现，大约 4% 的搜索对搜索引擎进行的查询时只包含有人名，有 11%~17% 的人愿意在搜索人名的时候加上额外信息[8]。王鑫[9]从搜狗实验室提供的查询日志的 2100 多万条非空查询中随机抽取了 1 万条进行统计，发现有 13% 的查询中至少包含一个人名，其中 8.2% 的查询就是单个人名本身。

随着万维网上信息量越来越大，越来越多的网页中包含了姓名信息，重名现象的普遍性导致了互联网文本中姓名歧义现象严重。当采用一个常见名字在搜索引擎搜索网页时，返回的结果常常提及很多重名人物，由于搜索引擎返回的搜索结果并未对有歧义的人名有效地消歧和组织，这给检索者区分不同的人带来了很大的困扰，用户不得不花费大量时间从重名人物中筛选出自己感兴趣的人物信息。随着大数据时代的来临，人们除了需要通过搜索引擎获取姓名实体的准确信息外，还迫切需要在网页、在线数据库、各类知识库等不同来源的数据之间发现姓名实体之间的关联，从而建立含有相同姓名实体资源之间的联系。因此，有效地解决姓名歧义问题成为人工智能领域内自然语言处理所面临的重要挑战和紧迫任务，也成为近年来国内外众多学者的研究热点领域[9-12]。

从研究的观点来看，Web 网页人名搜索是一个非常有挑战性的工作，聚类的数量没有先验知识，姓名歧义程度也不服从正态分布，网页是噪声源，属性和其他索引很难抽取。从技术上看，Web 姓名消歧涉及自然语言处理和信息检索任务，如文本聚类、信息抽取、词义区分等[13]。姓名消歧与词义消歧是自然语言处理领域的两种消除歧义的问题，两者相似却不同，词义消歧面对的消歧内容是词义种类数目已知的情况，而人名歧义无法预先知道包含多少实际人物[14]。姓名消歧也需要解决实体识别的问题，命名实体识别主要解决的问题是识别出某一个文本中提到的特定类别的实体，如机构名、地名、人名等，而姓名消歧不仅要识别出文本中的人名，还是一种跨文本消歧，包含某一个人物实体的所有文档，需要通过大量计算和利用从外部资源获得的相关知识来得出人物特征。因此，姓名消歧比词义消歧和命名实体识别更加复杂，需要更深入的研究。

1.3 著者姓名歧义问题

今天，学术数字图书馆是科学家获取文献和发现感兴趣主题的重要资源，如 Science Direct①，SpringerLink②，Web of Science③ 和万方数据④等。对于任何文献工作，一个最基本的问题是识别谁写了这篇文章，或是识别某一个人写的所有文章[15-16]。然而，同名不同人的问题给这种识别带来了麻烦，显然给学术交流与情报分析工作带来了严重的困扰[17-18]，主要表现在对科学家产出、发明人流动性和科学合作的研究上[19]。这个同名不同人的问题就是著者姓名歧义问题。著者姓名歧义是一种不确定性问题，由于存在科技文献著者同名不同人的情况，使得人们很难区分每一个著者的工作[20-21]。由于类似同义词（同一个人可能有多个不同的名字）及多义词（不同人具有相同的名字）的情况，信息用户和分析人员在搜索文献时常常感到困扰[22]。

例如，为了减少重名人员带来的困扰，方便学术交流与相关工作，化柏林在 2011 年专门对图书情报领域的重名专家进行了整理，如表 1.1 所示。

表 1.1　图书情报领域的重名人员

姓名	学者	单位（职务）	所属团队或研究方向
张志强	张志强 A	中国科学院国家科学图书馆兰州分馆馆长	战略情报
	张志强 B	南京大学信息管理系博士生导师	编辑出版
张薇	张薇 A	中国科学院国家科学图书馆副馆长	
	张薇 B	陕西省科学技术信息研究所副所长	
谢靖	谢靖 A	中国科学院国家科学图书馆信息系统部	张智雄
	谢靖 B	南京大学信息管理系博士生	苏新宁
王敏	王敏 A	中国医学科学院医学信息研究所	许培扬
	王敏 B	武汉大学科学评价研究中心	赵蓉英

① https：//www.sciencedirect.com/.
② http：// http：//link.springer.com/.
③ http：//isiknowledge.com/.
④ http：//www.wanfangdata.com/.

续表

姓名	学者	单位（职务）	所属团队或研究方向
李纲	李纲 A	武汉大学信息管理学院副院长、博士生导师	
	李刚 B	南京大学信息管理系	倪波、孙建军
	李刚 C	空军航空大学特种专业系	
	李刚 D	南京师范大学教育科学学院	
	李刚 E	中国民航大学图书馆	
	李刚 F	湖北省科技信息研究院	
	李刚 G	湖北省图书馆	
	李刚 H	淮阴工业专科学校图书馆	
	李刚 I	太原理工大学经济管理学院	
王芳	王芳 A	南开大学商学院信息管理系教授、博导	
	王芳 B	河北科技学院图书馆	
	王芳 C	天津师范大学图书馆	
	王芳 D	沈阳体育学院图书馆	
	王芳 E	湖南理工学院图书馆	
	王芳 F	沈阳药科大学图书馆	
	王芳 G	曲阜师范大学日照校区信息技术与传播学院	
	王芳 H	陕西理工学院图书馆	
	王芳 I	宁夏大学图书馆	
	王芳 J	广西大学图书馆	
	王芳 K	滨州医学院图书馆	
杜娟	杜娟 A	中国科学院心理研究所图书馆	
	杜娟 B	浙江省医学科学院情报研究所主任	
王青	王青 A	中国科学技术情报学会办公室	
	王青 B	《医学信息学杂志》编辑部主任	
陈诚	陈诚 A	湖南农业大学农业信息研究所	
	陈诚 B	华南师范大学图书馆	

续表

姓名	学者	单位（职务）	所属团队或研究方向
胡磊	胡磊 A	北京大学信息管理系→首都经济贸易大学	陈建龙
	胡磊 B	中国产业竞争情报网物联网研究中心	
李贺	李贺 A	吉林大学管理学院信息管理系主任、教授	
	李贺 B	吉林省委党校图书馆	
李桂华	李桂华 A	南开大学商学院教授	
	李桂华 B	四川大学公共管理学院	
刘建国	刘建国 A	上海理工大学管理学院	
	刘建国 B	中国民航大学图书馆	
Song Lirong	宋丽荣	国家图书馆	数字资源加工
	宋立荣	中国科学技术信息研究所	信息质量
王宇	王宇 A	大连理工大学管理科学与工程学院	
	王宇 B	金陵图书馆	
徐峰	徐峰 A	中国科学技术信息研究所	
	徐峰 B	宁波大学图书馆	
王娜	王娜 A	郑州大学信息管理系	信息组织
	王娜 B	上海交通大学情报研究所	竞争情报
	王娜 C	中国科学技术信息研究所	
杨辉	杨辉 A	宁夏科技发展战略和信息研究所	
	杨辉 B	遵义医学院档案馆	
张伟	张伟 A	山东大学	
	张伟 B	贵州大学管理学院	
周伟	周伟 A	吉林师范大学图书馆	
	周伟 B	上饶市科技情报研究所	
周毅	周毅 A	济南大学图书馆	
	周毅 B	苏州大学	

资料来源：化柏林科学网博客。①

---

① http://blog.sciencenet.cn/blog-91591-479097.html.

文献著者姓名歧义所带来的问题最直接的影响体现在文献数据库[23]、机构知识库[24]及学术社交网络[25]的构建和使用，当查询某个作者的作品时，系统会把所有同名作者的文章返回，使得用户对查询结果产生混淆，降低了查询的效率和准确率[26]。

例如，有些名字的重名问题特别严重。在著名科研社交网络服务网站 ResearchGate 上查询 John Smith，有 100 多个重名的人员①，如图 1.2 所示。

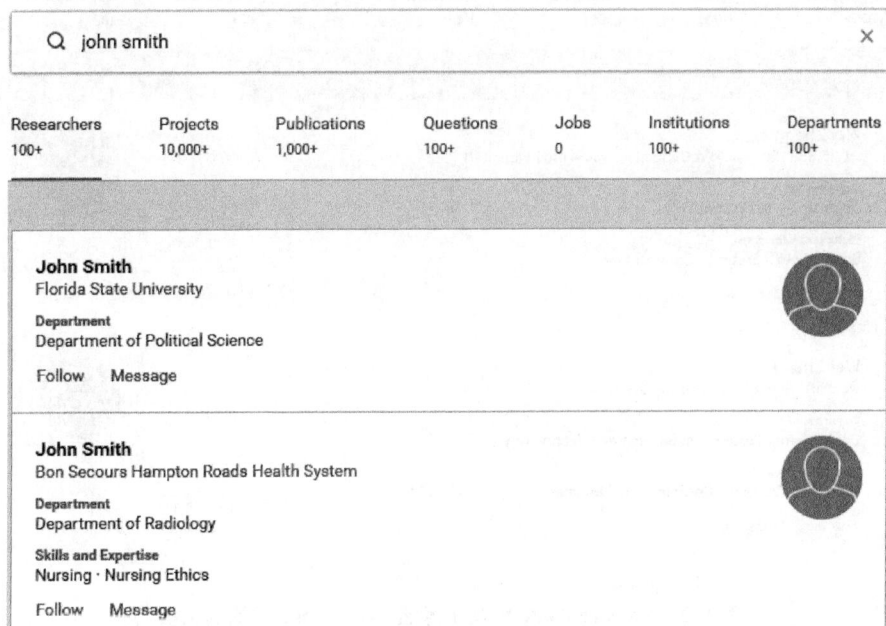

图 1.2　ResearchGate 网站上姓名 John Smith 的重名人数

文献著者姓名歧义使得某个作者与其他同名作者的作品相关联，也会导致通过学者关系网络构建的学者圈及合著者社会网络的差错。此外，在进行科研合作和学者研究成果评价时，由于文献著者姓名的歧义性无法对研究者的研究成果正确评估。由于中文人名用字集中，中文姓名具有非常高的歧义性，给中文人名文献信息的查找带来了极大的挑战[27-28]。

例如，在 ResearcherGate 上查询姓名为 Wei Zhang 的中国科研人员，重

① https：//www. researchgate. net/search. Search. html? type = researcher&query = john + smith. 访问日期：2017 – 11 – 25。

名人员则在 1000 个以上①，如图 1.3 所示。这是因为 Wei Zhang 对应的中国名字很多，如张巍、张伟、张威、张维、张薇、张卫、张炜、张为、张玮、张微、章伟、张蔚等。

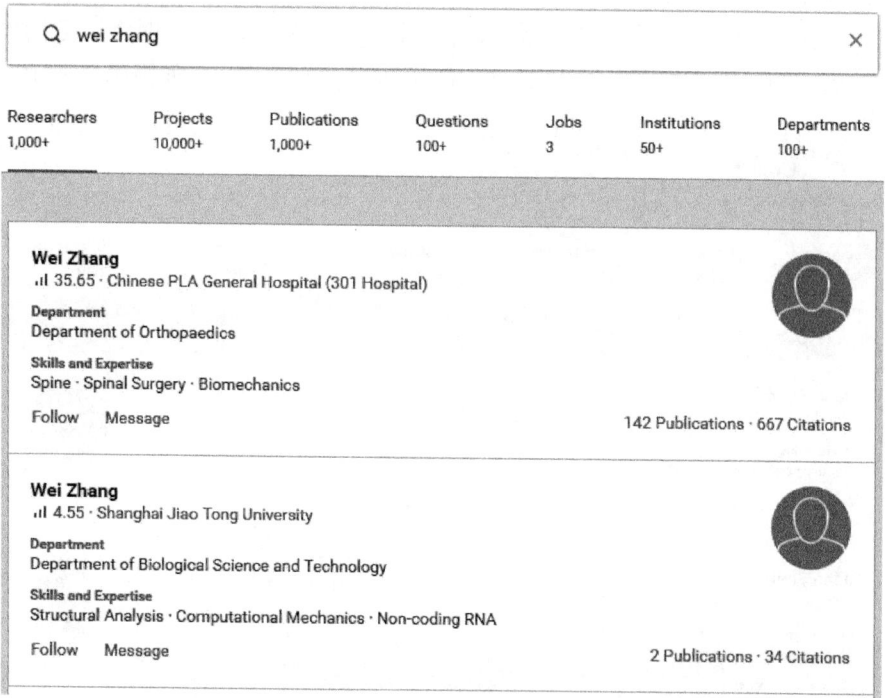

图 1.3　ResearchGate 网站上姓名 Wei Zhang 的重名人数

　　重名问题给科技评价工作也带来了严峻的挑战。当前科研文献数据量急速增长，姓名消歧面临着需要对更大规模数据做出更快反应的挑战。因此，如何有效地消除文献著者中文姓名歧义尤为重要。

　　图 1.4 是百度学术的学者主页中影响力排行和热门学者排行。我们能够看到，影响力排行按文章数排序前 10 名均为只有两个字的、非常容易重名的名字，这些名字的文章数据均超过 2300 篇②。显然，如果不是重名问题的话，影响力排行、热门学者排行绝对不是这个结果。

---

① https：//www. researchgate. net/search. Search. html？type = researcher&query = wei + zhang. 访问日期：2017 – 11 – 25。

② 访问日期：2017 – 10 – 25。

影响力排行			
排行	姓名	文章数	被引数	H指数
1	张强	3308	53904	97
2	王敏	2857	40812	90
3	李芳	2817	36946	78
4	王涛	2776	33929	79
5	王辰	2684	45561	91
6	李勇	2664	39778	84
7	赵军	2472	34297	86
8	陈颖	2397	36045	79
9	杨丽	2376	31953	76
10	高文	2371	48896	100

热门学者排行			
排行	姓名	总访问量	周访问量
1	朱毅	100821	7
2	张福锁	91476	190
3	何克抗	82791	5
4	汪复	74523	1
5	傅伯杰	69198	77
6	高玉堂	67051	1225
7	朱德妹	66252	0
8	吴恩达	63604	146
9	程国栋	63597	5
10	郎景和	61471	1

图 1.4　百度学术的学者主页中影响力排行和热门学者排行

文献著者姓名消歧是判断不同文献中的同名作者指向现实生活中的同一人或不同的人的处理过程，旨在消除跨文档情况下的人名歧义性，并把相同的人名按照现实世界的不同实体进行分类，从而把信息有效地组织和聚类后提供给用户[29]。文献著者姓名消歧也是多文档人名消歧的一种[30]，即将指向现实中的同一个人的文献聚类。经过文献著者姓名消歧后的数据集可用来构建以研究者为中心的合著者社会网络，并对其进行分析和挖掘，可进一步分析是哪种因素决定了合著者之间的合著，以及可以观察随着时间的推移，合著者社会网络的演变，也帮助研究者找寻潜在优质合作伙伴。文献著者姓名消歧的战略意义远超过了识别哪个作者写了哪些文献，构建合著者社会网络只是文献著者姓名消歧的一个简单的例子，利用文献著者姓名消歧数据可以构建新的资源库和工具，开展完全不同类型的研究。

目前，随着互联网的迅猛发展，信息大爆炸与有价值信息匮乏的问题日益突出，如何解决这一问题，是决定情报学能否在大数据环境下快速发展的关键。要解决这一问题，需要从鱼龙混杂的海量信息中有针对性地挖掘、抽取并整合出有价值的、用户感兴趣的内容，姓名消歧的工作任务是将被淹没的有价值的人物信息进行挖掘和区分，最终得到有价值的内容。

著者姓名消歧包含 4 种明显的挑战[15]。

①一个作者可能会采用多个不同的名字发表文章，这包括 4 种情况，分

别是字形或拼写变体，拼写错误，名字随着时间变化（可能是结婚、宗教变化、变性等），笔名。

②不同的人拥有相同的名字，有时一个常用名可能有数千人使用。

③出版中必需的元数据常常不完整或整体上缺失，例如，一些出版商或数据库的著录项目没有记录作者的姓氏、地理位置，或学位、职位等识别信息。

④多作者、跨学科和跨机构的学术论文比例在增加，这种情况下，一些作者的消歧对其余作者的消歧不一定有帮助。

除了这些挑战，对于非英语国家的作者姓名，一些特殊的问题需要考虑。例如，中国学者常常采用中文和英文 2 种语言发表论文，因为翻译问题，一个中文名字的英文翻译常常存在 4 个或 5 个变体，而同一个英文姓名可以对应数个中文姓名。姓名歧义现象在其他领域也需要面对，如专利中的发明人姓名消歧。为了应对严重的发明人消歧问题，美国专利商标局（United States Patent and Trademark Office，USPTO）支持了一个 PatentsView 竞赛项目①，试图发现获取创新者信息的创新性方法或者发明人姓名消歧的新技术。

1.4　研究意义

姓名消歧是自然语言处理、人工智能领域的基础技术之一，是合著者社会网络构建、Web 数据挖掘、实体识别与关联映射、人名知识库构建等领域一个必要的前提和必不可少的环节。本研究具有重要的理论意义和实践意义。

①姓名消歧效果的提升将极大地降低重名带来的干扰，从而可以更加准确地确定不同人物个体的相关信息，是文献数据库中提高人名检索准确率和召回率的关键，可以帮助科研工作者提高获取科技情报的效率，并促进科技文献的深度挖掘，从而更好地对科研人员进行学术影响力评价，以及进行论文、项目评审专家推荐，也是合著者社会网络分析、展示合著者图谱需首要解决的问题。

②本书对姓名消歧方法和技术进行了较系统的梳理，在此基础上提出的采用语义指纹特征来解决文献著者姓名歧义，对处理网页中的姓名歧义问题

---

① http：//www. dev. patentsview. org/workshop/index. html#workshopoverview.

及词义消歧具有一定的借鉴意义。

③姓名消歧的结果可用于优化搜索结果，提高查询效率，改善用户体验；也可与网络实体进行链接，形成系统的知识资源；将促进构建学者圈、数据挖掘及知识服务等应用实现更优的效果。随着社交媒体和社交网络的蓬勃发展，人物之间的关系研究凸显出了巨大的商业价值和影响。

④随着图书馆学和情报学的发展，该学科的研究从以文献为中心正在逐渐趋向以人为中心。文献著者姓名消歧的研究顺应了这种发展的需要，将对促进情报学理论的发展和应用起到重要的作用，将对未来出版业的发展、搜索引擎的设计及文献数据的索引产生一定的影响。

⑤姓名消歧技术的研究涉及机器学习、自然语言处理、计算语言学、社会计算、信息检索、知识图谱等诸多研究方向，如命名实体识别、信息抽取、文本聚类、文本分类、图分割、实体链接、特征提取、相似度计算、实体表示、实体检索、实体关系抽取、实体检索结果排序等。因此，姓名消歧的研究具有重要的理论意义，将促进相关学科的研究和发展，促进机器学习、实体检索技术等技术的进一步提高。

基于语义指纹的文献著者姓名消歧方法研究，来源于国家自然科学基金"科学合作网络的不连通问题研究"项目的实际需要，是其基础和核心研究内容，是建立科学合作网络的前提和首要解决的问题。

1.5 国内外研究现状

姓名消歧是将数据中重名的人物实体区分开来的过程[31]。姓名歧义给信息检索、人物评价等带来了极大的困扰，受到了众多研究者的关注。对这一问题的研究最初借鉴了实体消解、词义消歧等技术，后来成为一个独立的研究问题。著者姓名消歧作为一类重要的姓名消歧问题，有其特殊性和重要的现实需要，近年来受到了广泛的重视。

1.5.1 姓名消歧研究的来源

姓名消歧最初来自于实体消解（Entity Resolution，ER）[32]、词义消歧（Word Sense Disambiguation，WSD）[33]、跨文档共指（Cross Document Coreference，CDC）[34]和记录链接（Record Linkage，RL）[35]研究[15]，解决文档中的人名和人称代词的映射关系。

实体消解与姓名歧义涉及相同的问题[15]，它是为了将现实世界存在歧义的实体、重复的记录消除和合并到一起，以识别特定的人物、地点、事物等实体，这对去除冗余和实体层面的分析都是必要的[32]。歧义出现的原因很多，如不正确的数据输入、实体存在多个可能的表示等。给定一个存在歧义实体的数据集合，实体消歧的目的是发现基本实体的唯一集合，并将它们与数据集合中出现的地方建立映射关系。

词义消歧研究常用词汇（名词、动词、形容词等）的消歧，这些词往往一个词具有多个含义，词义消歧就是在给定语境中为某个词标注适当意义的任务[36]。相比成百上千的重名问题，词义存在的歧义数量相对很小。词典中的词义常常有微小的区别，这在现实中常常很难区分。姓名歧义可以被认为是同形异义字（Homograph）歧义。词义歧义可以依靠词典定义来确定一个词汇可能存在的语义数量。而姓名消歧没有这样一个词典来帮助确定歧义数量，尽管从理论上可以确定重名的人数。

跨文档共指的目标是对一个提及的人名重构共指链，关注文本中提及（包括代词）的连接[34,37-38]。在网页人物姓名消歧任务中，对包含重名人物至少提及一次的网页文档进行分组就足以满足要求了。跨文本命名实体同指是指出现在多个文本中的相同名字指称现实世界中的相同对象。同指消解则是判断相同的名字是否指称相同对象的过程[39]。跨文本同指消解对于多文本摘要和信息融合等与多个文本相关的应用具有重要作用，它与共指消解问题也有很强的联系。

记录链接是在指多个数据源（如数据文件、图书、网站和数据库）的数据集中发现指向同一个实体的记录的过程①，它关注如何解决两个不同的实体对应了同一个人的问题[15]。记录链接在将一个具有或不具有公共识别符（如数据库的键、URL、身份证号码等）的实体加入数据集时是非常必要的，这可能是因为记录形态、存储位置、管理风格或偏好不同造成的。经过记录链接处理的数据集可以被认为是交叉链接的。

从实体消歧、词义消歧、跨文档共指、记录链接的任务和研究来看，它们存在一定的差异，但用在姓名消歧上则基本可以看作是同义词。除了上述研究领域，与姓名消歧有关、常常让人混淆的问题是命名实体识别，命名实体主要解决文本中实体的定位并将实体分类为预先定义的类别，如人名、机构名、地点、时间表示、数量、货币价值、百分比等[40]。著者姓名消歧与

---

① https://en.wikipedia.org/wiki/Record_linkage.

其他任务相比是一个潜在的具有较丰富需求的任务，因为它超越了特定的提及或文章，提供了一个个体完整的特征[15]。

1.5.2　网页人名消歧的研究现状

早期姓名歧义的研究工作关注共指问题，采用跨文档共指消解或者用词义消歧的方法来解决这个问题[2,6]。姓名消歧最初研究单文档消歧[41]，后来延伸至多个文档间的消歧[4]。早在 1988 年，Bagga 和 Baldwin[34]就提出了跨文档姓名消歧的研究任务，并逐渐引起国内外研究者的关注。随着自然语言处理技术的广泛应用，姓名消歧的国内外研究也在不断深入，姓名消歧的效果在不断提升，信息检索系统不断发展且逐渐智能化。但真正把姓名消歧作为一个独立的问题，并把它作为自然语言处理领域研究的一个任务，是网页人物搜索（Web People Search，WePS）消歧评测会议[6]。

WePS 评测会议是在互联网快速发展及互联网人物搜索难以满足需求的情况下召开的。对于互联网用户来说，最重要且最常用的一个行动是在万维网上找到关于人的信息。然而，人名具有很高的歧义性。在多数情况下，这种类型的搜索结果是包含着很多重名人员的页面[38]。由于这个问题的复杂性、重要性和挑战性，西班牙国立远程教育大学（the National Distance Education University，UNED）① 的自然语言处理和信息检索研究室（the NLP&IR Group）及纽约大学（New York University）② 的普罗特斯项目团队（the Proteus Project）发起了网页人物搜索评测竞赛。受 WePS 影响，2010 年在北京由 CIPS-SIGHAN 联合举办的 CLP-2010（Chinese Language Processing 2010）会议中专门设置了中文人名消歧评测竞赛③。

WePS 网页人物搜索消歧竞赛共举办了 3 届。第 1 届网络人名搜索评价竞赛（WePS-1，the First Web People Search Evaluation Campaign）于 2007 年 6 月与 Semeval/ACL 2007 同时举办，任务聚焦在 Web 搜索情景下的人名消歧，要求参赛的系统返回一个给定人名的 Web 搜索结果的簇，采用标准的聚类指标评价人名消歧效果。此后，WePS-2 在 2009 年举办[6]，增加了给定一个人名后搜索引擎返回的 Web 文档的属性抽取任务，设置了 2 个子任务：

①　http：//nlp. uned. es/web-nlp/.

②　http：//nlp. cs. nyu. edu/index. shtml.

③　http：//www. cipsc. org. cn/clp2012/task2-cn. html.

一个是将通过搜索引擎获取的网页文档根据人物进行聚类；另一个任务是抽取与人物密切相关的主要属性，第2届同时提出了更适合于姓名消歧的评价指标。WePS-3在2010年举办[13]，提出了2个子任务：一个是聚类任务，要求将获取的网页文档按照重名人物进行分组；一个是抽取任务，要求抽取重名人物的显著属性。与第2届不同之处在于，第3届将2个子任务合并为单个任务，要求系统返回重名人物的每一个文档及其对应的人物属性。此外，第3届还增加了组织机构名的消歧任务。WePS提出的消歧方法大多采用层次聚类的算法，部分采用了其他的聚类方法。

受WePS等相关评测工作的推动，人名消歧的解决思路主要分为两类：基于聚类算法的人名消歧和基于实体知识库的人名消歧[31]。基于聚类算法的研究开展得较早，相关的研究较多，也是近年来研究的热点。例如，Ikeda等[42]采用两阶段聚类实现网页人名消歧，章顺瑞[43]等、张菲菲等[44]分别采用层次聚类算法实现中文人名消歧，Giles等[45]采用K-way谱聚类实现人名消歧，Delgado等[46]用一种适配阈值聚类方法实现网页人名消歧，朱亮亮[47]采用K-means聚类算法实现了文献著者人名消歧，Zhu等[23]提出了多层姓名消歧框架并采用动态聚类的方法实现数字图书馆领域的姓名消歧。聚类算法的思想是含有相同人物实体的文本，它们彼此之间的内容相似度很高，从而可以利用机器学习中的聚类技术将含有共同人物的文档聚集在一起。基于实体知识库的人名消歧的思想一般是从人物属性或相关属性入手，通过信息抽取技术获取人物的属性，构建以人物属性知识为内容的知识库，并将人物属性知识作为特征进行人名消歧，例如，Vu等[48-49]利用Web目录作为知识库来发现成对文档之间的相似性对网页搜索结果中的人名进行消歧；Nguyen等[50]分别利用知识库中文本中共现实体的关系对新闻文章中的姓名进行消歧；刘杰等[51]利用中文百科中关于实体的描述信息，通过评估人名文档中词语与百科描述词语的相似度获得人名实体候选集，然后通过互联网对从人名实体描述和文档中提取的关键词进行查询验证获得相应的结果集，结合百科知识和互联网验证进行中文人名消歧；Qureshi等[52]将维基百科中的信息用在推特姓名实体消歧，取得了较好的效果。

根据对训练语料的依赖程度，将人名消歧方法分为无监督方法和有监督方法[4,31]。无监督方法一般指机器学习中的聚类算法，林翠萍[4]认为无监督的方法又可分为基于向量空间的聚类、基于图分割的聚类和其他算法，刘婷婷[31]认为基于社会关系网络的算法也是一种无监督方法，这实际上就是林翠萍所描述的图分割聚类。基于聚类的无监督方法如上所述，利用聚类技术将重的同人物实体分为同一组，而基于社会网络的方法是构建人物的社会关系网络，再根据图分析的方法对人名进行消歧。有些无监督学习方法存在一个明显的问题，就是无法确定聚类的个数[53]。有监督方法将姓名消歧任务看作是一个分类或排序问题。分类方法将人名消歧看作一个二元分类或多元分类问题，二元分类问题判断文档中的人物与当前实体是否是同一个人，而多元分类问题则是判断文档中的人物为实体集中的哪个候选实体。例如，Zhang 等[54]采用贝叶斯非穷举分类法解决在线姓名消歧问题，Wang 等[55]提出了一个包含 4 个步骤的自举树姓名消歧分类方法（Boosted Trees Classification），研究如何将论文正确地指派给对应的科学家的问题。

1.5.3　著者姓名消歧的研究现状

著者姓名消歧问题是一类特殊的人名消歧问题，它的提出与数字图书馆的出现和兴起有关。随着数字图书馆的发展，传统的人工检索被信息检索替代，如何解决信息检索、分类和链接、长期化保存、文本分析、自动化重名作者消歧、元数据管理等一系列问题成了这个领域面临的主要难题，数字图书馆联合会议（Joint Conferences on Digital Libraries，JCDL）就是针对这些问题召开的[2,47]。该会议创办于 1994 年，2000 年前由信息技术领域最具影响力的计算机协会（Association for Computing Machinery）和电气电子工程师学会（Institute of Electrical and Electronics Engineers）分别主办，自 2001 年起由两会联合主办。在 2001 年的会议上，有关人名消歧的讨论主要是针对数字参考文献检索系统中出现的同名作者的消歧问题[47]。JCDL 是数字图书馆领域历史最悠久、学术性和影响力最强的顶级国际会议，是微软学术统计的数字图书馆方向排名最高的国际会议，在 CORE 评选的计算机及信息技术会议排名中也是最高级 A* 会议中唯一专注于数字图书馆方向的国际会议，现已经成功举办 17 届，几乎在每一届会议上都有姓名消歧或相关领域的研究。

著者重名现象将降低文献检索和网络检索的准确性，影响文献数据搜索质量，影响基于著者个人层面和机构层面分析评价结果[27]，给数字图书馆领域利用科技文献揭示科研工作者的关系、发现科研合作社区、提升学术信息检索质量、评价科研人员能力、提供学术推荐和科研合作建议、服务科研论文和项目评审等方面的应用和服务带来了严重的阻碍。相比于英文著者姓名歧义带来的问题，中文著者姓名歧义造成的问题更加严重。除了有一些中文名字特别受偏爱，出现了大量的重名作者外，在中国进行文献检索和文献计量研究不仅要检索、分析一个作者的中文论文，还要检索、研究其在SCI、EI、CPCI等数据库中的外文论文，但一个中文著者姓名音译后重名现象更为严重，大量的同音中文字在翻译为英文后只对应一个单词，如504个百家姓翻译为英文时仅为229个[27]，这种情况造成中文姓名翻译成英文后常常难以反推出正确的中文姓名。

Smalheiser[15]认为著者姓名消歧表面上与其他类别实体识别或消解是相似的问题，例如，文本或网页中的命名实体识别、词义消歧、识别同指和提及，记录链接也是一个相关的问题。然而，姓名消歧任务潜在上要比这些任务提供更多的人物信息，它超出了指出网页或文章中是否提及某个人物的范畴，而是要提供一个个体全面的特征。因此，著者姓名消歧过程超出分类、聚类等任务，需要提供一个人物深度的分析或画像。从抽象层面上看，绝大多数著者姓名消歧方法属于广泛意义上的预测性机器学习领域。在过去的数年中，学者们至少提出了10余种姓名消歧方法，但在对比它们时，不能单纯以准确率、召回率指标进行评价，因为它们应用的数据集有很大不同。虽然不同的现有方法在学习步骤的制定和执行方式上各有不同，但多数方法可以落入两类机器学习的范畴，即监督学习和非监督学习。就监督性学习和非监督性学习来讲，前者往往效果更好一些，因为它能在特定的数据集中决定哪些特征重要，模型对数据具有较好的拟合。在对各种方法介绍和对比后，Smalheiser指出，著者姓名消歧在计算机科学社区是一个非常活跃的研究领域，研究者采用许多特征来建模，提出不少富有想象力和强大的方法，包括高维文档比较、对合著作者和其他社会网络数据进行群组分析，以及从外部网页获取信息等，但是性能上的限制因素使得这些方法不能利用足够的信息，受计算负载约束不能考虑所有可用的信息，这在当前限制了它们在大规模数据库和数字图书馆的扩展应用。

Ferreira（2012）[20]在对相关文献调研的基础上，对文献中提出的多数代表性的自动著者姓名消歧方法进行概括，提出了一种层级分类体系的著者姓名消歧分类的方法，按照方法的类别（Type of Approach）和考察的证据（Explored Evidence）进行区分（图1.5）。按照方法的类别又可以分为著者分组（Author Grouping）和著者指派（Author Assignment）两类。著者分组应用一些文献属性特征的相似度将文献分组，著者指派则将文献直接指派给对应的作者。著者指派又可以分为分类（Classification）和聚类（Clustering）。按照考察的证据又可以分为引文信息（Citation Information）、Web 信息（Web Information）和隐式证据（Implicit Evidence）3 类。这种分类体系只覆盖了自动化的方法，其他一些方法没有考虑进来，如图书馆员手工指派或人工协同消歧、建立唯一识别符等，此外这个分类体系中分类类目之间不是完全不相交的，如有些方法可能会利用两种以上的证据或混合的方法。Ferreira 认为这些现有的方法缺少相同情景下的比较，例如，相同数据集、相同的计算环境、相同的实验设计，主要原因是这个领域的研究缺少类似 TERC 竞赛的标准数据集。此外，这些方法都是研究静态条件下的消歧，没有研究是在真实的、动态的数字图书馆情景下进行消歧实验的。

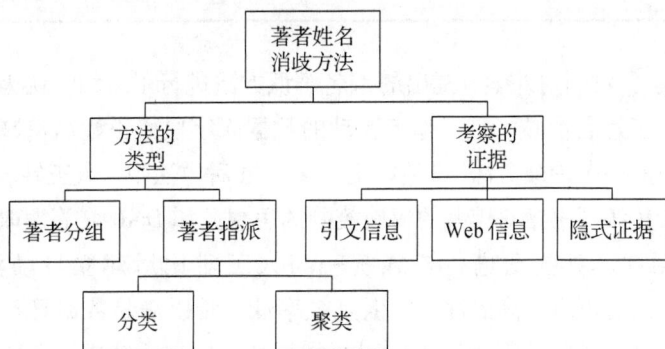

图 1.5　著者姓名消歧分类体系

郭舒[56]对 Ferreira 方法体系中考察的证据下面的 3 种方法进行了分析和对比，认为引文信息一般以结构化或半结构化的形式存储在本地，对于数字图书馆系统构建者来说是最容易获取且计算开销最小的，是著者姓名消歧首选的特征；从 Web 上获取的额外信息可能带来消歧准确率的提高，但查询时间大大损耗了程序的效率，而且 Web 网页信息的抽取效果一定好，这时反而有可能影响消歧效果提升；隐式证据采用 LDA 等较新的技术，但它本身是一个概率模型，参数估计和循环迭代是一个耗时很多的过程，而且需要预估文献集的主题数量，在提供了大量的文本信息的基础上才可能获得较好的消歧效果。3 种方法的对比如表 1.2 所示。

表 1.2 著者自动消歧方法按照考察证明对比

考察证据类别	特征	计算方法	计算开销
引文信息	作者、合作者、标题、出版物名称、分类号、机构名称	编辑距离、Jaccard 系数、余弦相似度等文本挖掘技术	小
Web 信息	邮箱地址、作者简介、个人主页	Web 信息抽取技术及文本挖掘技术	大
隐式证据	隐含主题	概率型潜在语义分析 PLSA 技术概率及潜在狄利克雷分布 LDA 技术	较大

　　袁军鹏[27]对国内外学者提出的重名辨识方法进行了总结，认为姓名消歧可以分为人工姓名消歧、基于作者互动的数据库字段修正姓名消歧方法、基于机器学习的姓名消歧方法、其他方法。在这 4 种方法中，人工姓名消歧方法主要来源于传统图书馆对馆藏的权威控制的思想，如 DeRose 等撷取特定研究社群的数据库，对数据进行格式统一与人工对比后建立自动消歧平台（DBLife），具有可靠性高的优点，但是效率低，难以满足数据日益增长的需求。基于作者互动的数据库字段修正消歧是基于用户反馈或互动的半自动化方法，技术上容易实现，但存在依赖著者参与的机制上的问题。基于机器学习的方法是当前研究的主要方向，强调利用个体的所有特征，包括著者作品内部信息与外部信息所计算和建立的知识，进一步依据作者相应的属性利用机器学习方法进行消歧，特征选择和算法是这类研究的核心，该类方法具有效率高、一致性高的优势，但监督式学习需要依据良好的训练数据集，非监督式学习的一些方法会使用低复杂度的数据集，或只给出事先规划的相应参数的结果，算法实际效率往往不高。其他方法是基于规则的或者不归属于以上类别的方法。随着数据的急剧增长，未来需要在现有算法的基础上发展高效率、高准确率的方法，还要发展多数据库、多语言环境下的著者姓名消歧技术。

　　郭舒[56]认为目前著者姓名消歧的研究还是集中在针对单一数据库、单一语言的算法设计上，可移植性不高，并对国内外著者姓名歧义现象进行了对比分析，如表 1.3 所示。由于国外作者名称形式变化较多，消歧主要解决重名及名称变体问题，后者可以采用基于字符串的相似性技术（如编辑距离）对文献数据库中的姓名变体的重名作者的文献进行甄别。中国作者的中文姓名形式较单一，主要解决的是重名问题，而其采用拼音姓名发表的英文文章，因为多个中文名称会映射到同一拼音形式，故辨识难度增大。从合作关系来看，对于外国作者的英文文献和中国作者的中文文献，在拥有至少一名同名合作者的情况下，待消歧论文作者在多数情况下指代同一个人，也就是说合作者姓名具有较强的辨识能力，而中国作者的英文论文在同样情况下常常难以确定。对于文本属性来说，论文的标题、出版物名称、关键词可以合并为一个主题特征，采用余弦相似度、基于知识库的语义相似度或潜在语义索引 LSI 等方法来计算相似度；分类号是结构化字符串，可以直接采用最长公共字符串方法来计算相似度；机构名称在不存在改名的情况下，歧义性可以通过计算字符串相似度来解决，对于改名情况，则必须通过其他手段来解决。

表 1.3　国内外著者姓名歧义现象比较

待消歧作者	语种	名称形式	关联属性		文本属性		
			合作关系		标题/出版物名称/关键词	分类号	机构名称
外国作者	英文	名称变体形式多（姓氏和名字的位置变化、全称和缩写），例如，"David S. Johnson""D. S. Johnson"" Johnson D. S"	论文 1 作者：David S. Johnson—W. B. Dolan，论文 2 作者：D. S. Johnson—W. B. Dolan，则 David S. Johnson 与 D. S. Johnson 是同一个人		反映作者写作主题的元素，可以合并为一个特征，即为主题特征	结构化的字符串	歧义现象比较严重：①简全称歧义现象；②机构名称更换
中国作者	英文	歧义现象严重，例如，对于李薇、李伟等多个中文名都能映射到同一个拼音形式 Li Wei 上	论文 1 作者：Li Wei—Zhang Yong（李薇—张勇），论文 2 作者：Li Wei—Zhang Yong（李伟—张咏），论文 1 与论文 2 中的 Li Wei 不是同一个人				
	中文	单一的表述方式（即姓在前，名在后，且没有缩写形式）例如，李薇	论文 1 作者：李薇—张勇，论文 2 作者：李薇—张勇，论文 1 与论文 2 中的李薇为同一个人				

虽然全世界研究人员对姓名消歧问题进行了长时间的研究，但姓名消歧仍然是一个难题，有待进一步发展[57-58]。机器学习类消歧技术的出现为著者姓名消歧带来了自动化的解决方案，但受算法准确率和召回率等影响，从效果上来讲很难从根本上解决问题。为此，一些国内外机构提出了建立一个科研人员信息库的解决方案，即为每一名科研人员分配一个唯一的标识符。例如，原汤森路透公司提出了 ResearcherID[59]，原汤森路透公司和自然出版集团等多家单位提出的 ORCID[60]，国内的百度学术也推出了 ScholarID。这样的系统虽然从理论上可以彻底消除歧义问题，但它不符合现实世界的人类行为，没有考虑到基于 Web 的资源天性是脆弱的，也没有考虑到这样一个注册系统谁愿意来长期资助并维护[15]，更没有很好地考虑到不同的 ID 系统之间如何互操作、如何发现并处理同一个著者注册多个 ID 的问题，此外该类注册系统很难解决历史文献著作的著者姓名消歧问题[61]。黄国彬等[62]对现有科研人员唯一标识符系统进行了调研，指出此类系统定义的科研人员标识符虽然具有唯一性、永久性和通用性的特点，但存在一致性问题、诚信及隐私问题、可推广性问题和信息更新问题。因此，科研人员唯一编号系统在实际中从一定程度上缓解了姓名歧义问题，并没有达到预期的效果。

1.6　本章小结

姓名歧义是一种非常普遍的现象，不管是名人的还是普通人的姓名都有可能存在重名现象，有一些姓名的重名问题特别严重，这为人们检索时区分不同人物实体带来了极大不便，也给姓名消歧带来了很大挑战。著者姓名歧义是一类特殊的姓名歧义问题，它关注的是科研人员的姓名歧义问题。著者姓名歧义给人们检索、区分不同学者的科研成果、评价科研人员的产出、分析科研人员的流动性、构建科学合作网络等带来了麻烦，如何准确、高效地进行消歧成为一个研究热点。虽然人们提出了各种各样的著者姓名消歧方法来解决著者姓名歧义问题，但至今为止，这个问题仍然是一个难题，相关研究难以满足数字图书馆发展的需要，仍需要进一步研究和发展。前几年，业界提出了构建科研人员唯一编号的方案，似乎简便、可行，可以从根本上解决这个问题，但实践证明该方案无法达到预期效果，只能解决部分歧义问题。当前的著者姓名消歧自动化技术主要依赖于监督、非监督和半监督的机器学习方法，但大多数方法研究的是静态条件下的消歧，存在着运算时间长，不能满足真实、动态环境的需要，或者需要借助外部知识库辅助才能达到较好效果，限制了它们在大规模数据库和数字图书馆中的扩展应用。

第 2 章　著者姓名消歧方法分类及研究综述

本章主要介绍著者姓名消歧方法的分类及各方法主要研究情况。通过对现有姓名消歧方法进行文献调研，将姓名消歧方法分为人工著者姓名消歧方法、基于规则的著者姓名消歧方法、基于机器学习的著者姓名消歧方法、基于语义指纹的著者姓名消歧方法、基于唯一标识的著者姓名消歧方法和其他著者姓名消歧方法。

2.1　著者姓名消歧方法分类

姓名消歧方法最初是记录链接方法（Record Linkage）的一个子研究领域[63]。在 1969 年，Ivan Fellegi 和 Alan Sunter[35]基于单一数据源中记录属于单一个体的假设，提出了第一个用于记录链接的数学统计模型。著者姓名消歧消歧方法主要用于区分论文数据库同名不同作者的论文，或者专利数据库中同名不同发明人的专利。

通过调研现有的著者姓名消歧方法，按照研究方法的时间发展顺序可将这些方法分为三大类：人工方法、基于规则的方法和基于机器学习的方法。除了这三类外，本研究将基于唯一标识的方法、基于语义指纹的方法单独列类，把不便归属于上述分类的方法统一归类到其他著者姓名消歧方法中。将基于语义指纹的方法单独列类，是为了强调本书提出的方法的独特性，虽然它可以归入机器学习方法或其他方法，但它具有区别于机器学习方法的显著特征。将基于唯一标识的方法单独列类，是因为它是一类较特殊的姓名消歧方法，主要通过人工构建的注册系统实现。具体方法分类如图 2.1 所示。

2.2　人工著者姓名消歧方法

人工姓名消歧方法主要来源于传统图书馆对馆藏文献的权威控制（Authority Control）的思想[27]。因为姓名消歧的解决是一个非常困难的问题[20]，手工消歧手段直到现在仍然是不得不采用的方法。到今天为止的大多数案例中，著者姓名消歧倾向于采用手工处理的方法，然而手工消歧是一个非常困

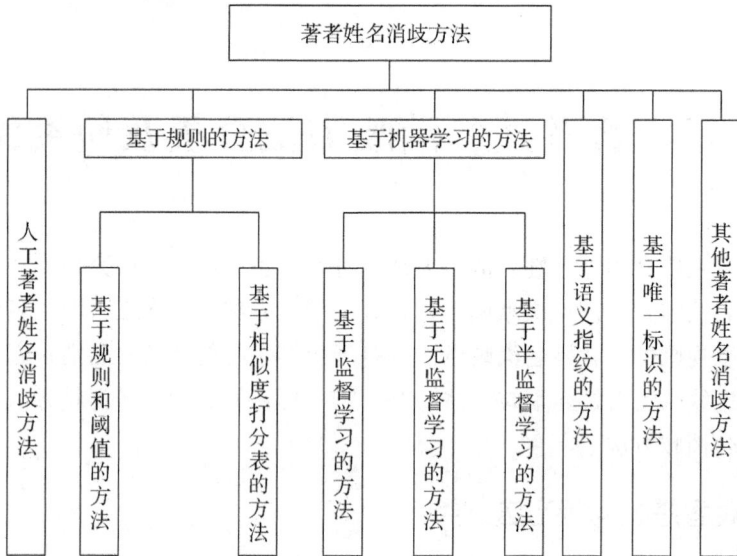

图 2.1　著者姓名消歧方法分类

难的任务和充满不确定性的过程，即便是小规模姓名消歧，对于常用名也往往是完全不可行的[15]。例如，从 MEDLINE 随机抽取 100 个名字，每个名字随机抽出 2 篇文章进行手工消歧，允许消歧者使用必要、可用的信息，如作者或机构的主页、文章的全文、科学人物社区、Google 搜索等，当安排 2 个人分别做同样的工作，发现超过 1/3 的情况下消歧者无法确定 2 篇文章是否同一个作者所写，在少数情况下，2 个人意见大相径庭，同样两篇文章，一个人坚持说确定是一个人写的，而另一个人则坚持说确定不是同一个人写的。这也说明人工姓名消歧虽相对可靠，但具有不稳定性。

2.3　基于规则的著者姓名消歧方法

基于规则的著者姓名消歧方法包括基于规则和阈值的方法、基于相似度打分表的方法，主要依据人为设置的规则、阈值或相似度分值，来进行著者记录的成对比较，判断两个同名著者是否属于同一个人。

2.3.1　基于规则和阈值的姓名消歧方法

基于规则和阈值的著者姓名消歧方法通常借助专家知识和经验设置判定

规则和阈值，判断著者记录对（即2篇同名作者文章）是否属于同一个人。

Smalheiser[15]给出了一个利用规则进行论文作者姓名消歧的例子，在给出的文献集中进行两两方式检查，当发现 J. Thompson 与 N. Willow 合作一篇论文，J. Thompson 与 W. Fried 合作一篇论文时，则也许同一个 J. Thompson 写这两篇论文的可能性较低，但如果能同时发现有第 3 篇论文由 J. Thompson、N. Willow 和 W. Fried 合著时，则可以明确确定这 3 篇论文都是由 J. Thompson 所写。但采用这个规则可能会受到传递性冲突（Transitivity Violations）的影响。传递性冲突在一个著者与完全不同的、相互没有姓名重叠的两组人合作发表了很多文章时发生。

肖晶等[61]在深入分析国家科技图书文献中心（National Science and Technology Library，NSTL）的论文篇级元数据特点的基础上，设计了一种简单的模糊匹配算法，对著者机构名、关键词等特征属性采取模糊匹配而不是精确匹配，从而缩小了消歧的范围。在此基础上，选择作者名、作者机构及文章的关键词作为特征属性，结合作者合作关系网络，提出了一种适合 NSTL 现有数据的人名消歧规则集。提出的规则集抽取待聚类的共同人名、所属机构及文献的关键词作为特征属性，基于模糊匹配算法，结合精确匹配，在篇级文献中挖掘出相同作者实体的信息，进行二次聚类，实现著者姓名消歧。相对于文本数据，文献篇章级数据的规范性要好得多，所以易于抽取特征值，但在实际应用中仍然存在数据错误或者缺失的情况，会影响消歧效果。如果建立一个机构常用限定词表，或加入用户反馈机制，对现有算法进一步改进，将会使消歧效果得到进一步提升。

Singh[64]从专利数据中抽取发明人姓和地区字段，利用 if-else 判定规则和字符串精确匹配来判定著者记录对是否正确匹配。Fleming[65]通过专利权人和发明人地区合并字段，利用"if-then-else"匹配规则和字符串精确匹配进行发明人姓名消歧，然后通过一个预设的阈值，判断两条著者记录是否属于同一个人。Milojevi[66]在模拟的题录数据库中，利用专利发明人姓（Last Name）和名的首字母（Initial of Last Name）代替其他字段进行专利发明人姓名消歧，实现了更加准确的专利发明人姓名识别结果。Greg[67]提出了一套基于高分辨率地理位置的专利权人和专利发明人姓名消歧方法，该方法主要针对欧洲专利数据，将欧洲专利数据中的地理街道位置转化成经纬度进行相似发明人或专利权人姓名聚类，然后通过制定规则和编辑距离阈值判别歧义姓名。

基于规则和阈值的方法不需要借助标签数据集去训练模型，计算成本低，在某些特定领域中消歧效果良好。但是该方法也存在一些弊端。首先，该方法基于启发式算法，无法避免启发式算法容易出现系统性错误的弊端；其次，该方法依赖专家经验与特定领域知识结构去制定规则，这导致该方法不能有效适应不同的姓名消歧数据环境。

2.3.2 基于相似度打分表的姓名消歧方法

基于相似度打分表的著者姓名消歧方法是介于规则方法和无监督学习方法之间的一种方法，该方法通过人为制定著者比较特征字段的相似度打分表，计算2条著者记录的相似度分值，然后通过一个预设的阈值判断这2条著者记录是否属于同一个人。

Torvik 等[68]采用一个简单但功能强大的2篇成对文章的人物相似度指标来进行论文著者姓名消歧，该指标基于标题，期刊名称，合著者姓名，医学主题词表（MeSH）的标题，语言，机构和名字属性（文献中流行度、中间字首和后缀）；Li Shaofeng 等[58]提出了一个类别集合相似度测量指标，用一个类别分布来建模一个作者的偏好（如出版地），得到一个评估2个集合从同一个分布抽出的似然比例，从而决定2个集合是否属于同一作者。

Migulea[69]通过桑迪克斯编码系统（Soundex-code）对专利发明人姓名进行重新编码以聚集相似的发明人姓名，然后用相似度打分表计算每对专利发明人的相似度分值并判断其是否匹配；Michele[70]采用基于编辑距离的词牌方法将专利发明人相似姓名分组，然后根据相似度打分表计算发明人记录对的相似度分值，并进行阈值判断。

基于相似度打分表的方法不必借助专家知识和经验，随机设置相似度比较分值，将单纯的规则判断转换为相似度打分表分值，该方法不仅保留了规则方法的优点，而且可以量化著者记录对相似程度，但是该方法依然无法有效克服规则方法的缺点，也容易出现系统性错误，不能较好地适应不同的著者姓名消歧环境。

2.4 基于机器学习的著者姓名消歧方法

机器学习是指利用统计学原理，让计算机模拟人类思维，根据对以往数据或经验的学习，达到替人进行数据处理和分析的目的[71]。机器学习方法是模拟人认识世界的过程，它分为基于监督学习的方法（Supervised Learning, SL)、基于无监督学习的方法（Unsupervised Learning, UL）和基于半监督学习的方法（Semi-supervised Learning, SSL）。

监督学习事先要给定一个训练集，训练集中的每条数据都有一个类标号，通过对训练集中的数据分类进行学习构造一个分类器，然后用这个分类器对实际数据进行分类[72]。在监督式学习下，输入的数据被称为"训练数据"，首先将训练数据标注出结果，如情感分析例子中标注为"褒义""贬义""中性"，利用标注的训练集学习出相应的模型并确定参数，建立分类器，通过该分类器来预测未知的数据。常见的有监督分类算法有 TF-IDF、朴素贝叶斯分类、决策树等。

在非监督式学习模式中，不需要对数据进行标注，计算机自己学习，推断出数据的一些内在结构，将具有相似特性的数据文档归为簇，使簇内的文档具有高相似度，簇间的文档具有较高相异度[73]。常见的文本聚类算法有层次凝聚法、平面划分法等[74]。

半监督学习是介于无监督和监督学习之间的学习方法，同时利用标注数据和未标注数据构造一个分类器。标准的半监督学习一般将数据集分为标注数据集和未标注数据集 2 个子集，标注数据集中的每条数据都有类标号，而未标注数据集中的每条数据都没有类标号，利用标注数据集构造一个初始分类器，再通过未标注数据集的学习改进参数形成一个新的分类器，也有其他一些半监督学习方法，如有约束的半监督学习（SSL with Constraints）、直推式半监督学习（Transductive Learning）等。常用的半监督分类学习的方法有采用 EM 的生成混合器模型、自训练、协同训练、直推式支持向量机及基于图表的方式[75-76]。

在姓名消歧研究中，使用机器学习的方法对具有相同作者名的所有相关文献进行分类或聚类。使用机器学习方法进行著者姓名消歧可以分为 3 个阶段：数据处理阶段、匹配阶段和过滤阶段[69,70,77]。数据处理阶段，主要包括停用词过滤、字母小写转化、著者姓名字段拆分、噪声数据删除等，该阶段为著者姓名消歧整理好结构化数据；匹配阶段是姓名消歧方法的核心，通过使用机器学习方法判断著者记录对是否属于同一个人或者计算著者记录对的相似度分值，为过滤阶段的相似著者聚类做准备；过滤阶段，通常根据参数估计获得的最佳阈值，利用聚类算法区分存在姓名歧义的著者。

2.4.1　基于监督学习的姓名消歧方法

基于监督学习的方法通过标签数据集训练分类器，用于判断数据库中著者记录对是否匹配。基于分类的姓名消歧方法对每类排歧目标进行训练和学习来建立相应的模型，再利用模型实现分类的目的，对于任何一个预测性模型，足够的训练数据是很关键的，且训练数据应该能够代表全部数据而不是只代表一部分数据特征。在监督式的机器学习方法中，训练集是从样本中随机抽取，训练出的模型特别适应于待消歧数据，因此，通常情况下，监督式的机器学习方法表现出更好的消歧效果[78]。

Malin[79]等利用 Online—SVM 分类学习算法计算 2 个文献之间相似度，再用 DBSCAN 聚类算法实现作者姓名消歧。Han[22]等利用朴素贝叶斯概率模型和支持向量机分类算法解决引文中的作者姓名消歧问题。该类方法需要人工构建训练集，面对海量数据进行人工标注非常困难，从而限制了该方法在姓名消歧中的应用。2003 年，Torvik[68]等针对 MEDLINE 数据库的文献数据，提出一种可自动生成训练集并评估具有相同作者姓名的两篇文献是否属于同一个作者的概率和可能性。Torvik 认为同一个作者发表的文献会在某些特征中表现出极大的相似性，所选的特征包括标题、期刊、合著者、与其他作者的关系及缩写的中间名和后缀，通过训练集的学习得到基于以上融合特征的概率相似性度量模型。Han[80]将构建的职业类别库作为训练数据，训练出职业类别消歧模型，并采用 KNN 分类方法进行网页中同名混淆人物的区分。

Samuel[81]提出了性能更优的基于随机森林的条件森林算法（Conditional Forest of Random Forest，FoRF）用于专利发明人姓名消歧，针对专利发明人数据中间名缺失等情况构建不同的条件子集，并在这些条件子集上分别训练不同的随机模型，最后通过集成这些模型的分类结果预测专利发明人记录对的匹配概率。为了降低计算成本，Samuel[82]之后提出了基于随机森林的森林（Forest of Random Forest，FoRF）和层次聚类算法的专利发明人姓名消歧方法，并将该方法应用于数据密集型专利发明人姓名消歧，通过在 50 000 条美国专利数据上进行实验，证明了该方法具有良好性能。类似的，Ventura[83]采用基于随机森林和层次聚类的方法进行发明人姓名消歧，结果显示该方法的误分率（Spliting Error Rate）和误合率（Lumping Error Rate）均低于规则方法和半监督方法。Yang[77]提出了基于混合分类器和图聚类的方法进行专利发明人姓名消歧，取得了 USPTO 专利发明人姓名消歧竞赛第二名的好成绩，其中混合分类器是由 Bootstrap 监督学习方法、概率记录连接和规则方法融合而成。Kim[84]采用基于随机森林和 DBSCAN 聚类的方法，在

USPTO 专利发明人姓名消歧竞赛训练数据上进行测试，其实验结果不仅优于 2015 年 USPTO 专利发明人姓名消歧竞赛结果，而且其方法运行时间也比竞赛方法运行时间节省半小时，证明了该方法能够更好地进行专利发明人姓名消歧。

基于监督学习的姓名消歧方法基于标签数据集训练分类器，通过优化分类器整合权重生成分类模型，用于判断著者记录对是否匹配。监督方法能够提取出标注数据中著者的全部有效特征，不仅具有较高的姓名消歧准确度，而且在不同的著者姓名消歧数据环境中性能稳定。但是，该方法计算成本高是其固有缺点，而且研究者构建一个涵盖全部有效特征的标签数据集非常困难。

2.4.2　基于无监督学习的姓名消歧方法

基于无监督学习的方法根据相似度计算方法在无标签训练数据集中进行聚类，按照某种相似度计算指标，将满足相似度阈值或距离要求的著者记录对作为相同著者，它不依赖预先设定的训练数据，不需要预先对文档手工标注，具有一定的灵活性和较高的自动化处理能力[85]。根据相似度计算方法不同，主要的聚类算法包括距离聚类、原型聚类、密度聚类和层次聚类。聚类的方法有很多种，选择有效的聚类方法对姓名消歧是非常关键的。

（1）基于层次聚类的姓名消歧方法

层次聚类算法是一种常用的姓名消歧聚类方法，它不需要预先制定聚类的个数，且对于高维度数据的处理能力较强。

Cota 等[57]提出一种启发式的层次聚类算法，基于文献的合著者姓名、工作职务、出版地名称等产生的几个启发和相似度指标，在聚类过程中实现相似作者的融合，并对下一轮融合提供信息。Xu[86]提出一种结合分类和聚类的网页姓名消歧方法，将使用向量空间模型表示的关键词短语特征，采用凝聚层次算法聚类，再使用支持向量机分类器将第一阶段的聚类结果作为训练集，对聚类结果中的异常值进行分类。2007 年，Martin 等[87]首先对人物属性特征进行抽取并存储为矩阵，继而进行相似矩阵学习，通过 Soft TF-IDF 方法来表达特征权重，最后采用层次凝聚聚类方法对特征进行聚类。张菲菲[44]等将姓名消歧任务分为命名实体识别、融合和消歧，抽取出人物的个人信息特征、关系信息特征及上下文信息特征，并采用向量空间模型表示文本特征，最后利用凝聚层次聚类方法将相似文本聚类。李丽[88]认为有效的人物特征是姓名消歧的关键，提出了一套人名属性抽取方案，作者通过Bootstrapping 算法获取属性模板，并抽取属性值，采用字典匹配算法获得职业属性，并利用 NER 工具获取人名的关系属性，再使用信息增益进行特征降维，最后采用"双阈值"的层次聚类算法进行聚类。

（2）基于 k 均值聚类的姓名消歧

朱亮亮[47]针对传统 K-means 方法的缺陷，如初始聚类中心不易确定，聚类结果不稳定，可能会导致局部收敛的问题，提出了改进的 K-means 方法，采用根据最大最小原则来确定初始特征聚点的方法，得到了优于传统 K-means 方法姓名消歧的结果。苏州大学的王英帅[2]对网页姓名消歧提出了基于主题模型和文本摘要的聚类方法，在对文本语义分析的基础上采用 LDA（Latent Dirichlet Allocation）主题模型确定相关特征，并结合改进的 K-means 聚类克服了传统的 K-means 算法需要确定聚类数目的不足。Han[45]等在研究了可能影响消歧性能的因素，特征权重分配、数据集的大小及作者研究领域的多样性等，选取文献标题、作者姓名和出版期刊为特征，并抽取作者主页的相关内容，采用无监督的 K-means 聚类算法和 QR 分解来实现文献著者姓名消歧。

（3）基于多阶段聚类算法的姓名消歧

多阶段聚类算法是近年来比较流行的姓名消歧方法，尤其是针对人物属性较为稀疏的情况，多阶段聚类可以弥补单次聚类召回率较低的不足。

Wang[89]等针对常规的基于聚类的人名消歧方法，提出了基于两阶段策略的自适应共振理论来解决人名消歧的问题，该方法在第 1 阶段对待消歧人字串进行聚类，第 2 阶段合并相似的簇。丁海波[90]等提出了一种新的相似特征聚类策略，采用了 3 阶段聚类的姓名消歧方法，第 1 阶段采用包含人物属性的启发式规则初步聚类，由于人物属性特征稀疏，进行第 2 次文档局部聚类，在此基础上再进行全局特征第 3 阶段聚类，具有一定的有效性。沈剑平[91]将文本特征分为领域特征、情感特征与句法特征构建了 3 层特征空间，先采用 K-means 算法进行第 1 阶段聚类，得到粒度较大的结果，在此基础上采用 EM 算法进行二次聚类，提高姓名消歧的召回率。李金平[92]针对人物属性的特点，进行了多角度、多层次的划分，分为互斥属性和非互斥属性、强特征和弱特征，并将其用于不同的聚类消歧阶段，对互斥判断后的文档利用强特征进行第 1 阶段凝聚层次聚类，对其结果再进行第 2 阶段的进一步聚类。

（4）基于其他聚类算法的姓名消歧

首次提出姓名消歧的 Bagga[34] 等提出的一种聚类算法，首先生成待分类实体的指代链，并根据指代链抽取实体的相关信息作为该实体的摘要，之后使用标准 VSM 向量空间模型将摘要信息作为特征词进行实体间的聚类。任景华[26] 优化了 DBSCAN 算法，进行文献著者人名消歧，通过对 DBSCAN 算法初始参数选择的优化，使参数的决定更具客观性，从而能在大容量数据集中实现人名消歧。Nicolas[93] 使用无监督贝叶斯方法在欧洲专利数据集上识别专利发明人，其创新之处在于，它将专利发明人姓名消歧表示为一个相似度概率模型，即用相似度概率表征每对专利发明人记录间的相似程度。

基于无监督学习方法的主要贡献是将规则和阈值方法中的相似度分值转换为相似度概率，以概率形式表征专利发明人记录对之间的相似程度。虽然无监督学习方法不需要标签训练集、运算速度快，但是该方法姓名消歧专利发明人的准确度较低，难以满足实际研究需要。

2.4.3　基于半监督学习的姓名消歧方法

基于半监督学习的方法通常使用小数据量标签数据集和大数据量无标签数据集来训练模型，用于判断著者记录对是否属于相同实体，或者在聚类过程中使用经验知识或规则等约束簇的生成。

Torvik 和 Smalhesier[94] 通过将数学统计概念引入 MEDLINE 数据库作者姓名消歧中，获得了一批准确度较高的人造标签数据，可以用于训练分类模型，然后在贝叶斯框架下使用逻辑回归预测 MEDLINE 作者记录对是否正确匹配。Torvik 和 Smalhesier 提出的方法的意义在于可以通过统计获得准确度较高的人造标签数据集，解决了监督学习方法中分类器训练数据不足的问题，但是人造标签数据集中任何误差或错误假设都会影响到分类模型准确性。

Swapnil[63] 根据 Torvik 和 Smalhesier（2009）方法获得人造标签数据集，分别生成专利发明人姓名、地址和技术类的相似度分值，然后通过支持向量机和逻辑回归方法证明简单的机器学习方法可以用于代替较复杂的专利发明人姓名消歧方法。Ronald[95] 也是借助于 Torvik 和 Smalhesie（2009）方法，通过统计产生准确度较高的人造标签数据集，并在贝叶斯框架下使用逻辑回归方法判断专利发明人记录对的匹配情况。

Wang 等[96] 提出了一个统一的半监督框架来处理同名多人和同人多名问

题。首先，利用半监督方法解决作者消歧中的冷启动问题；其次，采用基于多方面相似性指标的鲁棒训练数据生成方法，以及基于支持向量机的方法对不同特征组合进行建模；最后，采用自学过程解决合著信息中的歧义来提高其他模型的性能。

Jiang 等[97]为了有效利用专家页面中的关联关系，提出了一种基于半监督图聚类的专家排歧方法，并将各种关联关系集成起来。首先，根据专家页面的相关性分析提取专家属性的相关特征；其次，利用专家页面的属性特征和关联关系，构造不同专家页面文档之间的相似性矩阵；最后，采用属性相关为半监督约束，利用基于图的聚类方法构建专家消歧模型，通过基于核的方法求解模型，实现专家姓名消歧。

基于半监督学习的方法通过使用人造标签数据集去获得足够多的训练数据训练分类模型，进行重名著者记录对预测，或者在聚类过程中加入约束机制监督姓名消歧过程，提高了著者姓名消歧的准确度。但是该方法训练获得的半监督模型常常受限于人造标签数据的准确性、特征代表性及约束条件的设定，这使得半监督模型适应不同著者姓名消歧环境的能力一般。另外，半监督学习方法在大规模数据集上计算成本较高。

郭舒[56]对 3 种著者姓名消歧的机器学习方法进行了对比，如表 2.1 所示。

表 2.1　3 种著者姓名消歧机器学习方法对比

机器学习方法	是否需要训练数据	可伸缩性	应用系统规模
监督学习	需要大量标注好的训练数据	差	小型数据库
非监督学习	不需要	较好	大型数据库，如[98]应用于中文文献集成系统 C-DBLP
半监督学习	可能需要少量标注好的训练数据	较好	大型数据库，如[99]应用于研究者社会网络系统 Arnetminer. org

2.5　基于语义指纹的著者姓名消歧方法

语义指纹具有不同的定义。吴军[100]将语义指纹（也称为信息指纹）定义为将一段信息（文字、图片、音频、视频等）随机地映射到一个多维二进制空间中的一个点（一段二进制数字）；Webber[101]将语义指纹定义为基于语义折叠理论编码明确、包含意义和语境信息的数据表示，即用一段数字表征隐藏在自然语言背后的含义；Ibriyamowa[102]认为语义指纹是一种在大量文本内容上进行训练，并能够表征文本中词与词之间关联关系的概念。

本书将语义指纹定义为基于文本摘要技术，能够表示文本特征和差异，并且将文本内容映射为二进制哈希值的一种算法。其中的文本摘要技术，即哈希函数，是指将文本内容通过一个散列函数或哈希表映射为固定长度的数字串，比较有代表性的哈希函数有 Rabin 哈希[103]、SDBM 哈希[104]、MD5 哈希[105]、SHA-1 哈希[106]等。语义指纹算法根据文本特征权重对这些哈希值进行加权求和、压缩，生成能够表征大量文本内容特征和差异的一段 64 位或 128 位二进制数字串，比较有代表性的指纹算法有 Shingling 指纹算法[107]、Simhash 语义指纹算法[108]、Minhash 函数[109]等。语义指纹用以表征每条数据记录中的独特个体，将文本相似度比较转化为语义指纹相似度比较。

基于语义指纹的姓名消歧方法，是我们科研团队提出用于文献著者姓名消歧的新方法，不仅具有较高的准确率、查全率、F1 值，而且具有所需存储量小、速度快等优点，可以有效弥补监督学习方法计算成本高的缺点。在一个论文著者姓名消歧的研究中，采用该方法，通过 Simhash 语义指纹算法，将论文文本特征映射为一段 64 位二进制语义指纹，并结合文献合著者、机构、邮箱等信息，进行中文论文著者姓名消歧，结果证明语义指纹方法性能要优于传统 K-means 聚类消歧方法[110]，但是实验只是针对中文论文数据，采用的实验数据量较小。随后，我们将该方法应用到数据规模较大的 USP-TO 英文专利数据的发明人姓名消歧上，将专利元数据、摘要和权利要求数据转换为 128 位语义指纹，也取得了良好的消歧效果。在 USPTO 专利发明人姓名消歧数据中，专利发明人存在特征稀疏等问题[111]，现有方法主要基于专利元数据特征进行姓名消歧，却很少用到文本内容特征，而语义指纹算法能够将文本内容转换为语义指纹，将文本特征归并到专利发明人相似度判断中。

2.6　基于唯一标识的著者姓名消歧方法

在以数据体量巨大（Volume）、数据类型多（Varity）、数据变化快

（Velocity）、价值密度较低（Value）为特征的大数据时代，应运而生的大数据存储系统能为用户提供前所未有的丰富多样的信息，然而人名查询较低的查准率及研究成果的错误归属问题对科研活动的阻碍作用进一步突出[112]。全球有影响力的研究机构、数字资源服务商、出版商早已意识到这一问题并开展研究，提出了基于唯一标识的姓名消歧方法。该方法是指通过给每一位科研人员分配一个独一无二的身份标识号，并将其与科研人员的科研产出相关联，进而消除科研人员姓名歧义现象。

汤森路透公司于 2009 年推出 ResearcherID（Researcher Identity）研究人员 ID 号注册系统[59]，每位科研人员可以通过用户注册免费获得一个唯一的身份标识号。每位科研人员在出版发表个人科研成果时，需要同时提交自己的身份标识号，以便在 ResearcherID 有效范围内规避科研人员姓名歧义问题。通过 ResearcherID，研究人员可以建立及管理个人文献作品库，使研究者唯一标识符与其出版物之间建立了稳定关联，区分了学术出版物的明确归属，实现了姓名消歧，这对研究者本人传播科研成果、分析学术影响力、提高科研合作机会和合作效率产生深远影响。此外，汤森路透公司基于 ResearcherID，建立其衍生服务平台——学者唯一标识实验室，更进一步加强了研究者唯一标识与机构、合作者、合作机构、合作领域等之间的关系，揭示研究者的兴趣及创造更多的科研合作机会。

ORCID[60]，即科研人员与投稿身份识别开放项目（Open Researcher and Contributor ID），是另外一个通过用户注册为科研人员赋予唯一标识符的系统，由汤森路透公司和自然出版集团等多家单位在 2009 年联合发起，与 ResearcherID 和科技文献数字对象标识符系统（DOI）类似，ORCID 可以给全球每位科研人员分配一个独立唯一性的国际学术标识符，该标识符是由一套免费、全球唯一的 16 位身份识别码构成，来解决科研活动中的姓名歧义问题。ORCID 将研究者与研究成果相关联，旨在构建以研究人员为核心的科学合作网络，加速科研合作和知识传播。

我国也在设计中国研究者标识系统[113]，并与 ResearcherID、ORCID 等国际系统接轨，为我国研究者赋予唯一标识符，进行中文出版物的姓名消歧工作和资源整合，促进国际交流与科研合作。2014 年，中国科学院文献情报中心[114]与 ORCID 签署合作协议，推出中国科学家在线（iAuthor）① 平台

---

① 中国科学家在线（iAuthor）网站：http：//crid. las. ac. cn/welcome/index。

作为 ORCID 的中国服务平台，该平台将更加方便地服务中国科研人员使用 ORCID，管理个人科研成果。近年来，百度公司模仿 ResearcherID 推出了百度 ScholarID，研究人员可以在百度学术平台上进行注册，通过提供科研人员地区、所属机构、研究领域、发表论文等个人信息，获得一个由字母数字组成的 11 位身份标识符。

基于唯一标识的姓名消歧方法非常简单有效、省时省力，因此，国内外许多出版机构都在制定和推出一套独特的身份标识系统，用于科研人员身份识别。但是，在实际执行过程中，基于唯一标识的专利发明人姓名消歧系统可能会遇到以下几个困难。

①Smalheiser[15] 提到，个人隐私信息在国外价值观念中非常重要，例如，身份证号、社保号、唯一性身份识别号等能够唯一标识个人身份的信息经常被反对公开，这也是 USPTO 没有给专利发明人分配唯一性身份识别号的原因之一。

②唯一性身份标识系统由科研出版机构等联合推行，系统维护及资金来源难以保证长期稳定有效。

③ORCID、ResearcherID、百度 ScholarID 等都是面向大范围各个行业领域的身份标识系统，但是这些系统只在小范围科研机构中被认可执行，难以在行业内部形成统一规范的行业体系和执行标准，而且每个科研人员可能拥有多个唯一性身份标识符，或者在同一个标识系统中注册多个 ID，造成另一种意义上的"歧义"现象。

④对于已有的论文、专利文献的姓名消歧，唯一标识系统无法解决这个问题，而现有文献资料具有重要的研究价值和参考意义，所以其他姓名消歧方法有一定的研究意义。

2.7　其他著者姓名消歧方法

上述方法中，除了人工著者姓名消歧方法和部分基于规则的方法利用了专家知识外，本质上利用著者的"直接数据"进行消歧，即著者的属性特征和文本内容特征来进行消歧，基于唯一标识的方法从本质上看也是利用著者的属性特征，这些方法均没有利用"外部数据"来进行消歧。我们把不属于上述类别的方法统一归属到其他方法中，下面着重介绍一下基于社会网络和基于网络知识资源两种典型的消歧方法。

2.7.1　基于社会网络的姓名消歧方法

基于成员在社会网络中的关系来进行姓名消歧是目前一个新的研究趋势，这类方法首先要建立待消歧人名的相关社会网络图，将姓名消歧问题转化成为图论的问题，根据人物关系进行姓名消歧。如何正确有效地利用社会网络还有待进一步研究。Malin[79]在 2005 年提出通过创建人物社会网络来进行人名消歧的方法。基于局部社会网络计算相似度并采用层次聚类进行划分。

另外一种方法将全局社会网络用相似度进行严格划分，再采用随机游走的方法实现类别划分，实现姓名消歧。郎君[5]等提出基于社会网络的人名检索结果重名消歧方法，以重名的各个人物实体具有各自不同的社交圈和社交网络的思想为前提，挖掘重名人物的潜在社会网络的人名进行消歧。首先根据查询结果获取初始社会网络，拓展各个子网络，并将离散网络连接，构建潜在社会网络，并采用图分割的算法和模块度指标实现社会网络聚类，在此基础上实现人名检索结果的重名消解。Tang[115]等根据文档特征中包含的属性和关系，定义了消歧目标函数，提出了参数估计的两步算法，根据人物关系动态构建社会网络，来确定聚类人物的个数，再通过聚类实现消歧，实验证明该方法具有一定的有效性。杨欣欣[116]等发现文档的人物特征往往较为稀疏不足的问题，提出将搜索引擎查询的相关信息与文档人物特征结合的方法，首先构建了人物信息检索规则，再进行进一步的特征选择，采用层次聚类算法实现姓名消歧。该方法所构建的人物信息检索规则非常关键，影响到特征的相关度和区分度。

2.7.2　基于网络知识资源的姓名消歧方法

在网络中可以检索到关于某个作者的许多互补数据，官方数据包括作者的出版物、工作、社会关系、合著者及奖励等，个人简历信息包括生日、家庭成员及教育水平等。此外，甚至可以利用个人的网络日志，或者在购物网站的消费行为等数据。基于网络知识资源的姓名消歧方法，通过搜集待消歧人物的网络资源信息，丰富特征，建立特有的类别体系，使这些类别与现实世界中的人物信息中区分度较强的社会属性建立对应关系，再将人物按其社会属性划分到不同类别中，从而达到消歧的目的。

如 2004 年，Mann 和 Yarowsky[37]等充分利用了网络资源，根据实际情况构建信息抽取规则，抽取人物的属性特征、扩展和丰富了待消歧人物特征，并采用层次聚类算法对网页中的人名进行消歧。Han[80]等利用网络上的职业类别知识，自动抽取并构建职业类别库，以此为基础对网页中的人名进行消歧。东京大学的 Bollegala 等[11]，克服了实际文本环境中人物特征稀疏的问题，使用无监督的机器学习算法对重名的不同人物实体进行聚类，抽取可表征各个作者特征的关键短语，并根据重要性进行排序，将这些关键词短语用来修改初始查询语句和缩小搜索范围，扩展了可用的文本特征。Vu[117]等对测量文档相似性提出了一种新的方法，使用认可度较高的 Web 目录作为知识基础，将文档内容与目录结构相联系，从而达到改善文档相似度评价的目的。周晓[118]等研究者将表征人物的特征分为人物属性特征和文档主题特征，利用网络知识资源构建了领域知识库，抽取人物的职业和专业属性特征，并相应地进行基于人物属性和基于文档主题的两阶段聚类，得到了较好的消歧结果，不足之处是该方法依赖领域知识库，缺乏一定的普遍性。Bunescu[119]等采用支持向量机（Support Vector Machine，SVM）的 Kernel（核函数），利用含有高覆盖率和知识结构丰富的在线类百科全书维基百科，训练得到人物实体字典，继而进行姓名消歧。Han[120]等将维基百科作为背景知识，利用维基百科丰富的语义知识和命名实体之间的联系，构建大规模的语义网络，可以更准确地测量文档的相似性，提升了姓名消歧效果。

2.8　现有方法对比分析

著者姓名消歧方法主要分为基于规则的方法和基于机器学习的方法。基于语义指纹的方法和基于唯一标识的方法是本研究拓展的姓名消歧方法，具体的姓名消歧方法对比结果如表 2.2 所示。

表 2.2　姓名消歧方法对比分析

姓名消歧方法		关键技术	优点	缺点
人工著者姓名消歧方法		无	消歧效果好	效率低，成本高
基于规则的方法	基于规则和阈值的方法	启发式算法、依据专家知识和经验、特定领域知识结构	在特定著者姓名消歧环境下效果良好	容易出现系统性错误；著者姓名消歧环境适应性差

续表

姓名消歧方法		关键技术	优点	缺点
基于规则的方法	基于相似度打分表的方法	启发式算法、人工制定相似度打分字段和相似度分值	不需要借助专家知识；在特定著者姓名消歧环境下效果良好	容易出现系统性错误；著者姓名消歧环境适应性差
基于机器学习的方法	基于监督学习的方法	借助标签数据集训练著者分类模型	著者姓名消歧准确度较高	良好的标签数据集难以构建；计算成本较高
	基于无监督学习的方法	用相似度概率表征每对著者记录相似度	不需要标签训练集，方法运行速度快	著者姓名消歧准确度一般
	基于半监督学习的方法	借助数学统计模型模拟标签数据集	著者姓名消歧准确度较高	分类模型受模拟数据集影响较大；计算成本较高；著者姓名消歧环境适应性一般
基于语义指纹的方法		用二进制语义指纹表征文献作者特征，将文献作者记录对比较转化为二进制语义指纹比较	存储空间小，方法运行速度快，文献作者姓名消歧准确度较高	消歧效果有待更多案例验证
基于唯一标识的方法		给每一位著者发配一个独一无二的身份识别号	简单，方便，速度最快，准确度最高	需要在国家甚至世界范围内形成统一的行业规范，并强制执行
其他著者姓名消歧方法		社会网络分析技术、信息检索技术	能借助其他数据提高消歧的效果	需要借助非直接数据或外部数据

从表2.2的分析结果可以看出：

①基于规则和阈值的方法最早应用于著者姓名消歧，需要借助专家知识

和经验制定判定规则和阈值，计算成本低，在某些特定领域表现良好，但是该方法难以有效适应不同的著者姓名消歧环境，往往需要根据不同的著者数据重新制定姓名消歧规则。

②基于相似度打分表的方法不依赖专家知识，将单纯的规则判断转换为相似度打分表分值，该方法不仅保留了规则方法的优点，而且可以量化著者记录对的相似程度，但是该方法仍然难以克服启发式算法固有的系统性错误，难以有效适应不同的发明人姓名消歧环境。

③基于无监督学习的方法根据每对著者记录的相似度进行聚类，快速方便，但是该方法缺少标签信息的辅助，单纯地聚类往往导致聚类结果不理想、著者姓名消歧准确度不高。

④基于半监督学习的方法依据数学统计模型构建人造标签数据集去训练分类模型，这些模型被用于比较每对著者记录，实现较好的著者姓名消歧效果，但是该方法计算成本较高，并且分类模型易受人造标签数据集影响，在不同的著者姓名消歧环境中适应性一般。

⑤基于监督学习的方法利用概率表示每对著者记录的相似程度，该方法训练出的分类模型可以准确辨识重名著者，并且在不同著者姓名消歧数据环境下的稳定性较高，但是该方法依赖大量人工标注的数据集去训练分类模型，在大规模数据集上计算成本高。

⑥基于语义指纹的方法是我们科研团队提出用于中文著者姓名消歧的方法，该方法将文献著者文本特征压缩成 64 位二进制数字串，不仅可以有效降低姓名消歧方法计算成本，弥补监督学习方法计算成本高的缺点，而且可以实现较高的义献著者姓名消歧准确度。

⑦基于唯一标识的方法简单方便，但是该方法难以形成统一规范的行业体系和执行标准，不同机构推行不同的科研人员身份标识系统，这些系统虽然面向各个领域的科研人员身份标识，但其执行范围局限于少数出版机构，所以该方法在实际中不仅没有解决发明人姓名消歧问题，而且造成同一发明人拥有多个不同身份识别号的另类"歧义"，也无法辨识已有文献资料的作者。

⑧除了上述方法外，其他一些著者姓名消歧方法往往采用一些非直接数据（如构建社会网络）或外部数据（如借助搜索引擎或 WIKI 知识库）来提高消歧的效果。

基于机器学习的著者姓名消歧方法依然是较好的方法选择，在大规模论文或专利数据集中，机器学习方法虽然具有较好的姓名消歧准确度和稳定性，但其方法运行时间较高，难以有效满足大规模数据集"快而准"的姓名消歧。

2.9　本章小结

　　本章在对国内外著者姓名消歧方法现状进行调研和分析的基础上，提出了一种著者姓名消歧分类方法，将著者姓名消歧方法分为人工方法、基于规则的方法、基于机器学习的方法、基于唯一标识符的方法、基于语义指纹的方法和其他方法。人工方法虽然相对可靠，但效率低、一致性差。基于规则的方法稳定性较差，难以有效适应不同的著者姓名消歧环境。基于机器学习的方法较好地克服了规则方法的缺点，在不同的著者姓名消歧环境中效果良好，但该方法在大规模文献数据中运行时间成本较高。基于唯一标识的方法虽然理论上简单可行，但在实际中存在诸多难以克服的问题，缺少统一的行业标准和执行规范。基于语义指纹的方法姓名消歧效果较好，而且存储空间小、运行速度较快。其他方法为不方便归于上述方法的方法，典型的两类为基于社会网络的方法和基于网络知识资源的方法。需要说明，这种分类并不保证不同类之间不存在交集，也存在一些混合了多种方法的姓名消歧方法。

第3章 姓名消歧相关的评测

姓名歧义给互联网人物搜索、科学家搜索、专利发明人搜索及科研成果评价带来了很大的挑战。在针对这个问题的解决过程中，出现了一些著名的评测竞赛，例如 Web 人名搜索评测竞赛 WePS、专利发明人姓名消歧竞赛、中文姓名消歧竞赛等，对姓名消歧的研究起到了很大的推动作用。本章将对这些竞赛做一个简要介绍。

3.1 WePS 网页人物搜索评测

在万维网上找到一个人及关于他的信息是互联网用户最常见的需求。据统计，大约30%的搜索引擎查询中包括了人名。然而，人名有很高的歧义性。在多数情况下，这种类型的搜索结果包含了有众多同名不同人的网页。随着自然语言处理的广泛应用及搜索引擎研究的不断深入，越来越多的国内外研究机构和研究者开始关注姓名消歧的问题，一些组织召开了姓名消歧方法有效性的评测会议。网页人物搜索评测竞赛（Web People Search Evaluation Campaign，WePS）[38] 就是其中一个有着广泛影响的评测会议，其主要任务之一就是研究英文网页人名的消歧方法。

WePS 竞赛是一项关于 Web 搜索中的人名消歧评测比赛，由西班牙远距离大学（University of National Distance Education University，UNED）的自然语言处理和信息检索研究组、美国纽约大学计算机科学系"普罗特斯项目"（Proteus Project）的研究人员发起。第一届 WePS（WePS-1）于 2007 年在捷克共和国的布拉格举办，第二届于 2009 年在西班牙的马德里举办，第三届于 2010 年在意大利的帕多瓦举办。三届竞赛的主要任务①，如图 3.1 所示。

---

① 资料来源：http：//nlp. uned. es/weps/weps-3。访问时间：2016 - 05 - 26。

WePS发展路径

WePS3(2010)
人物+机构
商业利益相关者
(Spock，Llorente &
Cuenca)的参与
真实规模数据集
任务1：搜索结果
中的人物名字消
歧+属性抽取
任务2：面向在线
声誉管理的机构
名称消歧

WePS2(2009)
人物搜索
方法和指标巩固
社区巩固
任务1：搜索结果
中的人物姓名消歧
任务2：人物属性
抽取

WePS1(2007)
人物搜索
数据获取
研究社群构建
任务：搜索结果中的
人物名字消歧

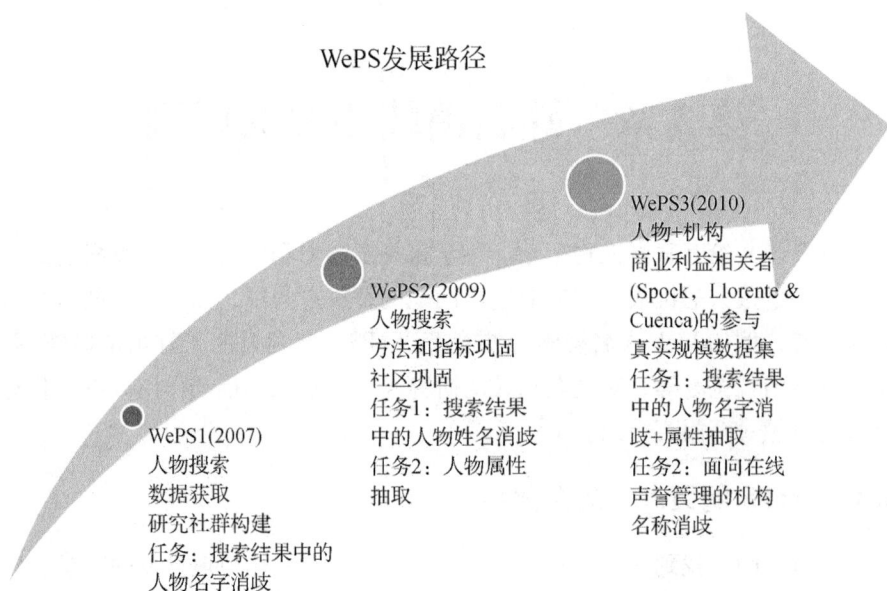

图 3.1　WePS 三届竞赛的主要任务

3.1.1　WePS-1

第一届 WePS[①] 于 2007 年召开，其任务聚焦在 Web 搜索情景下的人名消歧，它的主要工作是：将搜索引擎中查询人名后的查询结果网页作为输入，得到该查询姓名对应了多少实际人物实体，以及多少文件指向每个人物。WePS-1 共有 16 支团队参与评测任务竞赛。

人名消歧提供了如下有趣的挑战：潜在的高歧义（数千人拥有同样的姓和名）、不同含义的数量不明（在这种情况下，所指的是人的名字，即同名数据中包含多少个不同的个体数量未知）和人名的变异（这种情况在这个任务不直接处理）。WePS-1 虽然明确是网页人物消歧竞赛，但作为一个SemEval 的任务，是被作为词义识别的问题列入的，因为待消歧姓名的数量不是预先确定的。

---

① http：//nlp. uned. es/weps/weps-1。

3.1.1.1 数据

WePS-1 是第四届语义评测国际研讨会（SemEval-2007）的一个组成部分，是该研讨会最大的一个任务。按照 SemEval-2007 的要求，WePS-1 为竞赛者提供了试验数据集、训练数据集和测试数据集。

（1）试验数据集

组织方最初向潜在的竞赛者提供了一个试验语料（Trial Corpus）。这个试验语料是 Artiles（2005）文章[1]中描述的 WePS 语料的一个改编版本。WePS 语料库的创建包含如下 5 个步骤。

①从美国 1990 年人口普查结果中选择最常用姓和名随机组合，产生 10 个英文人名。

②在 Google 搜索引擎中对每个人名进行检索，采集排名在前的 100 个网页。

③对于每一个人名，按照所提及的人对文档分组。

④为语料集合中每一个文档按如下类别进行分类：（ⅰ）主页入口；（ⅱ）主页一个部分；（ⅲ）提及页面（只包含有关此人的信息）；（ⅳ）其他；

⑤对网页中出现的如下某些类别描述信息进行标注：姓名，职业，个人照片，出生日期/死亡日期，出生地/死亡地，Email 地址，邮寄地址，传真/电话号码，居住地，作品（如图书、绘画、专利等）及个人简要介绍。

WePS 语料中抽取的 10 个人名为：Ann Hill，Angela Thomas，Brenda Clark，Christine King，Helen Miller，Lisa Harris，Mary Johnson，Nancy Thompson，Samuel Baker，Sarah Wilson。产生的语料库中姓名歧义是非常高的，平均起来每个人名下有 41 个不同的个体，这说明他们是常见名字，而且这些名字没有一个对应了网络名人（网络名人的一个人名总是占据了搜索引擎结果排名靠前的很多页面）。

由于存在的歧义名字是从美国人口普查中最常见的名字中抽取的，该语料的最主要特征是每一个文档集合中包含了大量的实体。这个语料与任务描述并不完全匹配，因为它既没有考虑到内部具有歧义的文档，也没有考虑到非人物的实体，但它却是能够使用的、成本上有效的发布数据。在向潜在竞赛者发布该数据的第一周后，标注上存在的错误就被发现了。然而，组织者不愿意花费时间和精力在提高试验语料的质量上，而把时间和精力用于提高训练数据和测试数据的质量上。

（2）训练数据集

为了提供不同的消歧情景，组织者在构建训练数据集时从如下几个来源选择姓名。

①美国人口普查数据：重用了 Web03 语料库[121]，它包含了从美国人口普查数据中随机选择的 32 个名字，非常适合这个任务。

②维基百科数据：另外 7 个名字从英文维基百科歧义姓名列表中随机抽取。这些名字是预期的重要人物（大众知晓的或历史人物），和之前的数据集相比具有较低的歧义性。

③ECDL 数据：从一个计算机科学会议（ECDL2006）的程序委员会成员列表中随机挑选 10 个额外姓名。因为计算机科学学者和其他专业领域人物相比有更强的互联网存在性，这个数据集合提供了一个潜在低歧义的情景，而且在语料数据中提供了一个特定专业领域的个体数据，这种先验知识为姓名消歧带来了附加价值。

对 3 个数据集中的每个人名，从 Yahoo 搜索引擎检索返回的结果中取排名前 100 位的网页形成网页文档集合，其中一些人名返回的结果不足 100 个网页。第 2 个（维基百科）和第 3 个（ECDL）数据集是特别为 WePS-1 任务开发的，共包含 17 个人名和 1685 个相关的网页文档。

在对数据做了标注处理后，发现 3 个数据集的歧义性与最初的设想不一致。其中，Web03 数据集的姓名歧义性最低，平均每个人名只有 5.9 个不同的个体；其次是 ECDL 数据集，平均每个人名包含 15.3 个不同个体；歧义性最高的是维基百科，平均每个人名包含 23.14 个不同的个体。Web03 歧义性最低的原因有 2 个：一是选出的名字是歧义名字长尾分布中不常见的名字，本身具有较低歧义性；二是少见的名字在搜索引擎中返回的网页数量少，进一步减少了歧义性。

（3）测试数据集

测试数据集的产生过程与训练数据集相同。测试数据集共选择了 30 个名字，其中从维基百科中随机选择了 10 个名字，从 ACL-06 会议的与会人员中随机选择了 10 个名字，从美国人口普查数据中选择了 10 个名字。为了避免训练数据集中 Web03 选择名字的低歧义性，我们特别选择了更常见的名字。

在对测试数据集标注处理后，我们发现，测试数据中 3 个数据集的人名歧义性都大大增加了。其中，美国人口普查的歧义性为每个人名下有 50.3

个不同实体，ACL-06 的歧义性为每个人名下有 31 个不同实体，维基百科的歧义性为每个人名下有 56.5 个不同实体。这个测试集给参赛者带来了很大的挑战，因为一般的机器学习算法可能会被训练数据集误导。

（4）数据标注

数据的标注分别对每一个歧义名字的网页文档集合进行。给定提及歧义名字的约 100 个网页文档，标注按照文档中提及的实际人物实体进行手工聚类。标注者在手工聚类时被要求遵循一些基本规则，例如，要首先专注于严格包含了人名搜索字符串的文档，然后才关注共指的变化名字。当发现文档中存在非人名实体（如以人名命名的组织或地名）时，则不限定标注的规则。一般情况下，标注者按照搜索引擎排序结果对每一篇文档进行浏览，以决定文档中提及的歧义姓名是一个新人物实体还是一个已经识别出来的人物实体。标注者在聚类时，要求关注客观事实，包括著录日期、相关名字、职业等，而且做决定时要尽可能保守，最终的聚类结果中每一个簇包含了一个特定的人物实体。

3.1.1.2　评价指标

竞赛参与者的系统接受从一个 Web 搜索引擎检索一个给定人名返回的网页作为输入。任务的目标是决定这个给定的人名在这批网页中对应了多少人物实体，并为每一个网页文档指派给一个具体的人物实体。挑战在于估计网页作者的人数及将同一个人的网页分为一组。

评价对每个文档集合（其中的网页提及一个歧义人名）进行。人工标注结果作为评价的黄金标准（Gold Standard）。

每个参赛的系统采用标准的纯度（Purity）和逆纯度（Inverse Purity）聚类指标，纯度与信息检索领域众所周知的精确度（Precision）指标相关。该指标关注每个簇中最多类别的频次，对每个簇中具有较少噪声的聚类结果给予较高的评价。令 C 为待评价的聚类簇集合，L 为类别集合（手工标记的），n 为聚类文档的总数量，则纯度的计算如式（3.1）所示：

$$Purity = \sum_i \frac{|C_i|}{n} \max Precision(C_i, L_j), \qquad (3.1)$$

其中，对于给定的类别 L_j，一个簇 C_i 的精确度定义如式（3.2）所示：

$$Precision(C_i, L_j) = \frac{|C_i \cap L_j|}{|C_i|}。 \qquad (3.2)$$

逆纯度关注每个类别具有最大召回率的簇，给予哪些在一个对应的单个簇中每个类别存在较多文档的聚类结果以较高的评价。逆纯度定义如式（3.3）所示：

$$Inverse\ Purity = \sum_i \frac{|L_i|}{n} maxPrecision(L_i, C_j)。 \qquad (3.3)$$

对参赛系统最终的排名，组织方采用了纯度和逆纯度 2 个指标的调谐平均值 $F_{\alpha=0.5}$。该 F 指标的定义如式（3.4）所示：

$$F = \frac{1}{\alpha\dfrac{1}{Purity} + (1-\alpha)\dfrac{1}{Inverse\ Purity}}。 \qquad (3.4)$$

$F_{\alpha=0.2}$ 作为评价参赛系统的一个附加的评价指标，它给予逆纯度指标更重要的评价。理性的考虑是，一个搜索引擎用户，相比于不得不跨越多个簇采集相关信息，应该很容易丢弃一个簇中包含所有需要信息的一些网页。因此，实现一个高的逆纯度指标的参赛系统应该获得比一个高的纯度更好的评价。

3.1.1.3　基线

2 个简单的基线（Baselines）方法被应用于测试数据。一个基线是 ALL-IN-ONE，它提供了一个聚类方案，所有的文档被分配到一个簇中，因此，这个基线是实现最高逆纯度评分的情况，因为对所有的类来说，其文档都在一个簇中。另外，纯度指标等同于主导类（即一个簇中出现最多的类）的精度指标。另一个基线是 ONE-IN-ONE，它给出了另一个极端的聚类方案，每一个文档都分配为一个不同的簇，在这种情况下，纯度获得了最大值，而逆纯度随着较大的类降低。

3.1.1.4　竞赛结果

WePS-1 共有 29 支队报名参赛，但最终只有 16 支队提交了结果。主办方计算了 16 支提交系统及 2 个基线的大平均指标值（Macro-average）和微观平均指标值（Micro-average）。前者是先对每一个人名测试集计算 F 值，然后再计算平均值；后者是计算所有测试集的平均纯度和逆纯度指标，然后计算 F 值，并最终采用 Macro-average 作为排名依据。因为相比而言，Macro-average 较 Micro-average 具有清晰的解释性，即如果评价指标是 F 值，那么我们应该计算每一个测试情况（人名）的 F 值，然后计算所有的平均值。参赛系统的排名按照 $F_{\alpha=0.5}$ 进行，最高的分值为 0.78，最低的分值为 0.40，平均分值为 0.60，标准差为 0.11。$F_{\alpha=0.2}$ 的排名结果与 $F_{\alpha=0.5}$ 相差不是特别大，除了两个基线排名粗略地交换了位置，其他团队的排名位置发生了变化的，也基本是和邻近的交换了位置（表 3.1）。

表 3.1　WePS-1 竞赛结果排名

排名	团队 ID	Macro-averaged Scores：F-measures			
		$\alpha = 0.5$	$\alpha = 0.2$	纯度	逆纯度
1	CU_COMSEM	0.78	0.83	0.72	0.88
2	IRST-BP	0.75	0.77	0.75	0.80
3	PSNUS	0.75	0.78	0.73	0.82
4	UVA	0.67	0.62	0.81	0.60
5	SHEF	0.66	0.73	0.60	0.82
6	FICO	0.64	0.76	0.53	0.90
7	UNN	0.62	0.67	0.60	0.73
8	ONE-IN-ONE	0.61	0.52	1.00	0.47
9	AUG	0.60	0.73	0.50	0.88
10	SWAT-IV	0.58	0.64	0.55	0.71
11	UA-ZSA	0.58	0.60	0.58	0.64
12	TITPI	0.57	0.71	0.45	0.89
13	JHU1-13	0.53	0.65	0.45	0.82
14	DFKI2	0.50	0.63	0.39	0.83
15	WIT	0.49	0.66	0.36	0.93
16	UC3M_13	0.48	0.66	0.35	0.95
17	UBC-AS	0.40	0.55	0.30	0.91
18	ALL-IN-ONE	0.40	0.58	0.29	1.00

来源：Artiles（2007）。[38]

3.1.2　WePS-2

第二届 WePS 于 2009 年召开，是 WWW2009 会议上的一个研讨会，来自欧洲、亚洲和北美洲的 19 支代表队参加了评测竞赛。WePS-2 主要有 2 个子任务：第 1 个子任务是将以姓名作为查询条件在搜索引擎中取得的文档作为输入，输出为根据不同人物实体而聚类的结果；第 2 个任务要求抽取与个人密切相关的 18 个主要属性，大会提供了一些基本抽取规则。同时，会议提供了测试数据及人工标注的基准标准做测评使用。

WePS-2 得益于 WePS-1 举办取得的经验，提出了更适合于姓名消歧评价的指标，对测试集的建设方法进行了改进，扩展了评测任务，增加了属性抽取的任务。

3.1.2.1 数据

提供给参赛者的数据包括开发数据集（Development Data）和测试数据集。

（1）开发数据集

在发布最终的测试数据集前，主办方将开发数据集提供给参赛者，方便他们用来开发和测试系统。它由曾在 WePS-1 竞赛中使用的语料和黄金标准语料构成，并采用 WePS-2 中使用的方法构建。WePS-1 数据包括 47 个歧义姓名，以及每个重名姓名下经过手工聚类的提及该重名姓名的最多 100 个网页文档。每个姓名下的歧义性有很大的变化，最少的存在 1 个重名，最多的有 91 个重名，即便是从维基百科人物传记中提取的 10 个人名也是这样。组织方假定从维基百科入口中获取的姓名歧义性较低，因为包含名人的网页常常在搜索结果的最前面，然而 WePS-1 中训练数据中维基百科姓名的歧义性为平均每个人名下有 23 个实体，这是 WePS-1 测试数据集中歧义性的 2 倍。请注意，平均歧义对于这个任务来说并不是很有意义，因为它的分布看起来不像是一个二项分布：一个名字对应了两个人看起来与对应 30 个或 90 个人似乎一样。

此外，开发数据集包括了 Web03 语料库[121]，该语料库中每个人名有更加多样化的网页文档，且有一个较低的歧义性。

（2）测试数据集

WePS-2 测试数据由 30 个数据集构成，每一个数据集对应了一个存在歧义的名字。如同 WePS-1 的做法，从 3 个不同的来源来获取姓名。

①维基百科：从英文维基百科的人物传记列表中随机选择了 10 个姓名。不像 WePS-1 数据集，在这种情况下假定维基百科中的姓名所对应的数据具有较低的歧义性，就如在表 3.2 中看到的手工标注结果，在这 10 个数据集中，6 个数据集的重名人数少于 10 个实体，其中 3 个仅仅包含一个人。

②ACL'08：另外 10 个姓名是从计算语言协会 2008 年年会的程序委员会成员列表中随机抽取的。这些姓名呈现了一个不同类型的情景，我们事先知道网页文档中提及的姓名至少存在一个计算机科学领域的学者。

③美国人口普查：使用美国 1990 年人口普查数据中的姓和名列表，通过随机组合获得 10 个姓名。为了避免出现极其罕见或不存在的姓名，在选择姓名时按照人口普查中的频次考虑了其可能的概率。选择的姓名结果是一个歧义相当高的数据集，每一个数据集中一个姓名平均包含了 30 个重名的人物实体。

表 3.2　测试数据情况

姓名	实体数	文档数	丢弃数
维基百科姓名			
Bertram Brooker	1	128	30
David Tua	1	134	36
Franz Masereel	3	126	26
Herb Ritts	2	127	31
James Patterson	4	133	33
Jason Hart	22	130	38
Louis Lowe	24	100	25
Mike Robertson	39	123	35
Nicholas Maw	1	135	36
Tom Linton	10	135	41
平均值	10.70	127.10	33.10
ACL'08 姓名			
Benjamin Snyder	28	95	40
Cheng Niu	7	100	7
David Weir	26	128	33
Emily Bender	19	120	31
Gideon Mann	2	95	6
Hao Zhang	24	100	13
Hoi Fang	21	90	28
Ivan Titov	5	101	28
Mirella Lapata	2	91	1
Tamer Elsayed	8	101	18
平均值	14.20	102.10	20.50

续表

姓名	实体数	文档数	丢弃数
美国人口普查姓名			
Amanda Lentz	20	121	46
Helen Thomas	3	127	27
Janelle Lee	34	93	37
Jonathan Shaw	26	126	46
Judith Schwartz	30	124	39
Otis Lee	26	118	40
Rita Fisher	24	109	13
Sharon Cummings	30	113	29
Susan Jones	56	110	30
Theodore Smith	54	111	43
平均值	30.30	115.20	35.00
总体平均值	18.64	114.42	29.42

来源：Artiles（2009）。[6]

对每一个姓名，组织方用 Yahoo! 互联网搜索引擎提供的网页搜索服务 API 和姓名加引号的检索表达式来查找，选取排名前 150 位的英文网页作为测试语料。所有从检索结果中获取的信息（包括文本片段、检索结果中的排序位置，文档标题，原始的 URL）被存储并分发给参赛者作为数据集的一个部分。

一些获取的 Web 页面没有包含到最终的语料库中。一些情况是在语料库创建时检索到的网页无法下载或不可用。组织方也去掉了网页内容中检索姓名一次也没有出现的页面。最终，为了简化参赛者的数据预处理任务，只有 HTML 页面被包含在数据集中。

（3）人工数据标注

每一个数据集由两个标注者独立地进行标注。每一个标注者被要求对主办方提供的搜索结果数据集手工分组，每一组包含了一个重名人员全部的、提及该重名人员的文档。对于一个重名姓名来说，一旦完成了 100 个文档的分组（如前所述，对每一个人名提供的是最多 150 篇网页文档），标注工作停止。主办方专门开发了一个 Web 应用辅助标注过程，允许标注者快速地浏览和编辑簇，以及为特殊的簇或文档留下评论。

在必要时，允许将同一个文档指派为多个簇。例如，来自亚马逊（Amazon）的一个搜索结果页面可能是重名的两个不同作者撰写的图书列表，在这种情况下，标注者被建议将该页面文档分配到 2 个簇中。

在一些情况下，无法决定页面提及了哪一个个体，这个页面就从数据集中丢弃。下面是一些最常见的情况。

①不"干净"网页（Unclear Pages）：一般情况下，这些页面没有提供足够的信息。这种情况常常发生在 Facebook、Linkedin 和来自其他社会网络的公共名片（Profiles）。例如，一个 Facebook 公共名片可能仅包含名字和一个陈述（如我喜欢电影和巧克力）。这些信息难以确定其属于任何一个簇，对消除姓名歧义没有价值。

②家谱页面（Genealogy Pages）：这些页面文档被舍弃只是因为其太复杂了难以处理，它们太长了，包含了大的家谱树，很难与其他页面比较。

③非英语页面（Pages in languages other than English）：这些页面文档被 Yahoo 语言识别过滤器打上了不正确的标记，多数是汉语（如 Hao Zhang、Feng Hui 数据集），阿拉伯语（Tamer Elsayed），挪威语或芬兰语（Ivan Titov）。

2 个标注者独立完成标准任务。一旦两个标注者完成整个数据集的标注，让他们会面，一起来讨论他们的标注结果，协商后产生一致的手工标记数据结果，作为 WePS-2 评测的黄金标准语料。两个标注者多数不一致的原因是在合并一个特定页面到一个簇中时对于构成充足证据的事实存在不同的解释。常常存在一些"边界"情况，许多解释都可以，因此，很难建立一个一般性的标注规则。

职业在标注时常常是一个很好的信息。例如，在标注 Benjamin Snyder 时，发现 3 个文档提及住在波士顿，但其中的第 1 个文档是 MIT 的工程专业学生，另第 2 个文档是律师，因此，很合理地确定他们是不同的人物实体。第 3 个文档，则描述了葡萄酒爱好者，但这个爱好并不是职业，可以是前两个人，也可能是一个完全不同的人物实体。因此，一个标注者认为信息不充分，无法决定是建一个新簇还是将这个文档归入之前的簇，因此舍弃了这篇文档；另一个标注者则认为因为没有信息将这个葡萄酒爱好者与另外 2 个人联系在一起，因此，应该作为一个新的实体看待。对于这个例子，在 2 个标注者讨论后，采取了第 2 个标注者的意见。

另一个存在于 2 个标注者间的标注冲突只是因为任务的复杂性。有时，一个页面提供了大量的文本，在最初粗略看时发现不了关键信息。在这些具有高歧义的数据集中，标注者不得不保留他发现的人物的全部细节信息，并与每一个新页面中发现的新证据进行对比，最终这个导致了人工错误。采用两个独立的标注者，并经过一轮讨论有助于发现这类错误。

与 WePS-1 数据集对比，新的数据集具有较低的歧义性。平均来说，一个姓名存在 18.64 个不同的实体，但提及一个优势人物（Predominant Person）的网页文档数量常常占到一半。因此，平均歧义性没有任何意义，因为存在一些极端情况。例如，在 30 个姓名中有 3 个姓名只有一个人物实体，有 6 个重名姓名则包含 30 个甚至以上的人物实体。此外，与 WePS-1 数据集相比，WePS-2 舍弃了更多的网页文档。这是因为协商一致的标注规定限制了许多文档被纳入分组的簇中。

3.1.2.2 评价指标

在 WePS-1 评测中，采用了标准的纯度和逆纯度聚类指标，并据此形成 *F-measure* 评价指标，但这个评价指标被发现存在问题，因此，组织者设计了新的评价指标。

（1）WePS-1 评价指标的问题

WePS-1 评测中，参赛的系统采用标准的纯度和逆纯度聚类指标评价，手工标注的结果作为黄金标准。在第一次评价中，其中的一个参赛者 Paul Kalmar 注意到有可能采用一个欺骗系统在获得高纯度值的同时来获取逆纯度最大值，从而获得较高的评价和较好的排名。

问题出现在允许存在重叠的簇上。当一个文档涉及多个人时，WePS 聚类任务允许参赛系统把一个网页文档分配到多个簇。欺骗系统利用这个特点，为每个文档产生一个只有一个元素的簇，然后再产生一个包含全部文档的簇。例如，图 3.2 显示了 3 个元素数据在欺骗系统的聚类输出和正确聚类分布对比情况。在这个图中，每一个元素采用数字标识，实心和虚心形状表示它们在黄金标准数据集中所属的簇，元素 1 数字后面一个虚心和实心的圆表示该元素在黄金标准中属于多个类。按照定义，欺骗系统给出了完美的逆纯度指标，因为所有的文档都能在一个簇中发现。对这种噪声的簇，这常常对应了一个较低的纯度，但在这个情况下，通过复制每一个文档且产生一个单元素的簇，我们增加了许多具有最大纯度的簇，因此，平均纯度得到实质性的增加。总体上，欺骗系统产生了一个毫无用处的簇，但获得了较高的

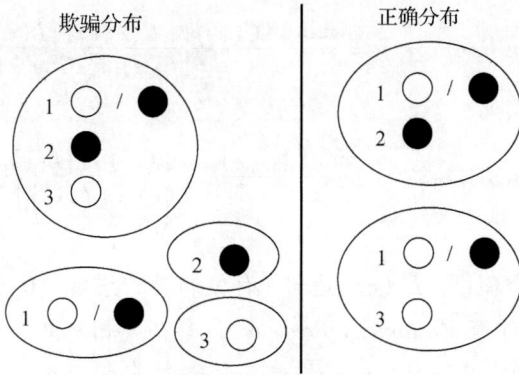

图 3.2　一个欺骗系统的输出

来源：Artiles（2009）。[6]

评分。

欺骗系统在 WePS-1 的测试结果显示这个欺骗系统在与其他真实系统一起排名时能排在前面，且指标上非常有竞争优势。

（2） *B-Cubed* 评价指标

在对聚类指标家族[122]的广泛调研中，组织者发现 *B-Cubed* 指标[34]在聚类问题评价指标上是唯一一个能满足 4 个直觉上形式约束的指标。基于这种考虑，为了应对欺骗系统带来的干扰，组织者扩展了原始的 *B-Cubed* 定义来处理存在重叠的聚类问题。

B-Cubed 指标独立地计算聚类结果中每个项目相关的准确率和召回率指标。一个项目（Item）的准确率指标表示了同一个簇中属于它的类别的项目数量，类似的，一个项目的召回率代表了其类别中多少项目出现在它的簇中。

B-Cubed 指标需要扩展以表示一个允许重叠的聚类（即一个数据元素可以划分到多个簇中）中两个元素之间关系的正确性，这种情况下，数据元素出现在多个簇或多个类的情况必须纳入考虑。例如，如果两个元素同属于两个类及同属于一个簇，那么聚类没有完整地反映两个元素间的关系。另外，如果两个数据元素同属于 3 个簇却仅同属于两个类，那么聚类给出了超出必要的信息。

这些新的方面可以通过 2 个项目之间的准确率和召回率来测量如

式（3.5）和式（3.6）所示：

$$Multiplicity\ Precision(e,e') = \frac{\min(\,|\,C(e) \cap C(e')\,|,\,|\,L(e) \cap L(e')\,|\,)}{|\,C(e) \cap C(e')\,|},$$

(3.5)

$$Multiplicity\ Recall(e,e') = \frac{\min(\,|\,C(e) \cap C(e')\,|,\,|\,L(e) \cap L(e')\,|\,)}{|\,L(e) \cap L(e')\,|}。$$

(3.6)

e 和 e' 是 2 个项目，$L(e)$ 是与 e 有关的类的集合，$C(e)$ 是与 e 有关的簇的集合。请注意 Multiplicity Precision 只有在 e 和 e' 共享一些簇时才有定义，Multiplicity Recall 则是 e 和 e' 共享一些类时才有定义。当 2 个项目共享一个或更多的簇时，Multiplicity Precision 被使用，当共享的类的数量低于或等于共享的簇的数量时，它取得最大值（1）；当 2 个项目不共享任何类时，它取得最小值（0）。相反地，当 2 个项目共享 1 个以上的类时，Multiplicity Recall 被使用；当共享的簇的数量低于或等于共享的类的数量时，它取得最大值；当 2 个项目不共享任何簇时，它取得最小值。

下一步就是将 Multiplicity Precision 和 Multiplicity Recall 集成到整体的 B-Cubed 指标。采用初始的 B-Cubed 定义，将 Correctioness 函数用 Multiplicity Precision（对 B-Cubed Precision 来说）和 Multiplicity Recall（对 B-Cubed recall 来说）替换。然后，与一个项目相关的扩展的 B-Cubed Precision 指标将是其他共享类的项目的 Multiplicity Precision 的平均值，整体的扩展 B-Cubed Precision 将是所有项目的平均准确率。扩展的 B-Cubed 召回率采用同样的过程获取。规范的如式（3.7）和式（3.8）计算所示：

$$Precision\ B - Cubed = \text{Avg}_e[\text{Avg}_{e'.\,C(e) \cap C(e') \neq \varphi}[Multiplicity\ Precision(e,e')]],$$

(3.7)

$$Recall\ B - Cubed = \text{Avg}_e[\text{Avg}_{e'.\,L(e) \cap L(e') \neq \varphi}[Multiplicity\ Recall(e,e')]]。$$

(3.8)

B-Cubed 精度和召回率的调和平均值（$F_{\alpha=0.5}$）被用来对参赛系统排名。计算如式（3.9）所示：

$$F = \frac{1}{\alpha \dfrac{1}{B - Cubed\ Precision} + (1 - \alpha) \dfrac{1}{B - Cubed\ Recall}}。$$ (3.9)

组织方也采用了 $F_{\alpha=0.2}$ 的结果。这个附加的指标在仍然考虑准确率方面的同时给予较好召回率以奖励。F 测量指标的这个参数从直觉上将一些噪声文档从相关的簇中过滤掉（也就是有问题的准确率），这个对用户来说，相比于在检索丢失的信息（也就是在相关簇中有问题的召回率）不得不检查所有其他簇来说更容易接受。

3.1.2.3　基线（Baselines）

如同 WePS-1，两个简单的基线方法被应用到测试数据。ALL-IN-ONE 基线提供了一个聚类方案，所有的文档被分配到一个簇中。这种情况下，逆纯度指标总是取得最大值，因为所有的类的文档都在一个簇中。另外，纯度指标将等于这个单一簇中优势类（即有最多文档的类）的准确率。ONE-IN-ONE 基线给出了另一个极端的聚类方案，每一个文档被指派为一个不同的簇，即一个文档就是一个簇，在这种情况下，纯度指标总是取得最大值，而逆纯度指标则随着较大的类减少。

第 3 个基线由一个简单的聚类系统产生。它采用了单连接（Single Linkage）的层次凝聚聚类算法（Hierarchical Agglomerative Clustering Algorithm, HAC），即在向上聚类时，取两个集合中距离最近的两个点的距离作为这两个集合的距离，从而将最近的两个簇合并。距离计算采用余弦相似度模型，文档被表示为词袋模型，词的权重采用 TF-IDF 模型。我们评价了这个基线的两个变体：一个使用文档中标记（Tokens）的词袋模型（称为 HAC-TOKENS），另一个采用 Bigram 模型（称为 HAC-BIGRAMS）。词袋模型和 n-gram 都是自然语言处理中两种主要的文本表示模型，前者以单词作为文本的基本特征项，后者以长度为 n 的字符串作为文本的基本特征项，Bigram 是一种二元模型，即 $n-2$[123]。在每种情况下，英文停用词和包含停用词的 Bigram 被去掉。在训练数据中获取一个固定的相似度阈值，然后应用到测试数据中。

在 WePS 任务中，选择一个合适的阈值或聚类算法停止标准是一个挑战性的问题。为了提供一个采用先前基线系统结果的上限及一个完美的阈值选择，组织方评估了对每一个主题（即每一个人名）选择最佳阈值所获取的结果：BEST-HAC-TOKENS 和 BEST-HAC-BIGRAMS。这个不是一个基线，但它让我们得以洞察到聚类阈值选择的重要性，以及它对于一个类似 HAC-TOKENS 和 HAC-BIGRAMS 的简单基线系统究竟能对结果改善多少。

最后，组织方也把 WePS-1 欺骗系统包括在结果中，这是为了验证新的指标是否能检测到且惩罚这类不能提供有价值信息的基线（Non-informative

Baseline）。

3.1.2.4 竞赛结果

组织方首先公布了网页姓名消歧竞赛的任务描述、开发数据集和评分程序，然后发布测试数据集，给参赛团队 3 个月时间开发姓名消歧系统。参赛团队完成后将结果发送给组织方，供组织方对参赛系统结果评价和排名。共有 32 支参赛团队表示了参加的兴趣，但只有 17 支团队提交了结果，他们共提交了 75 次不同的运行结果。

参赛的系统全部采用了数据预处理的工作，包括将 HTML 文档转换为纯文本、分词、停用词去除，有一些还采用了句子检测处理。一些团队使用了 Poter 词根处理，但不清楚这种处理是否对消歧有效，因为部分排名靠前的团队并没有做词根处理。词袋模型是用得最多的工具模型，命名实体识别（Named Entity Recognition，NER）是第 2 个常用的工具模型，但排名前四的系统中有 3 个没有使用 NER，所以 NER 对构建有竞争性的姓名消歧系统可能并不是必须的。文本向量特征权重多采用 TF-IDF 模型，少量使用了增益率（Gain Ratio）、KL 距离（Kullback-Leibler divergence）及自信息（Self Information）等模型。Bigrams 在 2 个参赛系统中使用，似乎在准确率和召回率上取得了较好的平衡效果。还有部分参赛系统使用了其他参赛系统较少使用的特征，如超链接、Email 地址、电话号码、日期、歧义姓名的变体等。层次凝聚聚类 HAC 是用得最多的算法，有采用单链接（Single Linkage），也有采用组平均（Group Average），即按照最小的平均配对距离（Average Pairwise Distance）合并 2 个群集。两个团队采用了较新颖的模糊蚁群聚类算法，该算法不需要相似度阈值就能确定聚类的簇的数量。

表 3.3 展示了 17 支参赛团队和 3 个基线系统的排名结果。F-measure 值是大平均的（Macro-averaged），即首先计算每一个测试姓名的 F 值，然后计算所有的 F 值的平均值。对于多次提交结果的团队，只取其成绩最好的一次。

基于 B-Cubed 指标的 F 值排名与基于纯度和逆纯度指标的 F 值排名没有显著的差异，只不过欺骗系统排名在新指标下不再是最好的系统之一，尽管它排在 5 个参赛系统之前。这说明 B-Cubed 指标对惩罚欺骗系统起到了效果。

前 3 名在 $F_{\alpha=0.5}$ 的排名中指标值接近，其中 UVA_1 具有最平衡的结果（准确率为 0.85，召回率为 0.80），ITC-UT_1 更准确一些（准确率为 0.93，召回率为 0.73），因此，在 $F_{\alpha=0.2}$ 排名中受到了惩罚。

表 3. 3　WePS-2 竞赛结果排名

排名	参赛系统	F-measure 值		B-Cubed	
		$\alpha = 0.5$	$\alpha = 0.2$	准确率	召回率
	BEST-HAC-TOKENS	0.85	0.84	0.89	0.83
	BEST-HAC-BIGRAMS	0.85	0.83	0.91	0.81
1	PolyUHK	0.82	0.80	0.87	0.79
2	UVA_1	0.81	0.80	0.85	0.80
3	ITC-UT_1	0.81	0.76	0.93	0.73
4	XMEDIA_3	0.72	0.68	0.82	0.66
5	UCI_2	0.71	0.77	0.66	0.84
6	LANZHOU_1	0.70	0.67	0.80	0.66
7	FICO_3	0.70	0.64	0.85	0.62
8	UMD_4	0.70	0.63	0.94	0.60
	HAC-BIGRAMS	0.67	0.59	0.95	0.55
9	UGUELPH_1	0.63	0.75	0.54	0.93
10	CASIANED_4	0.63	0.68	0.65	0.75
	HAC-TOKENS	0.59	0.52	0.95	0.48
11	AUG_4	0.57	0.56	0.73	0.58
12	UPM-SINT_4	0.56	0.59	0.60	0.66
	ALL IN ONE	0.53	0.66	0.43	1.00
	CHEAT SYS	0.52	0.65	0.43	1.00
13	UNN_2	0.52	0.48	0.76	0.47
14	ECNU_1	0.41	0.44	0.50	0.55
15	UNED_3	0.40	0.38	0.66	0.39
16	PRIYAVEN	0.39	0.37	0.61	0.38
	ONE IN ONE	0.34	0.27	1.00	0.24
17	BUAP_1	0.33	0.27	0.89	0.25

来源：Artiles（2009）。[6]

PolyUHK 与 WePS-1 中的 CU-COMSEM 是一个团队，其在两次竞赛中均获得了最好的成绩。

有 5 个团队的指标分数排在了 ALL-IN-ONE 基线后面，尽管他们的准确率比基线高，但较低的召回率拉低了他们的 F 值。ALL-IN-ONE 基线在

*B-Cubed*指标下的准确率较高（0.43），是因为每一个测试集中平均有半数的文档属于单个人。在 WePS-1 中，数据集文档在簇中的分布更均匀，因此，ONE-IN_ONE 基线的 *F* 值分数比 ALL-IN_ONE 要好，而在 WePS-2 中则差于 ALL_IN_ONE。

HAC-TOKENS 和 HAC-BIGRAMS 基线虽然获得了较高的准确率，但召回率较差，这使得它们的排名居于整体上的中间水平。Bigrams 在保持一个较高准确率的基础上改善了召回率的数值，所以取得了较好的组合分数。注意，这些基线系统可能是准确率导向的，因为 WePS-1 数据集平均来说是非常小的团簇。

上限系统 BEST-HAC-TOKENS 和 BEST-HAC-BIGRAMS 取得了最好的排名分数，比最好的 3 个参赛系统还要好一点。这说明改善聚类阈值的选择将产生一个较有竞争力的姓名消歧系统，即便是采用一个非常简单的聚类方法。

WePS-2 竞赛中还包含了一个人名属性抽取任务[124]。抽取的人物属性是正确文档聚类非常有价值的信息源，同时对实际用户浏览聚类结果也是很重要的辅助信息。在未来的 WePS 竞赛中将考虑将姓名消歧与属性抽取任务集成起来，这对于参赛团队是一个崭新的挑战。

3.1.3　WePS-3

第三届 WePS 评测会议于 2010 年召开，来自欧洲、亚洲和北美洲的共计 13 支代表队参加了评测竞赛。给定一个人名在搜索引擎返回的顶部搜索结果，WePS-3 评测会议提出了 2 个任务：一个聚类任务，要求将文档按照重名人进行分组；另一个是抽取任务，要求抽取重名人物的显著属性。WePS-3 提出了更高的要求，将两个问题合并为单个任务，要求系统同时返回同名的每一个人物实体的文档及其对应的人物属性，还增加了组织机构名的消歧任务。本书只介绍人名消歧任务，不介绍机构名消歧任务。

3.1.3.1　任务描述

给出在搜索引擎中检索一个人名获得的网页搜索结果集合，WePS-3 要求按照重名人员对检索结果进行聚类，并为每个重名人员（聚类的每个文档簇）抽取确定的人物属性。参赛团队可以只参加聚类任务，或者同时参加两个任务。

与之前的竞赛相比，WePS-3 聚类任务虽然要求相同，但测试数据集更大且更多样性。聚类和属性抽取任务也有很近的关系。WePS-3 与 WePS-2

属性抽取任务的不同之处在于，它要求建立每个属性与一个人（一个文档簇）的关系，而不是只列出从每个文档获取的属性。这也是为什么要求参加属性抽取任务的参赛者必须同时参加聚类任务。系统要求输出每个文档簇（每个人）的每个类型属性，例如，只有一个机构、只有一个职业等。

表 3.4 列出了包括在属性抽取任务中的全部属性。

表 3.4　属性抽取任务中的 16 个属性

序号	属性类别	属性值的示例
1	Date of birth	4 February 1888
2	Birth place	Brookline, Massachusetts
3	Other name	JFK
4	Occupation	Politician
5	Affiliation	University of California, Los Angeles
6	Award	Pulitzer Prize
7	School	Stanford University
8	Major	Mathematics
9	Degree	Ph. D.
10	Mentor	Tony Visconti
11	Nationality	American
12	Relatives	Jacqueline Bouvier
13	Phone	+1 (111) 111 – 1111
14	FAX	(111) 111 – 1111
15	Email	xxx@ yyy. com
16	Web site	http: //nlp. cs. nyu. edu

与 WePS-2 属性抽取相比，WePS-3 有 2 个主要的修改。①WePS-2 训练数据有一个属性"education"，在测试数据中被分为 3 个属性：school、degree、major，WePS-3 使用 school/degree/major 作为独立的属性。②WePS-2 中标注的数据包括 work 和 location，但是在 WePS-2 评价中没有使用，在 WePS-3 中也没有考虑。

3.1.3.2　数据

（1）聚类训练数据集

参赛者使用 WePS-1 和 WePS-2 公开的聚类数据集开发他们的系统。这些数据集由存在歧义的许多人名在搜索引擎检索时获取的排名靠前的检索网页文档构成，它们也包含了由人工评估后按照提及重名人物分组的文档信息。输出保留了如 WePS-2 一样的格式，一个以 clustering 作为根节点、以 entity 元素作为每一个文档簇的 XML 文档，但有如下一个微小的变化，现在与一个人物相关的 doc 元素被包含在 documents 元素内，如下所示：

```
< entity id = "1" >
    < documents >
        < doc rank = "99" / >
        < doc rank = "104" / >
    < / documents >
< / entity >
```

（2）属性抽取训练数据集

提供的属性抽取训练数据集基于 WePS-2 聚类和属性抽取任务[124]。给出 WePS-2 语料库的聚类黄金标准及从文档中抽取的属性，组织方生成了每一个簇（即每一个人物）的抽取属性，而不再是一个个文档中的人物属性。组织方要求参赛者在 WePS-3 提交的系统中提供同样类型的输出。

聚类和属性抽取的输出被要求包含在同一个 XML 文件中。在这个文件中，每一个文档簇通过 entity 元素指定，它包含了簇内文档的列表和抽取属性的列表。对于每一个属性，需要指明属性的类别（如出生日期、职业等），从中抽取的文档编号，以及属性值。如下所示：

```
< clustering searchString = "AMANDA LENTZ" >
    < entity id = "16" >
        < documents >
            < doc rank = "17" / >
            < doc rank = "66" / >
            < doc rank = "73" / >
            < doc rank = "51" notes = "from Huron" / >
        < / documents >
        < attributes >
            < attr type = "date\_of\_birth" source = "17" >4th August 1979 < / attr >
            < attr type = "occupation" source = "17" > Painter < / attr >
        < / attributes >
```

　　　　</entity >

　　　　［…］

　　　</clustering >

（3）测试数据集

WePS-3 测试数据集中，文档的数量和人名的数量都大大增加了。聚类和属性抽取任务采用了相同的数据集。WePS-3 中总共有 300 个人名，而 WePS-2 中只有 30 个人名。如同在 WePS-2 的做法，从美国人口普查数据（US Census）、维基百科（Wikipedia）和计算机科学会议程序委员会中随机地获取姓名。除此之外，把那些重名姓名中至少有一个人物具有下面职业的人包含在内：律师、企业高管或是经纪人。对于这 6 类数据源分别抽取了 50 个人，使得总数据集达到 300 人。

为了使结果集中至少有一个人物有一个特定的职业，组织方设计了一个简单的算法。给定感兴趣的职业对应的小规模关键词集合，例如，经纪人的关键词集合为房地产、住房，在搜索引擎中搜索网页，随机地将结果呈现给标引员，直到标引员发现一个人物具有特定的职业，然后以此人姓名为检索条件进行检索，如果对应的文档在前 200 名检索结果中出现，就把这些文档加入到数据集中，文档相关的元数据也保留，包括搜索片段、标题、URL、检索结果中的位置。

3.1.3.3　评估

参赛系统被要求在完整数据集上尽可能正确地生成聚类簇。然而，对测试集文档中每一个人名的标注仅有 2 个人可以安排，由于数据量的增加，确定一个重名姓名的文档簇数量及标注需要简化，即便如此，标引任务仍需要大量的人力资源和时间。为了克服这个问题，组织方利用 Mechanical Turk 众包平台提供的服务，将标引任务分发给一些非专业人员来完成。

为了保证非专业人员标引的效果，在将测试数据提交给标引员之前，组织方为每一个重名的人名各选择了 2 个人（person_a 和 person_b）。在每种情况下，组织方在搜索结果中选择一个文档作为一个人名分类的参考。一般情况下，person_a 与选择名字的数据源相关，而 person_b 可以是搜索结果中任一其他的人物。

为了选择一个 person_a 的参考文档，对检索结果随机循环如下步骤，直到其中一个条件满足：①对 Wikipedia 姓名，选择搜索结果中有该姓名的 Wikipedia 文章；②对计算机研究人员选择提及该人的页面；③对职业相关的姓名，则在测试数据集准备时已经获得了相关的参考文档。person_b 可以选择与 person_a 不同特征的任一重名人员。

一旦确定了每个歧义姓名的 person_a 和 person_b，就可以开始标引过程。每一个网上招聘的标引员将收到一个歧义姓名的 10 个检索结果文档及 2 篇参考文档，一篇参考文档对应了 person_a，另一篇则对应了 person_b。标引员被要求将 10 篇文档分给 person_a、person_b 或其他人。

对于属性抽取任务的评价，没有依靠先前产生的黄金标准（Gold Standard），而是把参赛者系统的输出合并起来，提交 Mechanical Turk 平台进行标引。我们只评价聚类任务中标注为同一个人的属性抽取，出于这个原因，我们只把那些按照聚类黄金标准提及 person_a 和 person_b 标引文档的属性合并。标引员在给出的网页界面上来决定抽取的属性和属性值是否存在问题。

3.1.3.4　评价指标

对于聚类任务的评价采用 *B-Cubed* 指标。该指标已经在 WePS-2 中引入，而且被证明是聚类指标家族中唯一的、对姓名消歧问题满足直觉上规范限制的指标。*B-Cubed* 指标独立地计算分布中数据项目相关的准确率和召回率。一个项目的准确率代表了属于它的类别的在一个簇中的项的数量。相似的，一个项目的召回率代表了出现在簇中的项目数量。

在 WePS-2 评测中，*B-Cubed* 的一个扩展版本被提出以处理重叠聚类评价问题（一个数据元素可以属于多个簇的聚类任务）。因为 WePS-3 数据集设计中的选择，排除了一个数据元素隶属于多个簇的情况，一个文档只能属于涉及人中的一个，或者其他人，因此，组织方使用了指标的最初定义。

B-Cubed 准确率和召回率的调和平均值 $F_{0.5}$ 被用来对参赛系统排名。对于每一个查询，我们评估提及 2 个不同人的文档聚类，对计算机科学会议中的 50 个姓名，因为只有一个人（所获取的文档都是同一个人的）而被排除在外。

在聚类标引中，一个聚类文档由 5 个人标注，如果 3 人以上将其标引为 person_a、person_b 或其他人，它才被考虑是对应类别的正确文档。系统输出的评价用分类为 person A 和 person B 文档的 *B-Cubed* 准确率和召回率的平均值，整体的集合被分类为 person A、person B 和其他人。注意即便我们没有对一个人名的完整聚类评估，*B-Cubed* 也允许我们评价系统聚类结果。原因在于，*B_Cubed* 不像纯度和逆纯度指标，是在数据元素层次做出评价，我们不需要为输出中每一个簇选择一个代表性的类。

对于属性抽取任务，参赛系统的评价基于聚类黄金标准中标引的每个人最有代表性的簇所附属的属性。系统输出中一个人具有最佳属性召回率的簇被认为是最有代表性的。例如，如果我们评价姓名为 Tiffany Hopkins 的 person A，我们按照 person A 的属性召回率对系统输出进行排名，然后我们评估最佳排名簇的属性准确率和召回率。用属性召回率作为选择标准的理由如下：一个面临系统输出的用户可能去选择那些能识别一个人的更多属性的簇。

3.1.3.5 竞赛结果

WePS-3 评测竞赛共有 34 支团队表示要参加聚类任务，最终有 8 支团队提交了总共 27 个不同的运行结果。基线系统 ALL-IN-ONE 和 ONE-IN-ONE 也包括在评估中，前者将所有文档放在一个簇中，后者将每个文档作为一个簇。

大多数系统（YHBJ[125]、AXIS[126]、TALP[127] 和 WOLVES[128]）采用了 HAC 层次凝聚聚类方法，有一个称为 DAEDALUS[129] 的团队有意不采用 HAC 算法，而在实验中采用了 *K*-Medioid 聚类方法；另一个称为 TALP 的团队采用了 3 种聚类方法，分别是 Lingo、HAC 和两步骤 HAC，采用从网页抽取的基本特征进行了对比。

WOLVES[128] 训练了一个成对模型（Pairwise Model）来预测 2 个文档提及同一个人的似然度（可能性）。预测中使用了词、姓名实体、Wikipedia 主题、人物属性等文档特征，以及余弦、重叠（Overlap）、Jaccard 指标等测量文档间相似度的两两特征。然后预测的结果被应用到聚类算法中以对文档分组。聚类方法采用了 HAC 和马尔科夫聚类算法。

YHBJ[125] 专心于文档表示和特征权重上。它使用 Wikipedia 输入来扩充基于词袋模型（Bag-of-Words）和命名实体的特征集合。对于不同特征的赋权远超出了广泛使用的 TF-IDF 指标，考虑了特征与姓名检索的相关性及网页正文是如何表示的。

AXIS[126] 分析了 Web 图结构的模式，把它作为两阶段聚类算法的一部分，该算法也集成了基于内容的特征。相关网页的检测被用来克服关于 Web 图结构信息缺乏的问题。

RGAI[130] 将每一个文档表示为抽取的人物属性值的向量，并将其应用到下一步的聚类算法中，他们实现的聚类算法包括自底向上的聚类和 Xmeans 算法。

表 3.5 展示了 8 个参赛系统和 2 个基线聚类系统的结果。*B-Cubed* 准确

率、召回率和 *F-measure* 值是按照每个人名计算然后进行平均的，要注意这个表中的评分对每个人名只考虑了两个人物实体，所以不能把这个指标值与之前的 WePS 竞赛直接对比。竞赛中，有些参赛团队多次提交结果，组织方只取分值最好的结果。

表 3.5　WePS-3 竞赛结果排名

排名	团队	评价指标		
		$F_{\alpha=0.5}$	*B-Cubed* 准确率	*B-Cubed* 召回率
1	YHBJ_2_unofficial	0.55	0.61	0.60
2	AXIS_2	0.50	0.69	0.46
3	TALP_5	0.44	0.40	0.66
4	RGAI_AE_1	0.40	0.38	0.61
5	WOLVES_1	0.40	0.31	0.80
6	DAEDALUS_3	0.39	0.29	0.84
7	BYU	0.38	0.52	0.39
	ONE IN ONE 基线	0.35	1.00	0.23
8	HITSGS	0.35	0.26	0.81
	ALL IN ONE 基线	0.32	0.22	1.00

在参赛的 8 个系统中，得分最高的系统在准确率和召回率上有较好的平衡，而其余的参赛系统则偏向其中一个指标。表中 *F* 值是大平均（Macro-averaged）得到的，即先计算出每个人名的 *F* 值，然后计算所有人名的平均值，这个 *F* 值会比先计算准确率和召回率的平均值再用它们来计算得到的 *F* 值要低一些。这说明，即便获得了一个较高的准确率和召回率平均值，它常常以其他指标的较低评分为代价。

如同之前的 WePS 竞赛中所述，聚类终止准则的正确选择是系统性能的关键因素。之前强调的准确率和召回率的不平衡也展示了这是如何影响了WePS 参赛聚类系统的性能的。

不像先前的 WePS 竞赛，几乎参赛的全部 WePS-3 系统评分结果排在两个基线前面。出现这种情况，很可能是每个人名只考虑 2 个人物，而且这两个人在数据集中有很好的表示，所以 ONE-IN-ONE 基线获得了较低的评价分数。这个过程排除了许多只有一个网页文档的人，而这种只有一个网页文档的情况会对 ONE-IN-ONE 基线方法给予较高的评价。

3.2　PatentsView 专利发明人姓名消歧评测

PatentsView 是美国专利商标局（US Patent and Trademark Office，USPTO）支持开发专利可视化和分析平台的一个倡议，其目的是增强美国专利数据的价值、可用性和透明度，并寻求创新性方法获得更好的创新者信息，发明人姓名消歧方法是为了达到这个目标需要解决的一个重要问题。

美国研究协会（American Institutes for Research，AIR）在 2015 年举办了 PatentsView 专利发明人姓名消歧评测研讨会（PatentsView Inventor Disambiguation Technical Workshop），该研讨会作为 PatentsView 倡议的一部分，邀请世界范围内的科研个体或科研团队开发发明人消歧算法，并邀请前 15 位团队代表于 2015 年 9 月 24 日在美国专利商标局总部举办的最终研讨会上介绍他们的成果，最终有 7 支团队提交了结果并在研讨会上做了汇报。该研讨会向美国及其他国家的学术和个体部门开放，而美国政府职员不得参与。在最终研讨会上，组委会从中选定一种可扩展的方法，将其整合到下一代 PatentsView 数据平台上。贡献最有效算法的科研个体或团队将会收到 25 000 美元的奖金，该奖金用于支撑该团队在发明人姓名消歧算法上的继续研究，并补偿该团队成员在算法整合工作中的技术指导。

3.2.1　数据

3.2.1.1　原始数据集

PatentsView 竞赛提供了 5 个标签训练数据集，这些数据集不经任何修改，直接以相同的格式全部提供给 PatentsView 竞赛的参赛者，包括 OE 标签数据集、ALS 标签数据集、IS 标签数据集、E&S 标签数据集和 EPO 标签数据集。其中，IS 和 E&S 数据集只随机提供 80% 的数据样例，这 2 个数据集的剩余数据将会用于评价；ALS 数据集因为保密协议，不能公布发明人的识别数据，具体的标签数据集介绍如表 3.6 所示。

表 3.6　PatentsView 竞赛标签数据集介绍

标签数据库	专利—发明人记录	独特发明人	参考
OE	98762	824	Akinsanmi, et al（2011）[131]
ALS	42376	4801	Azoulay（2007）[132]；Azoulay（2011）[133]

标签数据库	专利—发明人记录	独特发明人	参考
IS	9156	3845	Trajtenberg and Shiff（2008）[134]
E&S	96104	14293	Chunmian，et al（2015）[135]
EPO	1922；1088	424；312	Lissoni，et al（2010）[136]

（1）OE 标签数据集

OE 数据集包含的是记录的成对比较（Pairwise Comparison of Records），这些记录来自于 98 762 条人工标记和手工消歧的光电专利发明人数据，而这些数据是 Akinsanmi 在研究光电领域经济低迷、发明人流动和技术轨迹时产生的（Akinsanmi et al，2011）[131]。

OE 数据集是由具备不同特征的 4 个数据子集组成，这 4 个子集对应的目标人群分别为：1999 年之前专利数量排名较高的发明人、1999 年之前发明率排名较高的发明人、在 USPTO 分类号 385/14 技术子类下的专利发明人、不在 USPTO 分类号 385/14 却属于 OE 技术类的专利发明人。

因为保密协议，美国研究协会没有获取到 OE 标签数据集，只获得该数据集记录成对比较的分析文件。

OE 标签数据集可以从卡耐基梅隆大学工程学院网站（http：//www. cmu. edu/epp/disambiguation）下载。其中，The Sample Pairwise Comparisons Dataset 包含 15 000 条成对比较记录。每条比较记录或者被标记为匹配（Match，如果被比较的两个人是同一个人）或者被标记为不匹配（Non-match，如果被比较的两个人不是同一个人）。这些比较记录只是 USPTO 光电专利发明人记录成对比较记录的子集，而全部的比较记录共有 105 407 940 条。

OE 标签数据集下载链接也提供了一个数据字典用于描述成对比较记录数据集的字段含义，如每个字段都包含了一些前缀："first" "last" "city" 等，这些前缀表示成对比较记录比较的发明人特征。OE 标签数据集比较的发明人字段特征如表 3.7 所示。

表 3.7　OE 标签数据集比较的发明人特征字段及含义

发明人特征字段	含义
first	发明人记录的"名"字段特征
last	发明人记录的"姓"字段特征

续表

发明人特征字段	含义
mid	发明人记录的"中间名"字段特征
suffix	发明人记录的姓名后缀，如"Jr""Ⅲ"等
st	发明人记录的州缩写字段特征，如"PA""CA""NY"等，数据集取用的是发明人所在的州，而不是专利权人所在的州
country	发明人记录的国家缩写字段特征，如"USA""GB""JP"等，数据集取用的是发明人所在的国家，而不是专利权人所在的国家
ass	发明人记录专利对应的专利权人
class	发明人记录专利对应的技术分类列表
subclass	发明人记录专利对应的技术分类子列表
coinv	发明人记录专利对应的合作发明人列表
fileyear	发明人记录专利的申请年

每个字段都包含了一些后缀，如"j""l""e""s"等，这些后缀表示成对比较记录采用的比较方式，而下划线"_"用于连接比较记录的前缀和后缀。OE 标签数据集采用的比较方式如表 3.8 所示。

表 3.8　OE 标签数据集采用的比较方式及含义

比较方式	含义
j	Jaro-Winkler 字符串相似度
l	Levenshtein 字符串相似度，编辑距离
e	精确匹配（如果精确匹配则为 1，否则为 0）
s	基于桑迪克斯缩写的精确匹配
a	数值间的绝对差异（Absolute difference between numerical values），如专利申请年
Pj	字符串语音表示的 Jaro-Winkler 相似度
Pl	字符串语音表示的 Levenshtein 相似度
1、2 or 3	字符串前 1、2 或 3 个字符的精确匹配
Set	两个数据集的 Jaccard 指数，如合作发明人集合

（2） ALS 标签数据集

ALS 标签数据集来自于 42 376 条人工标记的 USPTO 专利—发明人记录，这些记录对应着 4801 名生命科学领域的学者。

Pierre Azoulay 提供了该数据集，他利用医学院校协会（AAMC）教师名册、美国卫生研究院（NIH）授权应用文件及 USPTO 在 1976—2004 年公布的专利数据构造了该数据集，Azoulay 等（2007）[132] 和 Azoulay 等（2011）[133] 提供了构造该数据集的详细信息。

因为保密协议，PatentsView 参赛者无法获得 ALS 标签数据集，只能获得该数据集成对比较记录的分析文件。

（3） IS 标签数据集

IS 标签数据集包含 9156 条专利—发明人记录，这些记录对应着 3845 名在美国拥有专利的以色列发明人。

Manuel Trajtenberg 提供了该数据集，Trajtenberg 和 Shiff（2008）[134] 提供了构造该数据集的详细信息。

IS 数据集包含 is_inventors. csv 文件，该文件的每条记录包含一个有标签的专利—发明人记录对。另外，该文件还包含一些能够用于消歧的额外字段，如发明人姓和名、发明人地区等。

（4） E&S 标签数据集

E&S 标签数据集包含 96 104 条人工标记的专利 - 发明人记录，这些记录对应着 14 293 名唯一的工程师或科学家。

Ivan Png 提供了该数据集，Chunmian 等（2016）[135] 提供了该数据集的详细信息。

E&S 标签数据集包含 ens_inventors. csv 和 ens_patents. csv 2 个文件。ens_inventors. csv 文件中每条记录标识一个发明人—年对，该文件通过独一无二的 ID 号（lkn_id）和领英网（LinkedIn page）的 URL 来识别发明人，并将发明人与专利号连接起来。该文件不仅包含原始专利号，而且包含 Ivan Png 等规范后的专利号。

（5） EPO 标签数据集

EPO 标签数据集包含来自欧洲专利局（European Patents Office，EPO）的专利和发明人信息，这些信息是由 Francesco Lissoni 提供的。在这个标签数据集中，每条记录不仅包含一个独一无二的发明人—专利组合对，而且还包含每对专利发明人在现实中是否为同一人的信息。

　　EPO 标签数据集包含 benchmark_epfl. rar 和 benchmark_france. rar 2 个压缩文件。每个压缩文件中包括 5 个 CSV 文件，分别是：benchmark_id. csv、clean_address. csv、clean_name. csv、match. csv 和 raw. csv。

　　下面描述这些文件的额外信息来自 Lissoni 等 （2010）[136]。

　　"两个最重要的表是 RAW 和 MATCH，后者提供了计算算法查准率和查全率的必要信息 Person_IDs，CLEAN_ADDRESS 和 CLEAN_NAME 包含一些额外信息，竞赛参赛者可以用这些信息比较发明人的姓名和地址，如算法的解析清洗，对发明人姓名进行解析、清洗，并手工检查 benchmark 数据库的作者。"

3.2.1.2 　AIR 处理数据集

　　除了上面描述的原始文件，AIR 通过连接研究者数据库和专利数据库为参赛者提供额外的数据集。第 1 个数据集是由 ALS 数据集创建的分析文件，并根据 OE 数据集中研究人员提供的文件进行建模。第 2 个数据集包含多个文件，这些文件是通过将 IS 和 E&S 数据集中的发明人和专利连接到已处理的批量专利数据 （Processed Bulk Patent data） 而创建的，而这些批量专利数据以方便为初衷，为消歧工作提供起点。PatentsView 组委会也鼓励和支持参赛者基于经过处理的批量专利数据创建自己的训练数据，并为出现在 EPO 标签数据集中的专利提供 IPC （International Patent Classification，国际专利分类法） 分类号。IPC 的介绍可以参阅文献[137]或世界知识产权组织网站 （http：//www. wipo. int/classifications/ipc/en/）。

　　（1） 将专利发明人与经过处理的批量专利数据连接起来

　　为了创建处理文件，PatentsView 组委会将 ALS、IS、E&S 数据集中的发明人姓名与经过处理的批量专利数据中的发明人姓名连接起来，并采用下列规则创建连接。

　　①如果专利发明人的姓 （Last Name） 在专利合作发明人中是独一无二的，就使用精确姓匹配 （Exact Last Name Match）。

　　②当不存在精确姓匹配时，如果存在相似度超过 0.88 的最佳模糊姓匹配 （Best Fuzzy Last Name Match），则选择该记录进行连接。

　　③如果存在多个精确姓匹配，并且存在最佳模糊名匹配 （First Name With a Fuzzy Match） 超过 0.88 的记录，则选择该记录进行连接。

　　参赛者如果使用这些连接文件，就要将连接数据因匹配规则造成的偏差考虑在内。

　　ALS 和 IS 标签数据集包含解析的发明人姓名。E&S 标签数据集不包含解析的发明人姓名，但是美国研究协会能够从包含 Linked URL 的数据字段中解析出大部分发明人姓名。PatentsView 组委会采用上述发明人连接规则（Inventor-linking Rules）抽取出能够匹配的发明人姓名，并舍弃那些无法匹配的姓名数据。

（2）ALS 标签数据集（成对比较文件）

这个数据集的文件名为：als_training_data. csv。

PatensView 组委会因为保密协议无法公开 ALS 数据集的发明人姓名和专利号，所以美国研究协会（AIR）基于 OE 数据集创建了一个分析性的文件模型（Ventura et al, 2015）[83]。当我们试图重建 OE 数据集中样本成对比较数据集（Sample Pairwise Comparisons Dataset）使用的比较记录时，发现不同实现之间的 Jaro-Winkler 字符串精确比较参数差距较大。

PatentsView 组委会提供了一份样例程序，这份程序被用来说明这份文件的创建过程。

ALS 标签数据集比较特征字段如表 3.9 所示。

表 3.9 ALS 标签数据集特征字段及含义

特征字段	含义
first	发明人记录的"名"字段
last	发明人记录的"姓"字段
mid	发明人记录的中间名字段
suffix	发明人记录的姓名后缀，如"Jr""Ⅱ"等
city	发明人记录的城市名字段，该城市名是与发明人对应的字段，而不是专利权人的城市
state	发明人记录的州缩写字段，该州字段是与发明人对应的字段，而不是专利权人所在的州
country	发明人记录的国家缩写字段，如"USA""GB""JP"等，该国家字段是与发明人对应的字段，而不是专利权人所在的国家
assignee	专利发明人记录专利所对应的专利权人
class	专利发明人记录专利所属的技术分类列表
subclass	专利发明人记录专利所属的技术分类子列表
coinventor	专利发明人记录专利所对应合作发明人列表

ALS 标签数据集比较类型如表 3.10 所示。

表 3.10　ALS 标签数据集比较类型及含义

比较方式	含义
j	Jaro-Winkler 字符串比较，精确到小数点后 2 位
e	精确比较（如果匹配，则为 1；否则为 0）
s	基于桑迪克斯代码（Soundex Codes）的精确匹配
same	Jaccard 相似度系数

另外，same_coinventor 字段表示 2 个专利全部的合作发明人中相同合作发明人的比例（相同合作发明人由精确匹配确定），same_class 和 same_subclass 字段是基于 USPC 分类号通过上述方式计算获得的。USPC 的介绍可访问 USPTO 网站获取①。

The match flag 表示被比较的 2 条专利记录是否属于相同的发明人。

（3）Combined IS 和 E&S 训练文件

Combined IS 和 E&S 训练文件包含如下 4 个文件：td_patent. csv，td_inventor. csv，td_assignee. csv，td_class. csv。

Manuel Trajtenberg 和 Ivan Png 同意与 PatentsView 参赛者分享他们标签数据集上的专利发明人姓名。这一部分内容将介绍 AIR 通过连接批量专利数据创建的训练数据集，而这些数据集的构建信息可参阅 Trajtenberg et al（2008）[134] 和 Chunmian et al（2016）[135]。AIR 声明研讨会参赛者有权获取这些训练数据中的发明人和专利数据，而且参赛者被鼓励通过连接批量专利数据或外部专利数据源自行创建用于分析的专利数据集。

PatentsView 参赛者应将准备使用的外部数据集提交给 AIR 研讨会组织团队，并且 AIR 提前同意参赛者在竞赛中使用这些外部数据。

AIR 基于 IS 和 E&S 数据集，是通过连接批量专利数据创建的训练数据，共包含 4 个不同的数据文件。这些文件中的发明人与专利间的连接是准确的（如 simth1 准确对应着 simth1 的专利，而不是 simth2 的专利），并且这些发明人是从"未修改"文件（原始数据集）中 80% 的样例中选取出的用来创建数据集。下面分别介绍这 4 个文件。

---

① https：//www. uspto. gov/patents-application-process/patent-search/classification-standards-and-development。

①td_patent.csv。td_patent.csv 数据集是专利文件，它包含 68 563 条观测值，字段名称及含义如表 3.11 所示。

表 3.11　td_patent.csv 数据集字段名称及含义

字段名称	字段含义
patent_number	美国专利号
data	专利授权日期
abstract	专利摘要文本
title	专利标题
num_claims	专利中权利要求数量

②td_inventor.csv。td_inventor.csv 数据集是发明人文件，它包含 209 405 条观测值，字段名称及含义如表 3.12 所示。

表 3.12　td_inventor.csv 数据集字段名称及含义

字段名称	字段含义
patent_number	专利发明人记录中的专利号
name_first	专利—发明人记录中的发明人名
name_last	专利—发明人记录中的发明人姓
city	发明人的城市（如果该城市是在美国）
state	发明人的州（如果该州是在美国）
country	发明人的国家
id_ens	E&S 标签数据集中发明人独一无二的识别号
id_is	IS 标签数据集中发明人独一无二的识别号

AIR 在发明人文件中保留了 id_ens 和 id_is 2 个独一无二的识别号，所以 PatentsView 参赛者应当分清给定的标签来自哪个数据集。

请注意，AIR 使用专利号将一些 USPTO 源数据字段整合到 IS 和 E&S 研究数据库中，而某些发明人—专利记录没有赋予发明人独一无二的识别号，在这种情况下，这些未标记的发明人是 IS 和 E&S 数据集中有标签的专利—发明人记录的合作发明人。

③td_assignee.csv。td_assignee.csv 数据集是专利权人文件，它包含

60 917 条观测值，字段名称和含义如表 3.13 所示。

表 3.13　td_assignee. csv 数据集字段名称及含义

字段名称	字段含义
patent_number	专利—发明人记录的专利号
name_first	如果专利属于个人，那么该字段表示专利—发明人记录专利权人的名
name_last	如果专利属于个人，那么该字段表示专利—发明人记录专利权人的姓
organization	如果专利属于公司，那么该字段表示公司名称
sequence	按照专利中专利权人的出现顺序给专利权人分配数字［0，4］

④td_class. csv。td_class. csv 数据集是 USPC 专利分类文件，它包含 264 910 条观测值，字段名称及含义如表 3.14 所示。

表 3.14　td_class. csv 数据集字段名称及含义

字段名称	字段含义
patent_number	专利—发明人记录的专利号
mainclass_id	专利主分类的代码
subclass_id	专利子分类的代码

（4）EPO 标签数据集的 IPC 专利分类数据

该数据集将在未来提供。当该数据集可用的时候，将会显示 EPO 标签数据集的专利分类数据。

3.2.1.3　测试数据集

PatentsView 竞赛的测试数据集分为第 1 评价阶段的测试数据集和第 2 评价阶段的测试数据集。

（1）第 1 评价阶段的测试数据集

在第 1 评价阶段，4 个标签数据集用于评价参赛者提交的发明人聚类结果数据集，分别为：

①ALS 数据集（Azoulay 提供[132]）。ALS 整个数据集全部用于测试。

②E&S 数据集（Png 提供[135]）。20% 的 E&S 数据集用于测试。

③IS 数据集（Trajtenberg 提供[134]）。20% 的 IS 数据集用于测试。

④ALS common 数据集（Azoulay 提供[133]）。ALS 数据集中最大的常用名数据集的子集。

（2）第 2 评价阶段的测试数据集

在第 2 评价阶段，2 个标签数据集用于评价参赛者提交的发明人消歧结果，分别为：

①第 1 评价阶段全部测试数据集的随机样例。

②第 1 评价阶段的子集。这些子集被要求拥有与 USPTO 全部专利数据集相似的特征，如 inventors/patents，% missing assignees。

3.2.2 评价指标

PatentsView 竞赛参赛者开发的系统将在 2 个阶段内被评价。因为资源限制，PatentsView 组委会不能邀请全部参赛者参加第 2 阶段的评测。第 1 评价阶段的结果将决定哪支科研团队被邀请参加第 2 阶段。

3.2.2.1 第 1 评价阶段

这个阶段是初步的自我测评环节，参赛者将为批量专利数据推断联系。参赛者既可以用官方提供的任何一部分数据来训练他们的算法，也可以用提交给研讨会组织方的外部数据来训练。然而，参赛者需要注意的是：在第 2 评价阶段，他们被要求用官方提供的标签数据集的不同子集来训练和评价他们的算法。

算法输出的消歧结果文件必须是无标题、Tab 字符分隔的两列文本文件。第 1 列应当是发明人 ID（Inventor ID），发明人 ID 通过连接原始发明人数据的专利号和发明人顺序创建；第 2 列应当是由参赛者算法程序生成的整数 ID（Integer ID）。在第 1 列中被预测推断属于同一个发明人的发明人 ID 在第 2 列中应当被赋予一个整数 ID。例如，下面样例中，第 1 件专利的第 2 位发明人（1234567 – 2）和第 2 件专利中的第 1 位发明人（2345678 – 1）被认为是同一发明人：

```
1234567 – 1    1
1234567 – 2    2
1234567 – 3    3
2345678 – 1    2
2345678 – 2    4
```

在第 1 评价阶段，算法应当按下面 2 个指标进行评价。

● 算法正确性（Algorithm Accuracy）。

● 算法运行时间（Run-time）。

在第 1 评价阶段结束后，PatentsView 组委会用查全率、查准率、算法运行时间（自我汇报）这 3 个指标结果评估参赛者算法性能，以决定哪些竞赛团队进入第 2 个阶段。

（1）查全率

查全率（*Recall*）表示了算法正确预测的真实连接的比例①。查全率的数学定义如下：

$$Recall = \frac{\# \text{ of true positives}}{\# \text{ of true positives} + \# \text{ of false negatives}}, \tag{3.10}$$

其中，*#of true positives* 表示"真正"数量，即 2 个专利实际上为同一个发明人，且算法预测为同一个发明人的连接的数量，这里的连接即由 2 个专利组成的对；*#of false negatives* 表示"假负"数量，即 2 个专利实际上是同一个发明人的、但算法预测为不是一个发明人的数量。下面 *#of false positives* 表示"假正"数量，即 2 个专利实际上不是同一个发明人、但算法预测为是同一个发明人的数量。当然，还有 *#of true negatives* 表示"真负"数量，即 2 个专利实际上不是同一个发明人、且算法预测为不是同一个发明人的数量。

注意，专利发明人消歧文献使用与查全率紧密相关的 2 个统计数据来评估算法性能：假负率（*Splitting Rate*）和假正率（*Lumping Rate*）。

Ventura 等（2015）[83] 将假负率定义如下：

$$Splitting = \frac{\# \text{ of false negatives}}{\# \text{ of true positives} + \# \text{ of false negatives}}。 \tag{3.11}$$

假负率是查全率的补数（在假负率和查全率都不为零的情况下，两者互斥），即：

$$Recall = 1 - Splitting。 \tag{3.12}$$

Ventura 等（2015）[83] 将假正率定义如下：

$$Lumping = \frac{\# \text{ of false positives}}{\# \text{ of true positives} + \# \text{ of false negatives}}。 \tag{3.13}$$

尽管假正率和查全率之间的关系不如假负率和查全率之间的关系那样简单直接，但也有一个简单的转换关系，即：

$$Recall = \frac{\# \text{ of true positives} + \# \text{ of false positives}}{\# \text{ of true positives} + \# \text{ of false negatives}} - Lumping。 \tag{3.14}$$

---

① https://en.wikipedia.org/wiki/Precision_and_recall.

（2）查准率

查准率（*Precision Rate*）表示了算法预测正确的关系中真实连接的比例[①]。查准率的数学定义如下：

$$Precision = \frac{\# \ of \ true \ positives}{\# \ of \ true \ positives + \# of \ false \ negatives}。 \qquad (3.15)$$

在具有不同特征分布或不同特征重要性的数据集上进行训练时，准确率算法在确定测试数据集中现有匹配的性能是非常重要的。因此，PatentsView组委会不仅在整个标签数据集（包含从之前公布的训练数据集中保留下来的标签数据）上计算查准率和查全率，而且包括不同偏差的样本数据。裁判将在这一评价阶段评估这些数据。

（3）算法运行时间

研讨会参赛者被要求自行汇报其算法运行时间（Run Time of Algorithm）及他们使用的计算设备。裁判在评估算法的时候将考虑这一信息。参赛者应当注意以下几条指导规则。

●算法在处理所有专利申请和授权数据（2001—2014 年的申请数据、1976—2014 年的授权数据）时，其运行时间不得超过 5 天。

●算法在等同于 Amazon Web Service（AWS）服务器实例的硬件设备上是可运行的。例如，目前最大的计算优化 AWS 实例可以提供 36 个虚拟 CPU 和 60 G 内存。

●AIR 和专家组将会考虑任何软硬的更新要求，只要这些软硬件有助于将新颖算法归并到目前 PatentsView 工作流中。

虽然，PatentsView 竞赛的参赛者算法不同，但其算法运行时间可以分为：数据处理时间、参数估计时间和算法消歧时间。

3.2.2.2 第 2 评价阶段

在第 2 评价阶段，算法应当按下面 3 个指标进行评价。

●算法推广性（Algorithm Generalization）。

●算法运行时间（Run-time）。

●算法实现的可用性（Usability of the Implementation）。

这一阶段的主要目的是在可控环境下重现第 1 评价阶段的结果，并且继续测试算法的可推广性。为做到这一点，参赛者被要求基于官方提供的服务

---

① https://en.wikipedia.org/wiki/Precision_and_recall.

器环境在整个专利数据库上重新运行他们的算法（参赛者在该阶段被允许推断整个专利数据库的次数超过一次）。为检测算法可推广性，PatentsView组委会不仅提供新的标签数据子集去训练参赛者的算法，而且提供非冗余标签数据集去测试他们的算法。如前所述，裁判将计算查全率和查准率，并将计算结果纳入评测范围。发明人姓名消歧结果格式被要求与第 1 阶段格式一致。

在这一阶段，参赛者不仅在官方提供的服务器环境下运行他们的代码，而且要向竞赛裁判提供一份如何运行他们算法的操作说明。这份操作说明文件将被用于评价算法实现的可用性。在最后的评价阶段，算法性能指标、运行时间和算法可用性都被纳入评测范围。

3.2.3　竞赛结果

尽管 PatentsView 专利发明人姓名消歧竞赛面向世界范围内的科研团队和个人开放，但经过成功报名（2015 年 7 月 15 日之前）、初步提交结果（2015 年 8 月 30 日之前）等步骤后，只有 7 支科研团队进入最终阶段，分别是：奥维斯本科技大学改革创新中心（Centre for Transformative Innovationat Swinburne University of Technology，Australia）的 Stephen Petrie 团队（CTI），Innovation Pulse 的 Luciano Kay 团队（USA），中国科学技术信息研究所（Institute of Scientific and Technical Information of China，China）的杨冠灿团队（ISTIC），鲁汶大学（KU Leuven，Belgium）的 Tom Magerman 团队（KU），美国麻省大学（University of Massachusetts，USA）的 Nicholas Monath 团队（UMass），宾西法尼亚州立大学（Penn State University，USA）的 Zhen Lei 团队（PSU）和欧洲经济研究中心（Centre for European Economic Research，Mannheim，DE）的团队（CEER）。

3.2.3.1　第 1 评价阶段的结果

PatentsView 官方在第 1 评价阶段结束后公布了 5 支参赛团队的评测结果，这些团队分别为：CEER、Innovation Pulse、ISTIC、PSU、UMass。其中，PatentsView 官方在第 1 评价阶段中公布的基线结果为 Flemming/Li，具体的评价结果如图 3.3 所示。

从图 3.3 的评价结果中可以看出，UMass 和 ISTIC 科研团队算法的准确度优于现有的 PatentsView 发明人姓名消歧算法。

Team	Test Data	Precision	Recall	F1	Average F1
CEER	als	0.999401347	0.891268353	0.942242627	
CEER	ens	1	0.778727154	0.875600456	
CEER	is	0.996245978	0.922224061	0.957806995	
CEER	als_common	0.999989575	0.77409957	0.872663589	0.912078417
Innovation Pulse	als	0.991784517	0.655106334	0.789031427	
Innovation Pulse	ens	0.997609642	0.658972609	0.793679189	
Innovation Pulse	is	0.998310811	0.637434664	0.778064712	
Innovation Pulse	als_common	0.99363578	0.638165016	0.777182601	0.784489482
ISTIC	als	0.996649248	0.954090692	0.974905728	
ISTIC	ens	0.99947885	0.921752133	0.959043207	
ISTIC	is	0.996926117	0.751365216	0.856900212	
ISTIC	als_common	0.984901199	0.934397521	0.958984893	0.93745851
PSU	als	0.999297	0.642464098	0.782102155	
PSU	ens	1	0.661001562	0.795907213	
PSU	is	0.999578059	0.588035744	0.740466764	
PSU	als_common	0.999986296	0.588888979	0.741255047	0.764932795
UMass	als	0.99888066	0.976346914	0.987485253	
UMass	ens	1	0.966156229	0.982786835	
UMass	is	0.998875335	0.955320205	0.976612392	
UMass	als_common	0.996885177	0.963393671	0.979853322	0.98168445
Current PatentsView					
Fleming/Li	als	0.999043089	0.885710148	0.938969182	
Fleming/Li	ens	1	0.812357315	0.896464851	
Fleming/Li	is	0.998781859	0.881929505	0.936725547	
Fleming/Li	als_common	0.998039234	0.883168029	0.93709647	0.927314013

图 3. 3   PatentsView 竞赛第 1 评价阶段的测评结果

3. 2. 3. 2   第 2 评价阶段的结果

PatentsView 官方在第 2 评价阶段结束后公布了 2 支参赛团队的评测结果，这两个团队是：Team A（UMass）、Team B（ISTIC）。其中，Patents-View 官方的基线结果为 Flemming/Li，具体的评价结果如图 3. 4 所示。

	Team A		Team B		FLEMING/Li
	Results when trained on random mixture dataset	*Results when trained on common characteristics dataset*	*Results when trained on random mixture dataset*	*Results when trained on common characteristics dataset*	*No training*
Precision	0.999709	0.999719	0.998488	0.991932	0.999941418
Splitting	0.033936	0.033358	0.116845	0.103866	0.184882461
Recall	0.966064	0.966642	0.883155	0.896134	0.815117539
Lumping	0.000281	0.000271	0.001337	0.007289	4.78E-05
F score	**0.982599**	**0.982903**	**0.937287**	**0.941603**	**0.898119352**
True Positives	384367	384597	351380	356544	324310
False Negatives	13502	13272	46489	41325	73559
False Positives	112	108	532	2900	19
Runtime	7 hours on c3.8xlarge AWS instance (CPU usage topped at 69%)		7 hours on c3.8xlarge AWS instance (CPU usage topped at 11.85%)		N/A

图 3. 4   PatentsView 竞赛第 2 评价阶段的测评结果

从图 3.4 和图 3.5 的测评结果可以看出，Team A 和 Team B 的算法性能均优于 PatentsView 现有的发明人姓名消歧算法，其中 Team A（麻省大学，UMass）提出的消歧算法具有最优的辨识性能。

		test data	precision	recall	Fscore
Team B		eval_als	0.998171124	0.949989322	0.973484408
	Results when trained on random mixture dataset	eval_als_common	0.993201838	0.920831551	0.955648522
		eval_ens	0.999463175	0.894823972	0.944253473
		eval_is	0.995252994	0.763279828	0.863966284
		eval_als	0.996064686	0.961459702	0.978456322
	Results when trained on common characteristics dataset	eval_als_common	0.982322588	0.963280689	0.972708456
		eval_ens	0.998730234	0.903074643	0.948496831
		eval_is	0.995673975	0.837911633	0.910005841
Team A		eval_als	0.998816547	0.975242586	0.986888808
	Results when trained on random mixture dataset	eval_als_common	0.996589319	0.959737881	0.977816513
		eval_ens	1	0.968265624	0.983876985
		eval_is	0.998879793	0.959126262	0.978599468
		eval_als	0.998895036	0.977163092	0.987909564
	Results when trained on common characteristics dataset	eval_als_common	0.997035976	0.966411918	0.981485124
		eval_ens	1	0.967544691	0.983504665
		eval_is	0.998879117	0.958547079	0.978297585

图 3.5 **PatentsView 竞赛第 2 评价阶段参赛团队算法性能的评测结果**

3.3 TAC KBP 命名实体消歧评测

另一个相关的评测任务是 TAC（Text Analysis Conference，文本分析会议）的 KBP（Knowledge Base Population）命名实体消歧任务（称为 Entity Link)[①]。TAC 是为促进自然语言处理和相关应用研究而举办的一系列评测和研讨会，提供了大规模的测试数据集、公共的评测过程和分享研究成果的论坛。TAC KBP 的目标是开发和评估从非结构化文本中获取命名实体和构建知识库的技术。自从 2009 年 LDC（Linguistic Data Consortium，语言数据联盟）支持 TAC KBP 开始，该评测会议每年举办一次。TAC KBP 提供一个由维基百科构建的关于实体名的知识库，知识库中同一个姓名通常会给出多个实体的定义和信息；TAC KBP 的主要任务就是将文本中出现的某个名字链接到知识库的相应定义中，将无链接关系的名字返回"NIL"并按其指称进行聚类[31]。由于该任务提供实体的知识库，所以参加评测的方法不仅局限于聚类的方法，还有分类、排序方法等。通常参赛方法的框架中包括 3 个

---

① http：//tac. nist. gov/.

模块：候选生成、候选选择、NIL 实体聚类。候选生成阶段利用实体名字的扩展、局部上下文信息等将实体库中与待消歧名字相关的候选实体找到；候选选择阶段可以看作是信息检索的任务，Vasudeva Varm 等[138]提出用 TF-IDF 权重为候选排序，Wei Zhang 等[139]提出基于 Lucene、SVM-rank 和 SVM 分类器的合成系统，并从名字字符串、维基百科网页、文本上下文、语义等方面选择 13 个特征为候选实体排序；NIL 实体聚类的方法主要是以层次聚类为主[31]。

3.4　中文姓名消歧评测

中文姓名消歧测评会议开展得较晚。由于中文姓名姓氏使用不平衡，文本中常常由普通词表示，没有类似英文的形态标记，常伴随有识别和分词的困难，例如，普通词"高明"被频繁用作人名。此外，即使是同一个名字，可以作为人名、也可以作为地名、还可以作为机构名（如金山）；对于人名而言，还经常由不同的人共享同一名字（如王刚），地名也有类似的情况。因此，中文姓名消歧具有更大的挑战性[43]。

3.4.1　2010 年中文人名消歧评测

中文人名消歧首次评测是 2010 年在北京举办的 CIPS-SIGHAN 联合举办的 CLP – 2010（Chinese Language Processing 2010）会议中开展的[4,31]。其中，CIPS 是中文信息学会（Chinese Information Processing Society of China）①的简称，SIGHAN 是国际计算语言学协会中文处理特别兴趣小组（the Special Interest Group for Chinese Language Processing of the Association for Computational Linguistics）② 的简称。与往届不同，本届评测语料为专业领域语料（来自 Literature、Computer、Medicine、Finance 4 个领域），评测任务为中文分词、中文句法分析、中文人名消歧、中文词义归纳。

CIPS-SIGHAN 联合会议上的中文人名消歧测评是跨文档姓名消歧[44]，主要任务是开发中文姓名消歧系统[4]。此次评测假设"一个文档只对应一个待消歧的人名"，从而可以将消歧任务看作简单的聚类问题[31]。参赛者被给定一组文本，要求按照文本中出现的某个指定人名所指向的人物聚类，即

---

① http：//www. cipsc. org. cn/.

② http：//sighan. cs. uchicago. edu/.

将包含某个人名的文档按照不同的人物实体进行聚类区分。相对英文人名消歧来说，由于中文人名消歧存在分词的步骤，更具有挑战性。本次评测的研究主要集中在特征的选择和聚类算法上[31]。

3.4.2　2012年中文人名消歧竞赛

2012年CIPS-SIGHAN联合会议在天津举办。本次中文处理国际会议（CLP - 2012）旨在为中文处理领域中全球的研究人员提供一个展示研究成果、交流学术思想、探索研究新方向、推动研究发展的平台。CLP - 2012同时举办一个国际评测竞赛，包括4项评测任务：微博文本的汉语词语切分、中文人名识别与消歧、简体中文句法分析、翻译中文句法分析。有关此次国际评测竞赛的详细信息，请参见 http：//www. cipsc. org. cn/clp2012/bakeoff. html。

2012年的中文姓名消歧评测任务与2010年有所不同，会议提出了更高的要求，将网页人物搜索与文本分析会议的子任务TAC KBP（Text Analysis Conference Knowledge Base Population）的属性抽取、实体链接相结合，具体任务为：判定文本中出现的字串是普通词还是命名实体；对于命名实体，再判定其是否在知识库中定义及是知识库中的哪一条定义；对于不属于知识库中定义的名字进行聚类，有相同指称的名字聚为一类。

在评测任务中，针对每个名字（如"雷雨"），都会提供一个知识库和一个文本集合。就"雷雨"这个例子来讲，提供的知识库中包含了该名字的多个人物实体，每个人物实体有一个ID，文本集合中的每个文本均含有词"雷雨"。于是，需要判断一个文本中的"雷雨"对应于知识库中的哪一个定义，即哪个人物的ID。当然，文本中"雷雨"本身可能不是名字，而是一个普通词，这时就将其归入Other类中。此外，如果判定"雷雨"既不是普通词，也不是知识库中定义的实体，则把该词所属的文本归入一个集合S。对于S，还需要按照名字（如"雷雨"）的指称进一步划分，设划分结果为Out_XX，其中XX为编号，依次为Out_01，Out_02等。

参赛系统的输出要求对每个待消歧的名字，输出一个纯文本。如名字"雷雨"，输出文件名为：雷雨. txt。每个输出文件的内容由两列构成（两列之间由1个空格间隔），其中第1列为不包括扩展名的文件名（即上述文本集合中的文件名），第2列为文件中的名字所属的类。第2列分如下3种情况：①如果指向知识库中的某个定义，则输出对应的姓名实体ID编号；

②如果为普通词，则输出 Other；③如果不属于上述两种情况，聚类结果输出划分的类编号：Out_XX，其中的"Out_"不能省略。当文本集合中的一个文本文件中多次出现"雷雨"这个名字时，该评测竞赛规定对它们的标注都是一样的，因此，一个文本只需给出一种标注结果。

参加这一评测的方法通常有 3 个模块：特征选择、实体映射、文本聚类。在特征选择上，很多方法尝试了利用人物属性信息做人物的消歧；实体映射主要是利用字符串的匹配和相似度的计算；聚类算法多使用层次聚类算法[31]。

此后举办的 SIGHAN-6（2013）、SIGHAN-8（2015）、SIGHAN-9（2017）都没有把姓名消歧列入，但列入了词义消歧（Word Sense Disambiguation）。中国中文信息学会（CIPS）此后举办的旗舰会议全国计算语言学会的会议中也没有将姓名消歧列入，但列入了命名实体识别和链接、词义消歧。

3.5　本章小结

本章介绍了国内外主要的姓名消歧相关的评测竞赛活动，重点介绍了 WePS 网页人物搜索姓名消歧竞赛和 USPTO 组织的 PatentsView 专利发明人姓名消歧竞赛。在相关评测工作的推动下，人名消歧的研究得到了学界重视。姓名消歧在评测中的解决思路主要分为两类：基于聚类算法的人名消歧和基于实体知识库的人名消歧[31]。基于聚类算法的优点是待消歧人物的领域开放不受限制，缺点是消歧的准确率不高，且时间代价大；基于实体知识库的人名消歧优点是计算代价小、准确率高，但缺点是知识库的内容有限，构建知识库的工作量较大。

第4章 研究者标识系统

由于著者姓名的歧义问题非常严重，国内外一些机构和研究者提出了建立研究者姓名唯一标识系统来解决这个问题。研究者姓名唯一标识系统就是为每一个科学家或研究人员赋予一个终身不变且唯一编号的注册系统。本章首先阐述研究者标识系统的研究背景和整合的重要意义；其次，介绍国内外主要研究者标识系统及其整合案例；再次，从应用目标出发，结合现有体系，设计一种与全球研究者标识系统相接轨的"中国研究者标识体系"；最后，对中国研究者标识系统实施中的主要问题做出总结。

4.1 背景

科研信息的"生态循环利用"是全球倡导的重要理念之一。科研信息的可靠性取决于研究者信息，因此，赋予研究者唯一标识（Identification，同定）的工作意义重大。非歧义性的研究者数据不但可以保障科研信息的循环利用，更重要的是，研究者数据是科研活动及其支撑服务的基础，是构建技术创新型国家的基础设施之一。

作为科研活动的基础设施之一，唯一性的研究者数据在技术发展的预测与跟踪、研究立项、研究成果评价、研究合作，以及研究成果的出版传播等研究活动中起着桥梁作用，是整合相关系统的有效保障。换言之，它直接影响到研究者、大学与研究机构、学会、基金资助机构、出版机构之间的业务无缝关联和透明化管理，影响到相关机构之间的合作共赢。

目前，研究成果的开放获取（Open Access）得到了长足发展，机构知识库及 SNS（Social Networking Services，社交网络服务）越来越普及，科研信息的公开化、科研活动的公共性进一步凸显，公共性的研究者标识系统重要性已成为全球众多信息机构的共识。研发地图、研究者名称解析、ORCID等相关系统陆续出现，其发展动态受到了学术界及业界的广泛关注。然而，就重视程度而言，国内与国外、国家与地方、学界与产业界、科研实体与科研信息服务机构等之间存在较大的差异，研究者标识系统较多处于"孤岛"

（Silo）状态，这和标识本身的初衷相悖。借鉴国内外相关研究者标识系统的经验，是否可以构建"中国研究者标识体系"也是众多国内信息机构考虑的重要课题。

4.2　国内外现状与本研究实施技术路线

4.2.1　国内外现状

长期以来，欧美、日韩等科技发达国家凭借科研活动、研究成果传播与评价的系统化管理，构建了统一完备的研究者标识体系，并与内部、外部相关系统建立关联，实现了高价值的整合服务，并向着深度整合、深度服务的方向发展。研究者标识系统已成为这些创新型国家的有力支撑之一。

就中国的整体现状而言，由于科研管理体制的多元性与分散化，在研究者数据管理方面，没有统一协调的机制。与此同时，绝大多数研究者很难意识到其自身标识的深远意义，自我管理数据的意识还不够强烈，中国研究者的标识信息比较混乱。个别学术机构已经认识到了研究者标识系统的构建价值，基于不同的目标，在有限的支持范围内，或深或浅地开展了一些研发工作。但在实施方面，由于中国研究者人名标记上的非规范性，甚至是随意性，还有复杂性等原因，中国研究者标识系统在构建模式、技术体系等方面的探索与实践远滞后于科研活动自身的发展，未能充分发挥科研信息的支撑作用。以科研领军机构中国科学院为例，其研究者标识体系的研发工作限于机构内部的服务，或 NSTL（National Science and Technology Library，国家科技图书文献中心）等外部项目的间接需求，即使他们有代表国家来"治理"（Governance）数据的强烈意识，却没有国家政策的保障。中国科学院图书情报文献中心的相关活动包括标识系统的理论与原型研究、机构知识库中的应用、科研本体（知识库）的构建、参与 ORCID（Open Researcher and Contributor ID，DOI 的人名版）组织等。这些工作与中国研究者标识系统密切相关，但并不能等同。例如，在与全球研究者标识体系全面整合接轨方面，中国科学院目前缺少基础设施，即类似于 DOI（Digital Object Unique Identifier，数字对象唯一标识符）这种国际组织授权的名称解析系统的支撑。

中国没有国家级别的研究者唯一标识体系，就等于在科研管理方面研究者没有统一的"身份证"（identifier，ID），这造成了研究者数据的不一致，乃至大量的数据错误，如不从国家层面上进行全面的权威控制，对中国的科研管理、科研活动的负面影响将越来越严重。

本研究的动机与目标是通过对国内外研究现状的调研和分析，深入分析我国现有的科研活动有关成果，如中文 DOI 系统、科研本体、人才数据库、科研成果资源数据库、机构知识库、期刊投稿出版系统等，设计与全球接轨的中国研究者标识体系及其应用框架，为其实施奠定基础，从而实现对我国科研活动的全方位、全链条的支撑。

4.2.2　实施技术路线

本研究是面向实用化系统的框架设计，第一，对全球现有系统的充分调研与分析是任务的第一步。本节将对代表性研究者标识系统进行重点介绍，如原汤森路透公司的 Research ID、ORCID、日本 NII 研究者解析系统等。第二，研究不同研究者标识系统之间的整合机制。第三，结合中文 DOI 系统的服务功能，设计中国研究者标识符系统及人名版中文 DOI。第四，设计中国研究者标识体系的应用框架。图 4.1 是本研究的流程图。

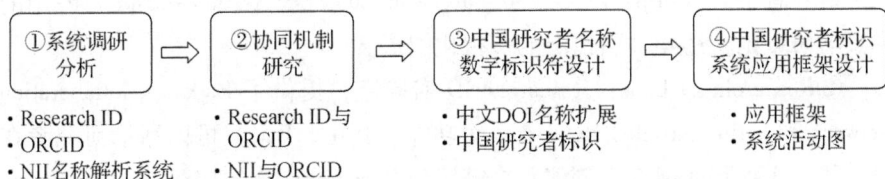

①系统调研分析	②协同机制研究	③中国研究者名称数字标识符设计	④中国研究者标识系统应用框架设计
· Research ID · ORCID · NII 名称解析系统	· Research ID 与 ORCID · NII 与 ORCID	· 中文DOI名称扩展 · 中国研究者标识	· 应用框架 · 系统活动图

图 4.1　中国研究者标识系统的整合研究及其应用设计

4.3　研究者标识系统案例

4.3.1　Research ID

Researcher ID[①] 是提升研究者可视度（Visibility）、强化学术研究效益，将研究者信息进行准确和完备索引的全球社团，由原汤森路透公司发起，现在被 Clarivate Analytics 收购。Researcher ID 是针对学术研究社团中著者歧义问题的解决方案。它给每个成员赋予独一无二的标识符，使研究者能够管理他们的全部出版文献，跟踪其出版文献的被引用次数和 H–指数（H-Index），

---

① http：//www.researcherid.com/.

确定可能的合作者，能够避免作者辨识的错误。另外，通过 ResearcherID 系统，可以将研究者本人的 Researcher ID 信息与著名的 Web of Science 系统进行整合。

通过 http：//www. researcherid. com 网站，用户可检索利用 Researcher ID 信息。在 Researcher ID 中，研究者（即著者）被赋予唯一识别的编码，作者与其已出版发行的著作进行了关联，著者名称和引用文献进行了标准化处理，实现了高相关性的检索。ResearcherID 网站的登录、注册、浏览等服务全部免费。

Researcher ID 提供的主要功能如下。

①My Publications：研究者使用此功能可以将自己发表的论文增加到系统中，可以查看自己的论文列表，查询论文被引用的情况（Citation Metrics），包括查询被引次数、H-Index。Citation Metrics 对于 Web of Science 授权用户可以自动显示引用情况；非 Web of Science 授权用户，则可以浏览此信息；如果不是 Web of Science 的用户，则无法使用 Metrics。图 4. 2 展示了一个研究者个人（http：//www. researcherid. com/rid/A-1009 – 2008）专用的主页与研究论文逐年被引情况的可视化图形。

②ResearcheID Labs：ResearcherID 实验室，提供了 Badge、Collaboration Network 和 Citing Articles Network 3 个功能。其中，Badge 可以帮助研究者在自己的个人主页或博客上创建一个链接到 ResearcherID 的按钮；Collaboration Network 可以建立研究者可视化的合作网络，展示 Top 20 的合作研究者；Citing Articles Network 可以建立引用研究者论文的可视化的引文网络，了解哪些研究者引用了自己的论文。

③Publication Groups：可以按照你的同事或感兴趣的研究领域分组，将关注的论文加入一个组中，方便研究者随时查看各个组的论文。研究者可以将一个组的出版物列表设置为公开或私有，如果公开的话，访问研究者 ResearcherID 的用户可以看到这些论文列表。

为了获得 Researcher ID 的相关服务，研究者需要访问官方网站，注册一个 Researcher ID 账户，建立研究者的个人 Profile（个人概要信息）并填写相关信息，包括研究者的研究主题、关键词、隶属的机构名称等。最后，在系统中登记出版的论文。在系统中登记论文的方式有 3 种：一是通过搜索 Web of Science（需要有 IP 访问权限）；二是使用 EndNote 账户从中获取数据并加入出版物列表；三是通过上传一个 RIS 格式的文本文件（RIS 格式文件

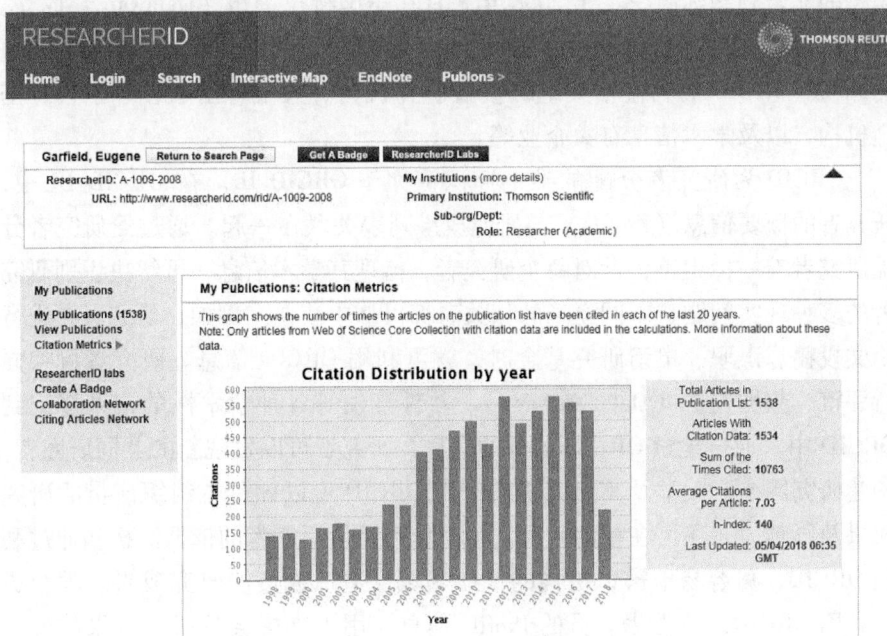

图 4. 2　研究者个人专用的主页与研究论文逐年被引情况

来源：

①http：//ip-science. thomsonreuters. jp/media/ps/fs/RID_fs. pdf.

②http：//ip-science. thomsonreuters. jp/media/training/jcr/recorded_jcr_20131126. pdf.

可由 EndNote，RefMan 或者其他文献管理软件生成）将出版的论文加入出版物列表。

　　Researcher ID 的优势如下：避免共性的著者错误辨识问题；研究者上载自己的 Profile 和著作一览，使其研究业绩获得广泛的认识；更容易确定研究室的全部业绩；查询注册信息，发现引用文献、研究合作者、演讲者、编辑者、评审者等；追踪 Researcher ID 参与者的被引次数、平均被引次数、H – 指数；获得全文链接。

4. 3. 2　ORCID

　　ORCID① 是一个集合了学术有关的各利益团体，共同赋予研究者唯一标

_____

① 　http：//orcid. org/.

识符的非营利国际组织，于 2008 年 8 月在美国特拉华州（Delaware）成立。ORCID 是 Open Researcher and Contributor ID（开放研究者与贡献者身份 ID）的缩写。ORCID 的利益相关组织覆盖研究机构、大学、出版社、学会、基金机构，以及学术信息有关企业等。

ORCID 为研究者分配的唯一标识符称作 ORCID ID。在 ORCID ID 中，研究者的概要信息（Profile）与研究成果列表关联在一起。通过给研究者分配研究者唯一标识符，针对每个研究者，梳理其学术信息，可解决识别研究者的多种现实问题，不同立场的相关者都可从中获益。例如，研究者在进行论文投稿、谋职、申请研究基金时，就可利用 ORCID 信息。研究者可将同行评审、数据监护（Data Curation）、软件开发等各种学术性的记录登记到 ORCID 中。通过检索 ORCID 公开的信息，研究者可以发现新的共同研究者，构建研究网络。大学及其研究机构利用 ORCID 可以评价本组织成员的研究成果及影响力，还可在招聘研究人员时作为评价研究者的依据。机构通过利用 ORCID，可容易地辨识机构的优势领域，追踪成员的研究成果。学会通过利用 ORCID，可强化会员的 Profile 信息，用于支持会员研究成果的公开及会员间的合作。出版社能跟踪投稿系统中的著者及评审者的信息，通过关联著者论文及其合著者，发现相关的学术著作。科研基金资助机构在处理研究者的项目申请资料时，通过使用 ORICD ID 能轻而易举地获得申请者信息，从而简化处理，在项目研究评价阶段，还可根据 ORCID 中的信息对项目进行评价。

ORCID 系统的主要目标是与现有的各种学术系统相关联。现有系统各自维护其研究者唯一标识符，为了进行信息交换，作为基础性工作，ORCID ID 需要和现有其他系统中的研究者唯一标识符之间建立映射。ORCID 系统通过 API 与外部学术系统进行互操作，将外部系统的同一研究者唯一标识符作为外部标识符加以记录，与外部系统的标识符建立链接。基于这种相互关联的唯一标识符，ORCID 可以开展多种多样的服务。

4.3.3 研究者名称解析系统

日本国立信息学研究所（National Institute of Informatics，NII）开发的研究者解析系统（The Researcher Name Resolver）[①] 于 2008 年 5 月公开。它是

---

① https：//nrid. nii. ac. jp/en/.

以日本研究者为对象的研究者标识符系统，是实现与 Web 上研究者资源关联的服务系统[140]。据 2012 年 4 月 27 日的统计结果，当时登录的研究者数量已达 198 861 名。

为了实现日本研究者名称解析的功能，必须解决名称歧义问题，如研究者同姓、曾用名、异体汉字等。为此，NII 构建了独自的研究者 ID 框架。研究者 ID 框架基于日本科学研究费补助金（即科研费）和 ReaD（日本科学技术振兴机构 JST 开发运行的研究开发支援综合目录数据库）中的研究者编码。在科研费研究者编码中，研究者个人的名称（汉字、假名、罗马字）与科研费研究课题实施时的所属机构相关联。为了给研究者分配 ID，该系统充分利用了大学研究者目录中所登载的研究者信息。系统已经建立了23 252 个链接，占登记研究者总数的 12%。建立了链向 ReaD 的链接 80 008个，完成数量占全部链接的 42%。在研究者主页中，建立了 NII 的 KAKEN（研究经费数据库）与 CiNii（日本论文检索系统）直接链接。另外，网站具有查询外部服务的链接功能，如利用姓名标记（汉字、拼音）及研究者所属机构查询 CiNii、Webcat Plus（日本大学馆藏检索）、ReaD、Google、Google Scholar 等。研究者解析系统是一种面向 Web 资源的链接，它在不断地扩大与充实研究者的有关项目，建立与外部研究者典藏目录的相互关联，将大学研究者目录的研究者对象向全国不断扩展。表 4.1 是该系统研究者主页可呈现的信息，可从中了解其提供服务的全部功能。

表 4.1　系统中研究者主页显示信息一览

		为同定研究者，研究者主页中展现的信息如下
基本信息	姓名	汉字、假名、罗马字标记的姓名
	研究者解析 ID	研究者唯一标识符
	科研费研究者编码	日本文部科学省和日本学术振兴会管理的研究辅助金中，赋予研究者的研究者编码
	所属机构	研究者所属机构
直接链接		在研究者主页中，针对研究者的学术信息，尽可能添加直接链接
	KAKEN	科研费数据库。KAKEN 的研究者主页中附有链接
	CiNii	NII 运行的日语论文数据库。加入链向 CiNii 的著者主页的链接

续表

直接链接	JAIRO	添加链向学术机构知识库 JAIRO（Japanese Institutional Repositories Online）著者主页的链接
	所属组织机构研究者主页	链向大学研究者目录的研究者主页链接。爬取大学研究者目录，进行同定处理
	ReaD & Researchmap	JST 运行的 ReaD&Researchmap。利用 ReaD 研究者编码和科研费研究者编码的匹配表，建立链接
	JGlobal	JST 运营的研究开发综合链接中心，利用 J-Global ID 和科研费研究者编码的匹配表，建立链接
	ORCID	向 ORCID 的著者主页添加链接
检索（基于日语姓名及所属）	在研究者主页中，以日语标记的姓名和所属为 Key，显示查询外部检索服务 URL。通过这种链接，利于获得研究者有关信息	
	Google	链向 Google
检索（基于日语姓名；基于罗马字标记的姓名 2 种方式）	在研究者主页中，分别以日语和罗马字标记的姓名为 Key，显示查询外部服务系统的 URL	
	CiNii	NII 运维的日语论文数据库。CiNii 的著者检索查询链接
	JAIRO	学术机构的机构知识库门户。JAIRO 检索查询的链接
	Webcat Plus	日本大学图书的馆藏检索。Webcat Plus 作者检索查询的链接
	ReaD & Researchmap	JST 运营的 ReaD&Researchmap 研究者检索查询的链接
	J-Global	JST 的研究开发综合链接中心 J-Global。研究者检索查询的链接
	Google Scholar	Google Scholar 著作者检索查询链接
	Google	Google 著作者检索查询链接
	ORCID	ORCID 著作者检索查询链接
科研经费课题的研究领域	为标识研究者的专业领域，揭示科研经费的研究领域。罗列出研究者实施的科研经费研究课题的研究领域，与 KAKEN 揭示的研究领域相同	

续表

科研经费研究课题的关键词	为标识研究者的专业领域，揭示科研经费的研究的关键词。罗列出研究者实施的科研经费研究课题的研究关键词，与 KAKEN 揭示的研究关键词相同
文献 URI	研究者主页的 URI。研究者主页具有日英对照菜单，采用不同的 URI 表示

来源：

①Kei Kurakawa, Hideaki Takeda, Masao Takaku. Researcher Name Resolver: identifier management system for Japanese researchers [J]. Int J Digit Libr, 2014, 14 (1 –2): 39 –58;

②The Researcher Name Resolver. (https: //nrid. nii. ac. jp/search/? kw = The + Researcher + Name + Resolver).

③研究者リゾルバー（http: //rns. nii. ac. jp/）.

概而言之，研究者名称解析系统提供的主要 Web 服务包括如下方面。

①基于 OpenSearch 数据库检索；

②Linked Data 的研究者 URI 与内容协商（Content Negotiation）；

③URL 重新定向服务；

④研究者 ID 映射表检索。

4.4　研究者信息系统整合案例

研究者信息系统整合研究，主要调研各个独立的研究者信息系统与全球研究者唯一标识符 ORCID ID 之间的互操作进展。

4.4.1　Researcher ID 与 ORCID

原汤森路透的 Researcher ID 是 ORCID 合作者和创立会员之一，参与了 ORCID 的规划。在 Researcher ID 登录的研究者，从 Researcher ID 页面，可简单地获得 ORCID ID，如图 4.3 所示。基本步骤是：①登录 Researcher ID；②ORCID 登录申请；③在 ORCID 中录入信息；④点击授权 Authorized；⑤共有出版物 Publication 列表；⑥完成 Publication 登录。

4.4.2　研究者名称解析系统与 ORCID

以科研费研究者编号为基础的日本研究者名称解析系统的唯一标识符与

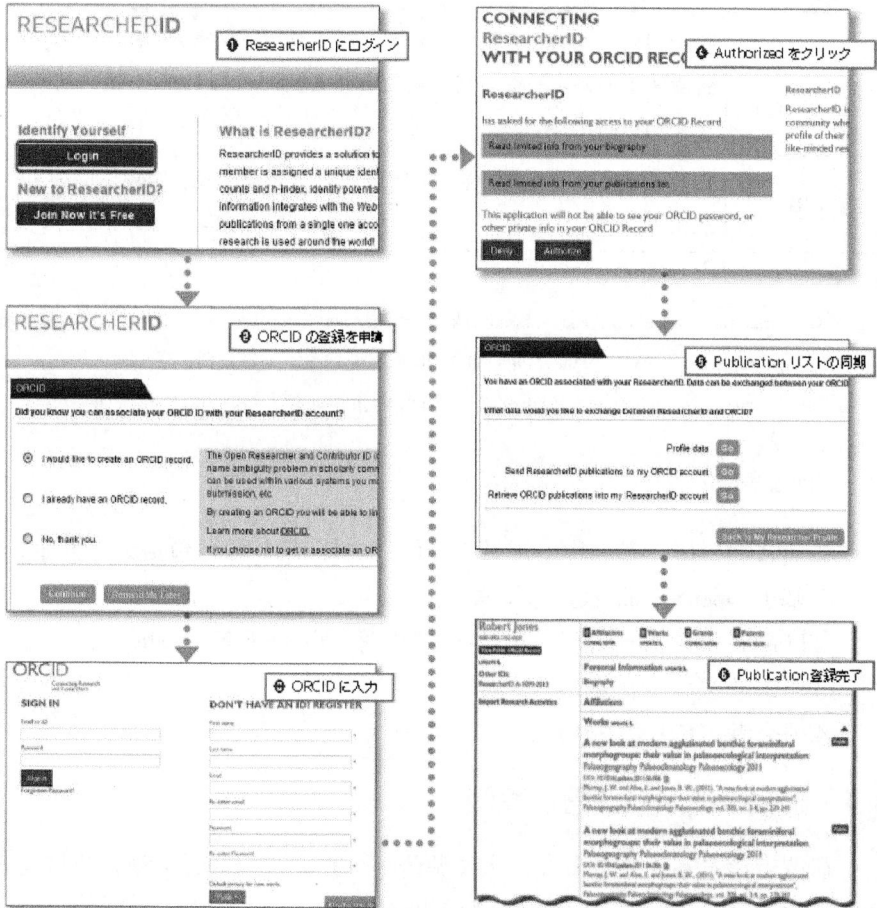

图 4. 3　Researcher ID 与 ORCID 的整合

来源：RCID integration（Last update 2013 – 08 – 19）. http：//rns. nii. ac. jp/html_us/orcid_in-tegration_ help_en. html.（Access DataeApril. 2014）

全球研究者赋予唯一标识符的 ORCID 之间可建立对应关系。在研究者解析系统中有个人主页的研究者，可在个人的 ORCID 主页登记研究者解析 ID 作为外部标识符，完成与 ORCID 整合的 Web 应用。同时，在研究者解析系统的网页中，增添 ORCID 的链接。通过这个方法，就可以将全球研究者唯一标识符 ORCID ID 与日本研究者解析 ID 系统进行关联，建立两个研究者标识系统中研究者 ID 之间的对应，实现研究者解析系统与 ORCID 的整合应用。日本研究者解析系统因为与日本国内几个研究者系统之间的已建立了直接链接，所以，与 ORCID 的整合后，也可实现 ORCID 与日本国内其他研究者信息系统之间端对端的链接，如图 4.4 所示。

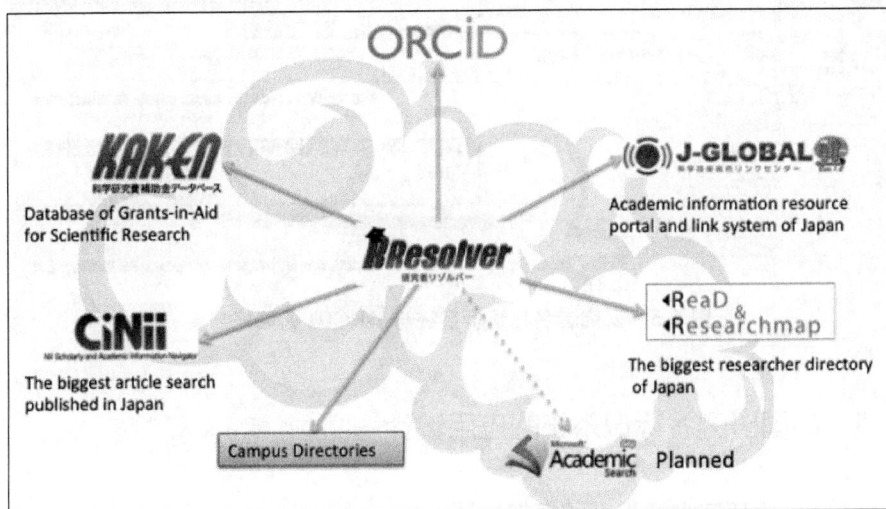

图 4.4　日本研究者名称解析系统与 ORCID 等系统之间的整合

来源：

①蔵川圭. 著者の名寄せと研究者識別子 ORCID［EB/OL］.（2011 – 03 – 20）［2013 – 08 – 19］. http：//current. ndl. go. jp/ca1740.

②蔵川圭，武田英明. 研究者識別子 ORCIDの取り組み［EB/OL］.（2011 – 11 – 21）［2013 – 08 – 19］. http：//dx. doi. org/10. 1241/johokanri. 54. 622.

③Kei Kurakawa , Hideaki Takeda. Redirecting Web service for ORCID to scholarly systems via the Researcher Name Resolver［EB/OL］.（2013 – 03 – 03）［2013 – 08 – 19］. http：//or2013. net/content/redirecting-web-service-orcid-scholarly-systems-researcher-name-resolver.

　　在研究者解析系统注册有主页的研究者，可从 ORCID 着手，建立个人 ORCID ID 与研究者解析系统 ID 之间的对应。在 ORCID 未完成注册、登录的研究者，需要个人在 ORCID 网站完成注册和登记，再完成关联。如图 4.5 所示，ORCID 的网页与研究者解析系统的网页之间相互增添了链接（Inter-Linked）。

图 4.5　研究者名称解析系统与 ORCID 的互相链接

4.5　中国研究者标识系统的应用设计

4.5.1　中国研究者标识系统框架设计

根据上述的研究工作，我们认为中国也需要建立一套研究者标识系统。中国研究者标识系统的定位如下：进行中国研究者姓名的消歧工作，为中国研究者赋予唯一标识，系统既要能涵盖全部中国研究者，又要能与 ORCID 等全球系统链接。系统建设可以依托中国科学技术信息研究所的公益性的中文 DOI 为基础①，利用其与 DONA（Digital Object Numbering Authority，数字对象命名规范机构，基于 the Handle System 架构的全球名称解析国际组织）的合作关系，对全中国的研究人员分配唯一标识符，并能提供不同机构之间、国与国之间的不同系统间的互联与整合功能。依托构建中国研究者标识系统，通过 Web 上研究人员（即学术文献的作者）的出版物，向用户提供无缝的信息检索与浏览功能，使用户可以查看不同级别的作者唯一标识符系统整合的结果，通过整合实现研究者数据在多种学术信息服务系统之间的"穿越"。

在中国研究者标识系统框架设计中，我们希望结合中文 DOI、科研本体、研究者数据库、机构知识库等研究成果，力图充分利用与汤森路透 Re-

---

① DONA. http：//www. doi. org/doi_handbook/7_IDF. html. （April. 2014）.

search ID、Scopus 的 Author ID、CorssRef 的 Contributor ID、日本 NII 人名解析系统和 JST 的 Researchmap、韩国 KISTI 的人名控制系统等的国际合作交流机制，实现中国研究者标识系统的开发及应用服务，如图 4.6 所示，既可多角度、多层面地支持我国的科研创新活动，同时也可支持全球化的科研创新合作。系统的基本特征是：①强化中国的学术社团的研究活动，为他们提供 Web 的服务；②与国内外的外部相关学术系统进行互联。

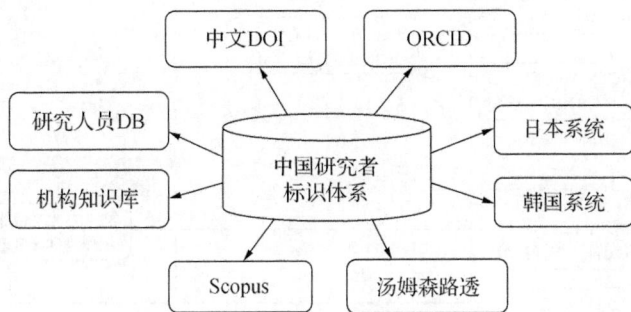

图 4.6 中国研究者标识系统与国内外相关系统之间整合的概念示意

4.5.2 中国研究者标识系统与 ORCID 整合设计

中国研究者标识系统除了面向中国机构提供 Web 服务之外，在科研活动全球化的机制下，必须与全球化系统，如 ORCID 建立互联。ORCID 提供 API 用来获取研究者的概要信息（Profile）和出版物，有权限的外部系统可以浏览用户的 ORCID 唯一标识符并添加外部的唯一标识符到用户记录之中。ORCID 已经实现了原型 Web 应用，方便研究者在他们所拥有的 ORCID 主页和 RNR（Resolver，解析系统）主页之间建立链接。ORCID 某一研究者主页可以链接到 RNR 通讯研究者的主页，反之亦然。为此，RNR 与 ORCID 之间具有了一种关联，在相关的学术系统之间，RNR 提供源于/向 ORCID 的重新定向服务。中国研究者标识系统的 Web 应用场景的 UML 活动图如图 4.7所示。

4.5.3 中国研究者标识系统建设需要注意的问题

在建设中国研究者标识系统时，要充分考虑实施中要面临的风险与困难。如果不能预先考虑相关问题，设计的目标将很难实现。

中国研究人员名称解析(CRNR)	ORCID Web官网	ORCID Tier 2 API
CRNRtoORCID Web 应用呈现起始页	ORCID在用户登录之后，呈现其页面	
《用户点击按钮》	《用户点击按钮》	
	ORCID呈现授权页，进行授权或拒绝	
CRNRtoORCID Web应用检索ORCID ID作者名称	《用户点击按钮》	
CRNRtoORCID Web应用向用户呈现候选CRNR标识符	ORCID授权性在限定的时间访问Tier 2 API	
《用户选择合法的标示符、组合标识符》		
CRNRtoORCID Web应用发送请求多个CRNR标识符的mail到原始研究者标识符系统		ORCID API添加CRNR标识，作为ORCID的外部ID
CRNRtoORCID Web应用发送CRNR标识符，通过ORCID的Tier 2 PAI与ORCID ID相联	CRNRtoORCID Web应用发送CRNR标识符，通过ORCID的Tier 2 API与ORCID ID相联	
《用户点击IRCID按钮》		

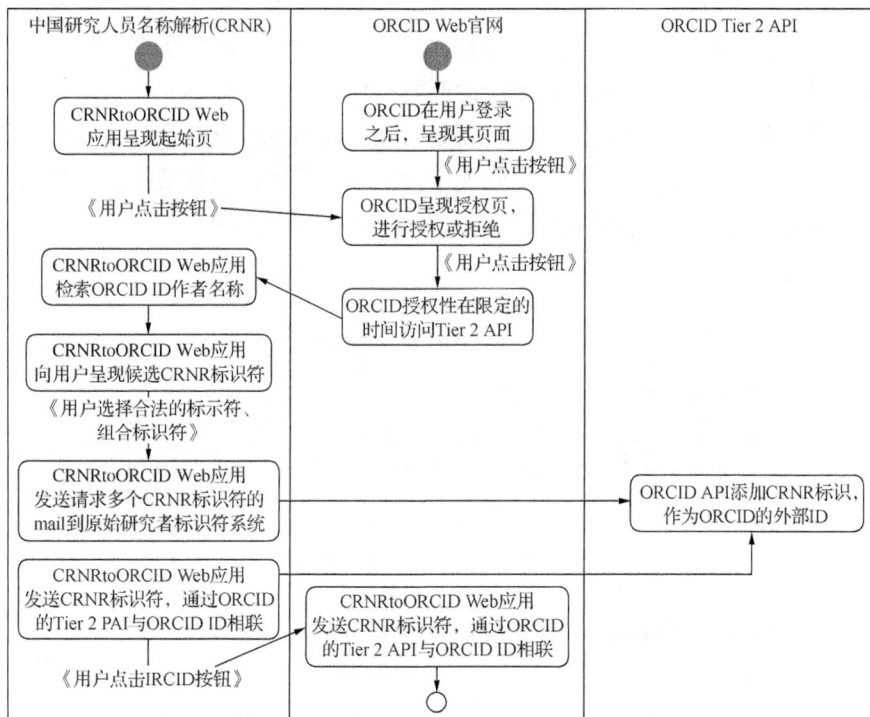

图 4.7　中国研究者标识系统与 ORCID 交互场景的 UML 活动

备注：CRNR 代表中国研究人员的名称解析（Chinese Researcher Naming Resolver）。

　　第 1 个需要考虑的问题是，在研究者 ID 及 Profile 方面，存在着"分散性与统一性"问题。分散性的优势是责任主体明确，劣势是必须统一整合、维护同一性的 ID；统一性长处是一元化管理，短处是必须有运营的主体，但哪个机构负责唯一编码需要明确。

　　第 2 个需要考虑的问题是"管制数据的主体"问题。需要决定由哪一个主体来管制数据，是选择研究者本人还是其所属机构，或者第三方（如基金机构、国家、出版社，或数据集成服务商等）。还需要决定相关主体按照什么样的顺序来实现对数据的管制，例如，可以按照研究者本人→所属机构→第三方的顺序，在这种情况下，研究者本人的干预程度和数据的可靠性会逐渐下降，而数据的覆盖性会拓宽，所以需要平衡考虑。

　　第 3 个需要考虑的问题是"研究者 Profile 的多样性与单一性"问题。Profile 的多样性优点是可以反映研究机构的主动性，缺点是对 Profile 的理解存在歧义性，统一整合困难。单一性的长处是整合容易，而短处是难以决定，应当由权威来决定、还是由大家来决定是一个较难决策的问题。

除了以上 3 个问题外，还存在我们没有考虑到的其他问题，需要由相关机构和研究者提出来共同探讨。如此多的问题都是构建中国研究者"身份证"系统过程中所面临的挑战，需要在建设中国研究者标识系统时由各方面参与，经过充分的讨论和论证。

4.6 本章小结

本研究通过对全球研究者标识系统及其整合应用的调研分析，提出了构建中国研究者标识系统的设想，并设计了其应用框架，重点设计了它与全球标识系统 ORCID 的互操作场景，迈出了中国研究者标识系统的构建与应用的第一步。中国研究者 ID 的引入，会深远地影响国家及各级科研管理机构，以及事业链条上所有企业的发展。要清醒地认识到，构建这样一个系统面临着各种各样的困难和问题，除了技术上的问题外，对于众多科研机构和相关企业来讲，还需要形成共识，才能够达到预期的目标。

第5章　语义指纹姓名消歧的基础理论

语义指纹的核心是为每一篇文档建立一个指纹，这个指纹能唯一地代表文档，是文档的数字化表示，记录了文档的语义信息。语义指纹具有显著的信息压缩能力，能将一篇文本表示为一个二进制数字字符串。语义指纹同时是一种高效率的信息处理方式，由于它将原始信息通过处理转换为固定位长的数字信息，在信息处理中不仅节约了时间成本还节约了计算成本。语义指纹在信息处理领域具有广泛的应用，如搜索引擎、全文检索系统、论文防剽窃系统等。

5.1　信息指纹

"指纹"首先想到的就是人手的指纹，它是人类手指末端指腹表皮上凸起的纹线。指纹是人类进化过程中自然形成的，使手在接触物件时增加摩擦力，从而更容易发力及抓紧物件。指纹虽人人皆有，但各不相同，每个人十个指头的指纹一般也各不相同。据说，世界上没有指纹完全相同的两个人，所以每个人的指纹都是独一无二的。由于人的指纹具有终身不变、唯一确定特征，指纹在现实中常常被用来确定人的身份，如警匪片中通过验证指纹来确定现场遗留的指纹是否属于某个犯罪分子的，公司考勤打卡机上用指纹来确定某个员工上下班时间、防止代打卡等。后来人们把指纹这一概念进行了延伸，将指纹定义为我们识别一个个体所采用的各种方式的一个总称。

信息时代，人们借鉴指纹具有可唯一确定、不容易更改、方便携带的特性，提出信息指纹这一概念，用来在信息的海洋中识别身份[141]、检索个体[142]、重复检测[143]、防止造假[144]等。任何一段信息（包括文字、语音、视频、图片等）都可以通过无损压缩编码将其转换为一个不太长的随机数，这个随机数就是这段信息区别于其他信息的指纹（Fingerprint）[100]。信息指纹用于识别身份时，将某个对象的身份信息转换后，与数据库中对象的信息指纹进行比较，可以很方便地确定该对象是否为数据库中的某个对象。信息指纹用于检索时，主要用于关键字查询的情况，在做一些关键字查询时，拿这些关键字与所有的信息原文进行比对在时间上是不可能的，比对的是事前整理好的原文的特征信息，能"代表"原文规律的信息，这就是信息指纹，所以信息指纹提取是我们在信息海洋中搜寻的前提。信息指纹用于重复检测时，主要用来识别数据库或互联网中相似的信息，如果两个信息的指纹完全相同或非常相似，那么其中有一个就是重复的垃圾数据。信息指纹还可以用来防止造假，在发布的电子信息中生成自身的"指纹"，可以防止别人冒充，防止成果被他人侵占，这与数据签名、CA 验证类似。

信息按照其表征特征可以分为文本信息、图形信息、图像信息、语音信息、视频信息等。这些信息在获取了代表特征后，便可以形成指纹信息，若再对这些信息进行 Hash 运算、MD5 等方式加密、变化，生成一段定长（如256 字节）的信息，就可以作为该信息的"指纹"。例如，文本类型可以从标题、作者、发布日期、修改日期、关键词、摘要、文章开头或结尾句子、文章中固定位置等抽取特征形成信息指纹[145]。在实际中，对文本信息抽取特征还要考虑去除停用词、无关词、词的分隔等工作。相比于文本信息的指纹提取，对语音、图像、视频信息提取特征和生成指纹更困难了，因为对图像、语音、视频的描述本身就比文本要麻烦。对于非文本信息产生指纹的一般的思路是：先对语音、图像等信息进行特征编码，也就是选取有代表意义的局部信息，例如，语音中的某段频率（人的声音都有自己的音色特点），图像中的明暗对比强烈的地方或关键图像的区域等，然后对特征编码进行变换、加密等处理，最后形成信息指纹[146-148]。

5.2 哈希函数

哈希函数是信息指纹的基础核心技术。哈希函数，又称为单向散列函数、数字签名、信息摘要等，是现代密码学的核心，是指通过一个散列函数或哈希表映射，将不定长输入字符串或其他类型的数据转换成固定长度的数字串输出[149]，可用于数字签名、信息加密[150]和文本相似度检测[151]等方面。伪随机数产生器算法（PRNG）是最早的哈希函数，是由计算机之父冯·诺依曼提出来的，但这种方法产生的数字并不随机，也就是说两个不同的信息产生的哈希值可能会相同，这种情况称为冲突或碰撞，现在常用的MersenneTwister 算法要好得多，但该算法产生的随机数具有相关性[100]。目前，常用的哈希函数主要包括 Rabin 哈希函数、SDBM 哈希函数、MD5 哈希函数、SHA-1 哈希函数等。

5.2.1 Rabin 哈希函数

Rabin 哈希函数是由美国哈佛大学教授 Michael Rabin[103] 于 1981 年提出的快速生成指纹算法。该算法将较长的字符串 X 压缩为较短的数字串 $\Phi(X)$，其中 $\Phi_p(X) = \Phi(X) \bmod p$，用于解决线性模式匹配问题，将相同的字符串转化为相同的指纹，如给定一个长度为 n 的模式 X 和一个长度为 m（$m \geqslant n$）的文本，判断 X 是否作为一个子串出现在文本 Y 中。假设 $X = x_1, x_2, \cdots, x_n$；$Y = y_1, y_2, \cdots, y_n$，其中每个 x_i 和 y_j 值都为 0 或 1 并且 $m \geqslant n$，然后令 $t = m - n + 1$，$R = \{1, 2, \cdots, m - n + 1\}$，对于所有 r，有 $X(r) = X$ 并且 $Y(r) = y_r y_{r+1}, \cdots, y_{r+n-1}$。

Rabin 哈希函数的加密计算性能良好，但是该算法的碰撞性较差[152]，即 p 在经过多次取余迭代计算后，产生的数字指纹重复率较高。

5.2.2 SDBM 哈希函数

Jain[104] 在 2012 年采用基于启发式算法的 SDBM 哈希函数用于提高词检索算法的效率，降低方法时间复杂度。SDBM 哈希函数是基于比特移位法生成的表征输入信息的一列二进制数字串，在大规模文本转换上具有较低的冲突率[153]，具有较好的哈希性能，具体 SDBM 哈希函数计算方法如式（5.1）所示：

$$H = (H << 6) + (H << 16) - H + ch, \tag{5.1}$$

其中，ch 表示每个词中字符的 ASCII 值，H 初始化为 0，"$<<$"是指比特位按位左移。

5.2.3 MD5 哈希函数

MD5（Message-Digest Algorithm 5）算法，是由 Rivest[105] 于 1992 年在 MIT 计算科学实验室开发出来的加密算法，经过 MD2、MD3 和 MD4 的发展，MD5 算法具有很好的碰撞性和单向性，常被用于信息摘要和信息加密[154]。

MD5 哈希函数可以将任意长度的信息输入，映射为一段 128 位的二进制数字输出，该算法步骤主要分为信息填充、分解和循环线性编码[155]，具体过程如下。

①信息补位，首先在输入信息 $m0$ 后面依次填充一个 1 和若干个 0，使

得补位完毕后输入信息 $m1$ 位数为 $512n - 64$ bit，n 为非负数；然后取初始输入信息 $m0$ 的低 64 位二进制数值 $m2$，并将 $m2$ 添加到 $m1$ 后面，使得最终输入信息 $m*$ 长度为 512 的整数倍。

②信息分解，将输入信息 $m*$ 以 512 bit 为单位进行分组，假设信息长度为 $(n+1) \times 512$，则将输入信息 $m*$ 分为 $(n+1)$ 个数据段，然后再把每个数据段分为 16 个 32 bit 的子数据段，从高到低依次排序为 M0 ~ M15。

③循环线性编码，在 MD5 算法中，有 4 个存储 32 位整形参数的寄存器 A、B、C、D，首先这 4 个寄存器初始化为 A = 0X01234567、B = 0X89abcdef、C = 0Xfedcba98、D = 0X76543210，然后定义 4 个线性函数 $F(X, Y, Z)$、$G(X, Y, Z)$、$H(X, Y, Z)$、$I(X, Y, Z)$，参数 X、Y、Z 长度均为 32 位，分别对同一个 mi（$i = 0, 1, 2, \cdots, 15$）进行四步线性运算，输入信息 $m*$ 被分为 $(n+1)$ 个数据段，则整个循环要进行 $(n+1)$ 次，而每次循环中要对每个 mi（$i = 0, 1, 2, \cdots, 15$）进行四步线性运算。

④循环编码完成后，最终由 4 个寄存器 A、B、C、D 产生的 4 个 32 bit 二进制数值，按由低字节到高字节的顺序排列就得到 128 位 MD5 二进制数字指纹。

吴军[101]在《数学之美》中计算了 128 位 MD5 算法的哈希冲突率，根据哈希冲突不等式 $k > \dfrac{-1 + \sqrt{1 + 8N\log 2}}{2}$，$k > 0$；当伪随机数产生范围 $N = 2^{128}$ 非常大时，k 也是一个很大的数字，并近似为 $k \approx 1.8 \times 10^{19}$。也就是说，128 位 MD5 算法每哈希一千八百亿亿次才会冲突一次。因此，MD5 哈希函数产生相同哈希值的可能性几乎为零。

5.2.4　SHA-1 哈希函数

安全散列算法[106]是一种常用的数据加密算法，它由美国国家标准与技术局在 1993 年作为联邦信息处理标准公布，SHA-1 算法是在 1995 年公布的改进版本[156]。SHA-1 算法与 MD5 算法的设计原理类似，但是它将任意长度输入信息转换为 160 位的信息摘要，SHA-1 具体算法如下。

①输入信息补位成 $512n + 448$ bit，并在后面添加 64 位初始输入信息二进制数字串。

②5 个寄存器初始化，每个寄存器存储 32 位数据。

③循环线性编码，并最终输出为 160 位 SHA-1 二进制数字指纹。

5.2.5　哈希函数对比

对 Rabin 哈希函数、SDBM 哈希函数、MD5 哈希函数和 SHA-1 哈希函数进行比较，得到的结果如表 5.1 所示。

表 5.1　各种哈希函数性能比较结果

哈希函数	生成基础	常用位数	哈希冲突率
Rabin 哈希函数	求模取余	32 位或 40 位	较高
SDBM 哈希函数	比特移位法	64 位	较低
MD5 哈希函数	基于加密的伪随机数产生器	128 位	几乎没有
SHA-1 哈希函数	基于加密的伪随机数产生器	160 位	几乎没有

Rabin 哈希函数和 SDBM 哈希函数哈希冲突率高于 MD5 和 SHA-1；MD5 和 SHA-1 哈希函数冲突率最低，即不同输入信息产生相同哈希值的可能性几乎为零，然后对比 MD5 和 SHA-1 哈希函数，了解到 SHA-1 算法抗攻击性更强，MD5 算法效率更高[157]。

5.3　语义指纹介绍

本书所称的语义指纹是一种特殊的信息指纹，它对应的原始数据仅为文本数据。语义指纹在识别文本上具有较好的效果。统计信息表明，对一个文本信息提取指纹，当选取 8 个关键词及其词频作为其指纹时，准确度在 98% 以上，查全率在 30% 左右。

5.3.1　语义指纹的概念

对于语义指纹，研究人员有不同的定义。一些研究者认为语义指纹与主题和概念相关[158]。著者姓名消歧服务网站 Data Harmony① 认为，语义指纹是准确地反映了覆盖作者文章主题领域的关键词元数据或具体的科学/学术研究主题。Feriha Ibriyamova 等认为语义指纹是通过在大量文本的"训练"基础上，可以记录给定单词所关联的概念，类似于人类大脑皮层处理和存储

---

① http：//www.dataharmony.com/services-view/semantic-fingerprinting/

相关概念的过程[102]。这些相关概念形成了一个给定单词的语义指纹。Webber 提出语义折叠理论（Semantic Folding Theory）并用它来定义语义指纹为一种新的数据表示，语义指纹明确地对包括所有的词义和上下文的文本意义进行编码[101]。或者说，语义指纹是一种捕获了隐含在自然语言中的意义的数字表示，一个语义指纹是一个概念的识别卡片，它以一种独特的、描述性的方式描述了与这个概念相关的意义。

　　本书所称的语义指纹是一种数字压缩技术，它通过算法将文本内容和特征映射为固定长度的二进制数字字符串，用该数字字符串表示文本的特征和差异。语义指纹技术首先将代表文本内容的语义特征经过散列函数映射为相应的数值，再根据特征词的权重进行 Hash 值加权和降维，最终用一串二进制数来表示一篇文本，且二进制数中包含了文本的特征，一般用 32 位、64 位或 128 位等定长位数的二进制来表示，故基于语义指纹的方法也是一种较好的降维技术。文本转化为语义指纹后，就用语义指纹表征每条数据记录中的独特个体，文本之间的相似度通过指纹之间的距离来度量，这不仅大幅节省了文本表示的存储空间，而且可以大大提高计算两个文本相似度的效率。

5.3.2　语义指纹的研究现状

　　人体指纹具有唯一性、终身不变性和便携性等特点[159]。基于指纹独特性研发的指纹技术已经成为传统、成熟的生物鉴定方式，主要用于身份认证，也广泛而成功地应用于其他领域。语义指纹指任何一段信息文字，都可以对应一个不太长的随机数，作为区别它和其他信息的指纹[100]。通过人的指纹可以进行身份识别，同样相似的文本信息具有相似的指纹值，建立起文本信息与语义指纹的一一对应关系，就可以利用文本的语义指纹来进行更深入的数据挖掘工作，如文本查重、去除冗余，以及本书提出的姓名消歧，通过信息的语义指纹来识别信息的作者，实现姓名消歧。信息的语义指纹在网络爬虫、加密、信息处理中有着非常广泛的应用[160-162]。

　　指纹技术独具的识别特性，使其具有其他身份认证方式不可替代的优势。指纹技术一般是通过某种算法对数据信息进行综合计算得到的一个固定长度的数字序列。如前所述，产生指纹的关键算法是伪随机数产生器算法或哈希函数。由计算机之父冯·诺依曼提出的、最早的 PRNG 算法，是将一个数的平方去掉头尾，只取中间数，但这种方法产生的数字并不是很随机，两个不同的信息可能会有同一指纹。后来提出的 MersenneTwister 算法则能很好地解决哈希冲突问题，但产生的随机数具有相关性，在加密应用中没有优势。再后面提出的著名的 MD5 算法（Message Digest Algorithm 5）是一种很好的指纹算法，它是一个对信息进行摘要提取的 Hash 函数，可以将不定长信息变成定长的 128 二进位或者 160 二进位随机数。上述这些指纹虽然能很好地解决短文本的表达或密码问题，但没有承载文本的语义信息，限制了它们的更深层次的应用。

语义指纹的出现与信息检索或重复检测密切相关，这些研究将文本通过转变表示为一个数字序列，从而能很好地解决海量文本数据的检索或比对问题。2002 年，Charikar 提出了随机投影算法（Random Projection Algorithm）[109]，这是一种向量在夹角余弦相似度上的局部敏感哈希方案，它采用随机超平面 Hash 算法对 n 维向量生成指纹，并使用海明距离来度量指纹的距离。这个算法提出的设计方案可以产生对象的紧凑表示，从而对象的相似性可以通过它们的紧凑表示的相似性计算来估计。因此，该算法是具有近似最近邻搜索和聚类特点的有效算法[108]。Google 的员工 Manku 等证明了 Charikar 提出的指纹技术在从数十亿的网页仓储中检测和识别近似重复网页是相当有效和有用的算法。Manku 修改了随机投影算法，引入了特征权值的加权，以便它能用在网页复制检测上，并把修改后的算法称为 Simhash。Simhash 是一种语义指纹处理技术，首先生成网页的指纹，通过判断网页指纹是否最多有 k 位不同来判断网页是否重复，将近似重复文本的区别变为在少量指纹位上的差异[163]。Simhash 可以看作是一种降维技术，它将文本内容的语义特征映射到相应的低维度空间中，将高维的向量转变为一个 f 位的指纹，根据语义指纹值的差异来判断文本间的相似程度[164]。数字 f 通常很小，如 64 位，从而克服了网页查重任务的难点，即使网页数量巨大，搜索引擎对用户的查询也能快速响应。

20 世纪 90 年代文本语义指纹技术的研究开始进入人们的视野，发展到现在，主要包括两大研究任务：有效的文本语义指纹生成算法和相似性判断。1997 年 Stanford 大学的 Broder[107] 等提出了 Shingling 算法，把 k 个连续的单词称为一个 Shingle，对 Shingle 进行 Hash 运算，得到的 Hash 值作为文本的指纹，文中提出了使用相似度和包含度两个概念来描述文档间的关系，并定义了两个概念在集合运算上的表示。在互联网搜索引擎的网络爬虫设计中，将访问过的网页的网址生成语义指纹，存到哈希表中，当遇到新的网址时计算它的指纹，与哈希表中的指纹进行对比，来判断这个网址是否已经得到处理、是否需要按照新的网址重新下载网页内容[100]。马如林[165]将博客评论文本通过指纹算法转换为一个指纹，用指纹代表评论，将所有不健康评论及广告评论存入到指纹库中，起到了博客评论过滤的作用。Simhash 算法被认为是一种文本内容近似去重最有效的语义指纹技术方法，其主要思想就是将各种文本特征映射到一定位数的数值上，为相似的文本生成相似的语义指纹，从而可以帮助查重、去重。李纲[166]等通过将文本的语义指纹聚类，得到文本去重的最终结果，从而实现面向中文文本的快速去重流程。

语义指纹自被提出以来，由于计算效率高、暂用存储空间小等各种优点，一直被应用于论文抄袭、网页去重等应用中。据我们进行的文献调研，还没有发现有研究者将语义指纹技术应用到姓名消歧领域。鉴于语义指纹的优势，若能将语义指纹算法应用于文献著者姓名消歧，将能显著提高消歧算法的效率，大大节省算法的运行时间，解决日益增长的海量科技文献的著者姓名消歧义问题。设想利用语义指纹进行著者姓名消歧的一个基本假设是，每一个作者的研究方向和写作风格在一段时间内不会出现大的变化，其论文或著作间具有较高的相似性。

5.3.3　语义指纹的应用

语义指纹的应用主要包括数字文档知识产权保护、网页文档去重、软件代码克隆检测等方面。

（1）数字文档知识产权保护

近似重复文本检测，就是判断一篇文档内容是否抄袭其他文档，也即剽窃检测，属于数字文档的知识产权保护，是语义指纹最初、最直接的应用领域。直接对原文档进行精确的文本字符串匹配，需要大量的时间和存储空间，准确率较低。因此，需要对原文档进行分析和处理，提取代表文档语义的特征来表示文档[167]。

（2）网页文档去重

由于互联网上大量近似重复的网页给搜索引擎检索及存储增加了负担，用户在进行检索操作时，返回了近乎相同的查询结果，用户需花费大量时间浏览相同信息，给用户带来了不良的使用体验。所以，在爬取网页后，需进行网页去重，将内容重复的网页进行合并或隐藏后返回结果。例如，Google 采用 Simhash 算法生成网页的信息指纹，检测数万亿存储级别的相似网页，进行网页查重和去重[168]。

（3）软件代码克隆检测

软件代码克隆现象广泛地存在于大多数软件系统中。据统计，软件系统代码中存在 7%～23% 的克隆代码。软件代码的克隆现象可导致程序错误、系统故障、维护困难及增加更新异常的风险等问题。Md. Sharif Uddin[169] 等提出将 Simhash 算法用于大规模软件系统的克隆代码检测，对于克隆的软件代码，可以快速检测，效果良好，且能够对克隆类型进行区分：完全克隆、修改克隆、删减克隆及语义克隆。

5.3.4　主要语义指纹算法

语义指纹算法是指能够将一段信息（文本、图片、音频、视频等）转换成固定长度二进制数字串的算法。该算法能够有效表征原始信息的特征和差异，将原始信息的查找、替换和比较转换成二进制语义指纹的查找、替换和比较，经常被用于方法运行速度优化、信息加密和文本去重。其中，Shingling 和 Simhash 是得到广泛应用的、比较有代表性的语义指纹算法。此外，IMatch 和 Minhash 也是常用的 2 种指纹算法。近年来提出的稀疏分布式表示算法则有强大的语义表示能力，是生物神经网络 HTM（Hierarchical Temporal Memory）算法的基础表示技术。

5.3.4.1　Shingling 指纹算法

Shingle 在英文中表示相互覆盖的瓦片。Shingling 指纹算法是由 Broder Andrei[107] 于 1997 年提出的一种词袋模型算法（Bag of words），它将文档看作是一个词牌（Token）序列，用来发现内容大致相同的文档，其中文档分词后相邻的词汇集合组成若干个连续的词序列被称为 Shingle。Shingling 算法关注了文档顺序，但忽略了文档单词出现的频率。

Shingling 算法的工作原理是将比较文本划分为 k-shingle 序列。对于一段文本，若分词向量为 $[w_1, w_2, w_3, w_4, \cdots, w_n]$，设 $k = 3$，那么该文本的 k-shingle 序列，即 Shingle 向量表示为 $[(w_1, w_2, w_3), (w_2, w_3, w_4), (w_3, w_4, w_5), \cdots, (w_{n-2}, w_{n-1}, w_n)]$。然后将长度为 k 的 Shingle 映射到哈希表中，每个 Shingle 可以通过哈希函数转化成固定长度的数字串，Shingling 算法中常用的哈希函数有 Rabin 哈希和 Minhash 函数，最后通过统计哈希表中相同 Shingle 哈希值的数量或比例，判断文本对的相似度[170-171]。

Shingling 指纹生成步骤可以分为 4 步：数据清洗，k-shingle 划分，哈希映射和相似度计算。

（1）数据清洗

对原始数据进行结构化处理，包括特殊格式转换、去除标点符号、字母大小写转换，为 k-shingle 划分做好数据准备。

（2）k-shingle 划分

理论上，可以选择任意常数作为 k，但是如果 k 选择太小，那么划分出的 k-shingle 就会出现在大部分文本中；如果 k 选择太大，那么划分出的 k-shingle 出现在任意文档中的概率就会较低。一般来说，对于英文论文类文档研究，k 设置为 5~9 比较合适。

（3）哈希映射

为降低算法时间复杂度，使用哈希函数将文本特征集进行哈希转换压缩，常用的哈希函数有 Rabin 哈希和 Minhash 哈希。

（4）相似度计算

Shingling 算法将文本相似度计算转化为文本特征块 Shingle 哈希值的相似度计算，为提高算法运行效率，可以通过局部敏感哈希（Locality Sensitive Hashing，LSH）挑选出可能相似的文本对进行比较。

Shingling 指纹常用的相似度计算方法为 Jaccard 指数[172]，通过计算文本特征集合的最大交集表征文本相似度。每一个 shingle 可以用 Hash 生成指纹，对于一篇文本 P，$S(P, W)$ 表示 P 中所有包含 W 个词汇的不同的 Shingle[171]。例如，一个文档"an apple is an apple is an apple"，分词后的词汇集合是（an，apple，is，an，apple，is，an，apple），去掉重复集合后，当 $k=4$ 时，$S(P, W)$ 的集合为：{（an，apple，is，an），（apple，is，an，apple），（is，an，apple，is）}。Shingling 算法的文档相似度 R 计算方法为集合之交/集合之并，即式（5.2）所示：

$$R(P_1, P_2) = \frac{S(P_1) \cap S(P_2)}{S(P_1) \cup S(P_2)},\tag{5.2}$$

其中，$S(P_1)$、$S(P_2)$ 分别表示文档 P_1、P_2 的指纹集合，相似度介于 0~1，越接近 1，相似度越大。

k-shingle 算法的一个缺点是识别率低，只能够识别重复度较高、相似度较大的文本，因此，适合于文本去重，但并不适合姓名消歧；另一个缺点是所需 Shingle 向量空间巨大（特别是 k 特别大时），相比向量空间模型（Vector Space Model，VSM）更加耗费资源，因此，一般业界很少采用这类算法。

5.3.4.2　Simhash 语义指纹算法

Simhash 一般被翻译为相似哈希[100]。Simhash 语义指纹算法是由 Moses Charikar[108] 于 2002 年提出的，当时的算法名字是随机投影算法（Random Projection Algorithm）。后来 Google 的科学家 Manku 将它修改后并改名为 Simhash，用于海量的网页文档去重，此后被广泛地应用于文本相似度检测[166] 和抄袭检测[167] 等方面。

Simhash 本质上是一种局部敏感性（Locality Sensitive Hashing，LSH）的 Hash。简单来说，它与 MD5 和 SHA 哈希算法所不同，局部敏感哈希可以将相似的字符串 Hash 得到相似的 Hash 值，使得相似项会比不相似项更可能 Hash 到一个桶中，Hash 到同一个桶中的文档间即成为候选对。这样就可以接近线性的时间去解决相似性判断和去重问题。

Simhash 算法被认为是效果最好的近似文本检测算法之一[103]，利用 Simhash 算法将带有权重的文本特征表示为固定位数的二进制指纹值，通过计算两个文本的指纹间距离（例如海明距离）来确定两个文本之间是否近似。两个文本指纹之间的距离越小，则表明两个文本的内容越接近，文本相似度越大[173]。传统的文本相似度算法，例如，向量空间模型和余弦相似度计算模型，一般首先需要进行特征提取和选择来降低文本表示的维度，然后再通过计算两个文本间的距离来确定文本间的相似度，这种方法存在严重弊端，即运算效率特别低，在针对海量的文本进行两两的相似性判断时几乎无能为力。相比而言，Simhash 算法则不需要这样的处理，它通过将文本表示为二进制指纹值，将文本的相似度计算转换为固定长度的指纹值的比较，不仅具有很好的降维效果，而且更高效。

Simhash 算法的输入为文本 T。基于传统的信息检索方法，将 T 转换为一组加权的特征值构成的向量，通过计算每个特征（关键词）的哈希值，最终合并成一个特征值即指纹。Simhash 的输出为一个 b 位的指纹 $f = \{f_1, f_2, \cdots, f_b\}$，其中 $f_1, f_2, \cdots, f_b$ 的取值为 0 或 1。Simhash 算法的基本流程如下[164,166]。

①首先，将一个文本 T 转换为 n 维特征向量 $v = \{w_1, w_2, \cdots, w_n\}$，其中 $w_1, w_2, \cdots, w_n$ 分别是文本内容特征 $v_1, v_2, \cdots, v_n$ 的权重。

②维持一个 b 维的向量 f_c，其中每一个元素初始值为 0。

③通过运用某种普通字符串哈希函数，将文本的特征 v_i 映射为一个具

有 b 个 bit（如 32 位或者 64 位）的数值 h_i。

④根据 h_i，应用如下规则更新 f_c：如果 h_i 的第 j 位是 1，则将 f_c 的第 j 维的值加上该特征 v_i 的权重 w_i；如果 h_i 的第 j 位是 0，则将 f_c 的第 j 维的值减去该特征 v_i 的权重 w_i。

⑤针对所有特征，重复步骤③和④。

⑥根据 f_c 中每一维向量的数值符号来确定文本 T 最终的指纹 f：如果 f_c 中的第 i 维向量值大于 0，则 f 中对应第 i 位的 bit 值为 1，否则为 0。

Simhash 算法生成指纹的过程如图 5.1 所示。

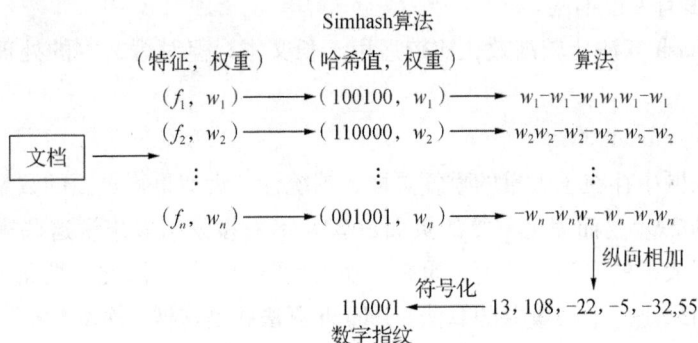

图 5.1　Simhash 生成指纹的过程

Simhash 指纹算法生成的指纹是一个 b 位的二进制字符串，如一个 32 位的指纹，"00110111110001101010100111011010"。两个文本的 b 位 0~1 二进制数字字符串之间的相似度测量，可以采用常见的字符串编辑距离或其他距离公式来计算。研究中多采用海明距离（Hamming Distance）[174] 来计算两个指纹之间的相似度[175-176]，一般通过统计两个二进制语义指纹值间的异或距离来表征文本相似度。二进制串 A 和二进制串 B 的海明距离就是 A 与 B 的异或运算后二进制中 1 的个数。通常，判断两篇文档是否相似，可以看它们的海明距离是否 ≤3，如果海明距离 ≤3，则认为两篇文本相似。

但是对于海量文本，如何从千万级别（甚至更多）的指纹集合中，找出最多只有 k 位不同的指纹呢？一个简单的思想就是以空间换时间。对于一个 32 位的指纹来说，将该指纹划分成 4 段，即 4 个区间，每个区间 8 位，如果两个指纹至多存在 3（设 $k = 3$）位差异，那么至少有一段的 8 位是完全相同的。因此，可以考虑利用分段来建立索引，以此减少需要匹配的候选指纹数量。

下面是这个思路的 Simhash 指纹匹配算法。

①首先对于指纹集合 Q，构建多个表 T_1，T_2，…，T_t，每一个表都是采用对应的置换函数 $\pi(i)$ 将 32 bit 的指纹中的某 $p(i)$ 位序列置换到整个序列的最前面，即每个表存储的是整个 Q 的指纹的复制置换。

②对于给定的 F，在每个 T_i 中进行匹配，寻找所有前 $p(i)$ 位与 F 经过 $\pi(i)$ 置换后的前 $p(i)$ 位相同的指纹。

③对于所有在上一步中匹配到的置换后的指纹，计算其是否与 $\pi(i)$ (F) 至多有 k 位不同。

Simhash 算法比较高效，比较适用于长文本，但对短文本的处理也没有问题。

5.3.4.3 IMatch 算法

互联网中存在了大量的重复页面，据统计，近似重复页面的数量占网站总数量的 29%，而完全重复的页面占 22%。对搜索引擎来说这些重复的页面占据了大量的资源，如何去重是一项很重要的工作。因此，页面去重算法对搜索引擎是一个很重要的算法。IMatch 算法就是这样一个算法。

IMatch 算法被用于近似重复文本的检测，其基本算法思想是根据大规模的文本集合的统计，对文本中出现的所有词汇的 IDF（Inverse Document Frequency，逆文档频率)[74] 从高到低进行排序，去掉文档中得分最高的词和得分最低的词语，将剩下的词汇保留作为特征词。这一步的主要目的是删除文本中无关的关键词，保留重要的关键词。

获取特征词典之后，对于需要去重的页面，通过扫描获取该页面上的全部单词，只保留特征词典上出现的单词，以这些词作为页面的内容表示，然后利用哈希函数（如用密码学哈希算法 SHA-1）对特征词进行哈希计算，获得的数值就是该网页的指纹。所有网页文档按照这个方法处理完之后，如果两篇文档的指纹近似，则表示它们重复。

IMatch 算法对比两篇文档是否重复的方式很直观，效率也很高，去重效果明显。IMatch 算法对文档之间的单词顺序不敏感，如果两篇网页文档中包含的单词相同，仅仅调换了位置，IMatch 算法仍然会认为它们重复。然而，这个算法存在一些问题，首先是容易出现误判，对于短文本尤其严重，因为短文本包含的单词较少，经过特征词典过滤后只保留下来很少的特征词，这样两篇原本不重复的文本生成的指纹非常近似；其次该算法的稳定性较差，表现为密码学哈希算法对数据变化极为敏感，对文档做出的一点小修改，可能会使生成的哈希值完全改变，导致两篇重复的文档被判断为不重复。总体来说，IMatch 算法的召回率较低，准确率较高。

5.3.4.4 Minhash 哈希函数

在 Shingling 算法中，Shingle 集合往往非常大，即使将每个 Shingle 都哈希为 4 个字节，一篇文档的 Shingle 集合所需的空间大约是该文档所需空间的 4 倍[177]。如果有数百万文档，很可能不能将它们的 Shingle 集合都放入内存中。因此，需要将大集合替换为规模小很多的"签名"表示，通过比较两篇文档的签名集合就可以估计实际 Shingle 集合之间的 Jaccard 相似度。一般来说，签名集合越大，估计的精度越高。构建集合的签名由大量计算的结果组成，而每次计算是特征矩阵的最小哈希过程。Minhash 技术采用最小哈希函数族（一组随机的最小哈希函数）来构建文档的最小哈希签名，能够对大集合进行压缩，并且可以基于压缩后的结果推导原始集合的相似度。

Minhash 哈希函数是由 Broder 在 1997 年根据最小独立置换概念（Min-wise Independent Permutation）提出的[109]，他将文本相似度计算问题转化为两个集合最小哈希值相等概率问题。Minhash 函数的工作原理是选择一个普通哈希函数 $h(x)$ 模拟文本行变换，将行变换后第一个列值为 1 的行号作为最小哈希值。给定一个普通哈希函数 $h(x)$，其函数定义如式（5.3）所示：

$$m_h(v) = \mathrm{argmin}\{h(v[i]) \mid v \in V\}, \tag{5.3}$$

其中，V 是向量集，$v[i]$ 是 V 的第 i 个元素，并且 $v[i]=1$，$0 \leqslant i \leqslant |V|-1$。对于文本集合 A、B，选择 k 个哈希函数模拟行变换，这 k 个普通哈希函数 $h(x)$ 需要具有良好的哈希性能和均匀性，能将不同元素映射成不同的整数[178]，然后计算这两个集合 A、B 的相似度，计算方法如式（5.4）所示：

$$Sim(m_h(A) = m_h(B)) = Jaccard(A, B) = \frac{A \cap B}{A \cup B}。 \tag{5.4}$$

Minhash 函数需要 k 个性能良好的普通哈希函数，时间复杂度较高[179]。Minhash 也是一种局部敏感性（Locality Sensitive Hashing，LSH）算法，同时也是一种降维的方法，Minhash 算法文档的最小哈希签名矩阵是对原始特征矩阵降维的结果。经过 Minhash 降维后的文本向量，从概率上保证了两个向量的相似度和降维前是一样的，结合 LSH 技术构建候选对可以大大减少空间规模，加快查找速度。

5.3.4.5 稀疏分布式表示

稀疏分布式表示（Sparse Distributed Representations，SDR）是模拟大脑新皮层记忆模型的一种表示方法，也有的翻译为稀疏离散表征。我们大脑的新皮层能不断地处理连续流数据格式的丰富感官信息，任何一台现存的计算机在这个方面都不如它。大量的实验证明，新皮层区域采用稀疏模式来表示所有的信息，这种模式具有容量惊人的表示能力和无比强大的抗噪能力。大脑新皮层表示被认为稀疏的，是因为在外来信号被处理且神经元受到抑制后，只有很少一部分神经元处于活跃状态，而其余很大一部分则处于不活跃状态；大脑新皮层表示被认为是分布的，是因为信息不只是在单个神经元，而是在一个活跃的神经元集合中被编码。稀疏分布式表示不仅存在于人类听觉和视觉的前端区域，对应了感知的特征（如听觉的声音频率、视觉的可视化线和边），而且存在于感觉后面的区域来编码那些较抽象的、和分类的信息。类似的，在主要的运动区域和运动前端区域，具体的运动命令和抽象的行为规划也是通过稀疏分布式表示来编码的[180]。

发明个人掌上电脑 Palm Pilot 的杰夫·霍金斯（Jeff Hawkins）提出了新大脑皮层理论，解释人类的智能是怎么产生的[181-182]，并提出了生物神经网络 HTM 理论（Hierarchical Temporal Memory）①，创立了 Numenta 公司。HTM 理论的一个重要基础就是 SDR[180,183-184]。Cortical. io 公司以 HTM 理论为基础，提出了基于 SDR 的语义折叠理论（Semantic Folding Theory）[101]。该理论认为当前概率 NLP 模型大多基于单词统计，虽然取得了一些成功，但存在 2 个缺陷：一是实现的准确度总是低于人类；二是算法框架长期以来是无效的。因此，提出了一个基于神经科学的离散语义机制理论。该算法使用无监督学习捕获参考文档集合的语义空间之后，将所得的语义空间折叠到每个单词的表示向量中。这些向量是很大的（如 16 384 维）、稀疏填充的二进制向量。该向量中的每个特征位不仅对应于语义空间中的特定语义特征，而且在语义上是对等的，被称为 word-SDR。这个向量完全符合 Jeff Hawkins 提出的 HTM 理论的 SDR 格式要求，可以直接应用到 HTM 网络的输入。所以，语义折叠描述了一种把语言从它的符号表示（文本）转变为一个明确的、

---

① "Cortical Learning Algorithm and Hierarchical Temporal Memory", Numenta Whitepaper, 2011. [online] Available：http：//numenta. org/resources/HTM_CorticalLearningAlgorithms. pdf.

有语义基础的表示。事实证明，这种表示上的改变通过应用布尔运算符及一个一般的相似性函数（如欧几里得距离）可独自地解决许多复杂的 NLP 问题。

SDR 和 word-SDR 实际上是一种本书所述的指纹表示，即通过哈希函数或其他方式将现实数据变换为一种二进制数字向量表示。SDR 表示具有3 个优势[101]：第 1 个优势是散乱的真实世界数据通过这种表示后，抗噪能力得到实质改善；第 2 个优势是获得了计算一个渐进的相似度值的可能性，这允许更精细的语义比较，对于类似消歧和推断功能是必备的。SDR 第 3 个优势是可以表达大量的模式[180]，当位数为 n 时且 SDR 项目中为 1 的位数为 w 时，可表达的模式数量可通过式（5.5）计算：

$$\binom{n}{w} = \frac{n!}{w!(n-w)!}\text{。} \tag{5.5}$$

当 n 很大、w 相对很小时，SDR 可以表示的模式数量是惊人的。例如，当 $n=40$ 且 $w=4$ 时，表示的模式数量为 91 390 个，而当 $n=2048$ 且 $w=40$ 时，SDR 可表示的模式数量是 2.37×10^{84}，而宇宙中可观测的原子的数量估计只有 10^{80} 个[180]。

语义折叠理论产生的 word-SDR 可以用一个 128×128 的二进制数字矩阵表示，或者 16384 维的二进制向量表示。进一步，将 word-SDR 作为原子单元，通过聚合操作（Aggregation），将文本出现的每一个单词的 SDR 相应位相加，用最常表示的数字特征（即相加后的数字排序，排在前面的位对应的特征）产生一篇文本的 SDR 格式（document-SDR），即文本指纹。获取 word-SDR 或 document-SDR 后，可以采用两个单词或两个文本的 SDR 的重叠（Overlap）位数量作为它们是否相似的度量，也可以根据需要采用海明距离或其他距离指标来作为近似性度量指标。

5.3.4.6　语义指纹算法对比

在以上介绍的 5 种指纹算法中，它们都可以作为文本的一个表示，且在内容查重或相似性检测上各有优势，相对而言 Shingling 算法、Simhash 算法、IMatch 算法和 Minhash 算法表示文本时维数较低，SDR 算法常常采用更高维度向量来表示文本。Shingling 算法在识别连续复制或重复率高的文本上具有优势，但由于只能识别重复度高的文本且所需存储空间大；Simhash 算法能识别内容相似的文本、适合长文本且，但对文本内单词前后顺序的调整不敏感，与 SDR 相比语义表达能力一般；IMatch 算法对单词顺序不敏感，在文本去重时效果明显，但容易误判、稳定性较差；Minhash 算法通过最小签名特征矩阵实现快速查重，但计算量较大，只能得到近似结果，不适合短文本；SDR 算法具有较强的语义表示能力和抗噪性，但算法复杂往往需要大量训练语料。表 5.2 对本节提出的 5 种语义指纹算法进行了对比。

表 5.2　语义指纹算法对比分析

指纹算法	基础	常用位数	优点	缺点
Shingling 指纹算法	词袋模型	32 位或 40 位	能够识别内容大致相同的文本	只能识别重复度高的文本且所需存储空间大
Simhash 语义指纹算法	词袋模型	64 位或 128 位	能够识别内容相似的文本，适合长文本，对单词顺序调整不敏感	语义表达能力一般
IMatch 算法	IDF 模型	由 Hash 函数确定，一般 128 位或 160 位	能够识别单词相同的文本，对单词顺序不敏感	算法稳定性差，短文本容易误判
Minhash 算法	最小哈希签名矩阵	100 或数百	能够估计文本是否相似	只能得到近似结果
稀疏分布式表示	SDR 模型	1024 位甚至更多	语义表示能力强，抗噪能力强	算法复杂，需要大量训练语料

　　本书采用语义指纹解决著者姓名消歧问题，其基本假设是一个研究人员的一篇作品与其所著的其他作品之间存在较高的相似度，相比而言，与重名的另一个研究人员的作品相似度则较低。上述算法被广泛地应用于抄袭检测和重复网页的检测，从理论上可以用于姓名消歧。对于同一个作者写的两篇文章来说，可能会出现该作者惯用的句式和词汇，以及同一个领域的专用词汇，但很少会出现完全一样的长句或段落，因此，Shingling 算法不是特别适合。IMatch 算法具有不稳定性，且只能判断是否相似，无法根据指纹值的距离大小来具体确定原始文本内容的相似度，不适合本研究的要求。著者姓名消歧的语料有时无法得到全部的可处理文本，Minhash 在短文本处理上有缺陷，且只能得到近似结果，不太适用于本研究。传统的 Hash 函数如 Rabin、MD5 等一般用于短的字符串，解决的是生成唯一值的问题，虽说可以生成

0、1 字符串表示的文本指纹来判断两个文本是否相同，但一般转换后丢失了语义信息，基本上无法判断两个文本的相似性，也不适合本研究。Simhash 算法把文本特征转化为二进制指纹值，能够从语义上较好地表征文本内容及特征，指纹距离的大小除了能表示原始内容是否相同的信息外，还能通过指纹距离大小判断原始文本的相似度，降维得到的 64 位或 128 位指纹的相似度能够同原始文本特征的相似度保持一致，既能用于短文本也能用于长文本，因此，适合于姓名消歧需要，且在姓名消歧中克服了"维度瓶颈"问题，还能提高姓名消歧的速度。SDR 虽然与 Simhash 一样具有较好的语义表示，能满足姓名消歧的基本要求，但 SDR 算法生成语义指纹的技术复杂，且需较大训练语料，因此，本研究在应用时选择 Simhash 作为语义指纹的生成算法。

5.4　主要文本相似度计算方法

文本相似度是用于计算两个文本之间内容相似程度的度量指标，相似值越大，文本相似程度越高；反之，文本相似程度越低，通常应用于文本分类、网页去重、文本过滤等方面[185]。本研究按照文本表示方式不同，将文本相似度计算方法分为基于向量空间模型的方法和基于字符串匹配的方法。

5.4.1　基于向量空间模型的相似度计算方法

向量空间模型（Vector Space Model，VSM）是由 Gerard Salton[186] 于 1975 年提出的，是文本特征表示的重要方法之一。基于向量空间模型的相似度计算方法将文本划分为若干特征项，然后计算每个特征项在文本中的权重，进而将整个文本表示为特征项的权重向量，再基于权重向量计算文本间的相似度。该相似度的计算方法主要包括：余弦相似度、欧氏距离、海明距离等。

假设存在文本 d_1、d_2，并且都包含 n 个互不相同的特征项 t_i（$i = 1$，2，$\cdots$，n），然后分别计算出特征项 t_i 的特征权重 w_i、w_j（i，$j = 1$，2，$\cdots$，n），将文本表示为：$d_1 = \{w_{i1}, w_{i2}, \cdots, w_{in}\}$、$d_2 = \{w_{j1}, w_{j2}, \cdots, w_{jn}\}$。

（1）余弦相似度

余弦相似度用两个文本向量间夹角 θ 余弦值作为它们的相似度，该夹角余弦值介于 0~1，越接近于 1 说明两个文本越相似，越接近于 0 说明两个文本越不相似，具体计算方法如式（5.6）所示：

$$Sim(d_i, d_j) = \frac{\sum_{k=1}^{n} w_{ik} w_{jk}}{\sqrt{(\sum_{k=1}^{n} w_{ik}^2)(\sum_{k=1}^{n} w_{ik}^2)}}。 \tag{5.6}$$

（2）欧氏距离

欧氏距离（Euclidean Distance）用向量空间模型中 2 个 n 维文本向量之间的距离表示 2 个文本间的相似度，它们的距离越小，表示 2 个文本越相似；反之，2 个文本越不相似，具体计算方法如式（5.7）所示：

$$dis(d_1, d_2) = \sqrt{\sum_{k=1}^{n} (w_{ik} - w_{jk})^2}。 \tag{5.7}$$

（3）海明距离

海明距离（Hamming Distance）是指对 2 个二进制数字向量 A、B 进行异或（XOR）操作，统计异或结果中 1 的个数，海明距离值越小，表示 2 个文本越相似；反之，2 个文本越不相似。如 5.3.4 所述，Simhash 语义指纹相似度的计算采用了海明距离。

5.4.2　基于字符串匹配的相似度计算方法

在著者成对记录的相似度计算中，也可以采用文本相似度计算方法，这些相似度计算方法主要包括编辑距离、*Jaccard* 指数、Jaro-Winkler 距离和 *Q*-gram 算法等。

（1）编辑距离

编辑距离（Edit Distance），又称 Levenshtein 距离[187]，是指由一个字符串转成另一个字符串所需的最少编辑操作次数，编辑操作包括插入、删除和替换。一般来说，编辑距离越小，两个字符串的相似度越大。

（2）Jaccard 指数

Jaccard 指数用于计算 2 个集合 A 和 B 的相似度，其值等于 2 个集合交集的模（即集合元素的数量）除以并集的模，具体计算方法如式（5.8）所示：

$$Jaccard(A, B) = \frac{|A \cap B|}{|A \cup B|}。 \tag{5.8}$$

如前所述，Shingling 算法的指纹相似度计算采用了 Jaccard 指数。

（3）Jaro-Winkler 距离

Jaro-Winkler 算法是由 Winkler[188] 在 1990 年基于 Jaro 距离提出的，适用

于短字符串比较。Jaro-Winkler 距离越大，说明 2 个字符串相似度越大。

Jaro 字符串相似度计算方法如式（5.9）所示：

$$d_j = \frac{1}{3}\left(\frac{m}{|S_1|} + \frac{m}{|S_2|} + \frac{m-t}{m} \right), \tag{5.9}$$

其中，S_1、S_2 表示 2 个字符串，m 表示匹配的字符数，t 表示换位数，即不同顺序的匹配字符数目的一半。

Jaro-Winkler 字符串计算方法如式（5.10）所示：

$$d_w = d_j + Lp(1 - d_j), \tag{5.10}$$

其中，d_j 表示 2 个字符串的 Jaro 距离；L 表示 2 个字符串拥有的共同前缀的长度，最大是 4 个字符；p 表示前缀的范围因子，不能超过 0.25，一般给 p 赋值 0.1。

（4）Q-gram 算法

Q-gram 算法[189]比编辑距离更适合处理一些较长字符串的匹配，常用于拼写错误、误植（键入/拼写错误）、格式不一致等问题，如果两个字符串的 Q-gram 编辑距离越小，则两个字符串越相似。

对于一个字符串，它的 Q-gram 可以通过长度为 q、滑动距离为 len 的窗口对其进行切分获得。对于一个给定的字符串 s 和正整数 q，这个字符串 s 的 Q-gram 表示从第 len 个字符开始长度为 q 的子字符串；基于前缀的 Q-gram 字符串匹配方法首先将字符串集合中出现的 Q-gram 按 Q-gram 频率从小到大排列，以此作为 Q-gram 的全局序列，然后将每个字符串的 Q-gram 集合按照 Q-gram 的全局序列进行排序，按照 Q-gram 编辑距离计算两个字符串间相似度[190]。

5.4.3　文本相似度计算方法比较

表 5.3 对基于向量空间模型和字符串匹配的文本相似度计算方法进行了比较。

表 5.3　本文相似度计算方法比较结果

文本相似度计算方法		常用搭配
基于向量空间模型的方法	余弦相似度	
	欧氏距离	
	海明距离	Simhash 语义指纹

续表

文本相似度计算方法		常用搭配
基于字符串匹配的方法	编辑距离	
	Jaccard 指数	Shingling 指纹
	Jaro-Winkler 距离	短字符串匹配
	Q-gram 算法	长字符串匹配

备注：Simhash 语义指纹和 Shingling 指纹的介绍请见 5.3.4。

本研究根据文本相似度计算方法的常用搭配，选择海明距离作为 Simhash 语义指纹相似度的计算方式。

5.5 主要聚类算法

无监督学习（Unsupervised Learning）是指通过对无标签训练样本进行学习来揭示数据内在性质及分布规律的技术，它为进一步的数据分析提供了基础。聚类算法在无监督学习任务中研究最多、应用最广，它将数据集中的样本划分为若干个不相交子集，每个子集称为一个"簇"。

在著者姓名消歧研究中，采用的主要聚类算法包括 K-means 聚类、层次聚类、图聚类和 DBSCAN 聚类等。这些聚类算法过程可以归纳为：数据准备、特征选择、特征提取和聚类[191]。

5.5.1 *K*-means 聚类

K-means 是一种非常有名的聚类算法，最早由 MacQueen 提出[192]，具有理论可靠、算法简单且收敛速度快的优点，能有效地处理大数据集[193]。Dhillon 最早将 K-Means 方法应用在文本聚类上，利用文本向量夹角余弦来计算文本文档之间的相似度[194]。K-means 算法也有明显的缺点，聚类结果对初始聚类中心敏感、容易陷入局部极值[195]。

K-means 聚类算法[71]通过人工设置聚类数量 k 和初始聚类中心，计算样本数据与每个聚类中心的距离并将距离最近的样本归并到相应的簇下，然后计算该簇下所有向量均值并更新聚类中心向量，不断重复这一过程，直到 k 个聚类中心向量收敛。K-means 算法具体步骤如表 5.4 所示。

表 5.4　K-means 聚类算法基本步骤

输入：样本集 $D = \{x_1, x_2, \cdots, x_m\}$；聚类簇数 k
过程：从 D 中随机选择 k 个样本作为初始均值向量 $\{u_1, u_2, \cdots, u_k\}$
repeat
令 $C_i = \emptyset$（$1 \leqslant i \leqslant k$）
for $j = 1, 2, \cdots, m$ do
计算样本 x_j 与各均值向量 u_i（$1 \leqslant i \leqslant k$）的距离：$d_{ji} = \|x_j - u_i\|^2$；
根据距离最近的均值向量确定 x_j 的簇标记：$\lambda j = \arg \min_{i \in \{1,2,\cdots,k\}} d_{ji}$；
将样本 x_j 划入相应的簇：$C_{\lambda j} = C_{\lambda j} \cup \{x_j\}$；
end for
for $i = 1, 2, \cdots, k$ do
计算新均值向量：$u_i' = \dfrac{1}{\|C_i\|} \sum_{x \in Ci} x$
if $u_i' \neq u_i$ then
将当前均值向量 ui 更新为 ui'
else
保持当前均值向量不变
end if
end for
until 当前均值向量均未更新
输出：簇划分 $C = \{C_1, C_2, \cdots, C_k\}$

K-means 用于姓名消歧时存在 2 个问题：一是确定聚类的簇数量 k；二是如何选择合适的聚类中心避免出现局部最优问题。例如，朱亮亮[47]提出了改进的 K-means 聚类算法用于文献著者姓名消歧，针对标准 K-means 聚类算法随机选择初始聚类中心可能导致局部收敛的问题，该方法通过最大最小原则选取初始聚类中心，有效克服了该问题。

5.5.2　层次聚类

层次聚类（Hierarchical Clustering）算法试图在不同层次上对数据集进

行划分，其聚类结果形成树状结构，按照数据集划分方式不同，层次聚类可以分为"自下而上"的凝聚层次聚类和"自上而下"的分裂层次聚类[196]。凝聚层次聚类采用聚合手段，从每个节点作为一个单独的群体开始，应用自下而上的策略，合并每个层次上最相似的群体；分裂层次聚类采用拆分手段，从包含所有节点的单个群体开始，应用自上而下的策略，将每个层次上选定的群体分为两个子群体。该算法一般定义了一个相似度指标（如余弦相似度、Jaccard 指标、欧氏距离、海明距离等）测量两个节点之间的相似度，将相似度接近的节点聚为一组，根据相似度计算构建一个聚类树来识别高相似度的节点组。

以 AGNES 凝聚层次聚类算法[71]为例描述层次聚类过程：首先将数据集中每个样本作为一个初始聚类，然后在算法运行每一步中找出距离最近的 2 个聚类簇进行合并，不断重复该过程，直至达到预设的聚类簇数，具体步骤如表 5.5 所示。

表 5.5　AGNES 聚类算法基本步骤

输入：样本集 $D = \{x_1, x_2, \cdots, x_m\}$；聚类簇距离度量函数 d；聚类簇数 k
过程：for $j = 1, 2, \cdots, m$ do
簇 $C_j = \{x_i\}$
end for
for $i = 1, 2, \cdots, m$ do
for $j = i + 1, \cdots, m$ do
矩阵 $M(i, j) = d(C_i, C_j)$;
矩阵 $M(j, i) = d(C_j, C_i)$;
end for
end for
设置当前聚类簇个数：$q = m$
while $q > k$ do //k 为最终聚类个数
找出距离最近的 2 个聚类簇 C_{i*} 和 C_{j*};
合并 C_{i*} 和 C_{j*}：$C_{i*} = C_{i*} \cup C_{j*}$;
for $j = j^* + 1, j^* + 2, \cdots, q$ do
将聚类簇 C_j 重编号为 C_{j-1}

end for
删除距离矩阵 M 的第 i^* 行与第 j^* 列;
for $j = 1, 2, \cdots, q-1$ do
$\quad M(i^*, j) = d(Ci^*, Cj)$;
$\quad M(j, i^*) = M(i^*, j)$
end for
$q = q - 1$
end while
输出:簇划分 $C = \{C_1, C_2, \cdots, C_k\}$

层次聚类在姓名消歧领域是极为常用的一种方法,例如 WePS 竞赛项目中很多参赛团队使用该方法来源[6],Ventura 分别在 2014 年和 2015 年提出了两种基于层次聚类的发明人姓名消歧方法[82-83]。

5.5.3 图聚类

图聚类是指通过聚类精度 α 代替初始聚类数控制聚类效果,按照社交网络图节点划分方法将数据集自动划分为几个子类的过程[197],该算法具体聚类过程可分为如下 3 步。

(1)建立距离矩阵 I

把数据集中每条数据记录看作是无向网络图中的一个节点,然后计算每对数据之间距离,这样就可以得到距离矩阵 I,其中 Id_i($i = 1, 2, \cdots, n$)表示数据记录号,矩阵元素表示每对数据之间的欧式距离(Euclidean Distance)。

(2)形成无向网络图

根据第(1)步获得的距离矩阵 I,形成一个无向网络图,其中数据记录 Id 对应无向图中的节点,矩阵元素对应无向图边上的权值 $d(i, j)$。然后通过聚类精度 α 求出无向网络图的相似性阈值 $\delta = d_{min} + (d_{max} - d_{min}) \times \alpha$,其中,$d_{min}$ 和 d_{max} 分别代表距离矩阵 I 中的最小值和最大值。如果无向图边上的权值大于阈值 δ,那么裁剪掉这条边并更新距离矩阵 I,将距离矩阵中相应的权值更新为 0,这样就将无向网络图划分为若干个子图,每个子图代

表一个聚类簇。

（3）图遍历

按照第（2）步中的数据集划分结果，对整个无向图进行遍历，标出每个 *Id* 数据属于哪一个类，并记录在数据集中。

图聚类算法被广泛地应用于生物[198]、信息安全[199]等领域。它虽然不需要人为设置聚类的簇数量，但存在如下两个问题。

①没有对孤立点进行处理，图聚类算法通常会将这些点作为异常点抛弃。

②时间复杂度较高，因为在算法运行过程中要实时更新一个 n 阶距离矩阵，造成计算成本较高。

图聚类算法也被一些研究人员应用到著者姓名消歧上，例如，田维（2013）[200]采用半监督图聚类算法对互联网页面上的专家姓名消歧，Yang（2017）[77]提出基于图聚类的专利发明人姓名消歧方法，但相对而言图聚类算法在姓名消歧领域应用较少。

5.5.4　DBSCAN 算法

DBSCAN（Density-Based Spatial Clustering of Applications with Noise）聚类算法是一种著名的密度聚类算法，它基于一组邻域参数（ε，MinPts）来描述数据集 $D = \{x_1, x_2, \cdots, x_m\}$ 分布的紧密程度，其中参数 ε 表示对任意 $x_j \in D$，其 ε - 邻域包含数据集 D 中与 x_j 的距离不大于 ε 的样本，即 $N_\varepsilon(x_j) = \{x_i \in D \mid \text{dist}(x_i, x_j) \leq \varepsilon\}$；参数 MinPts 表示如果 x_j 的 ε - 邻域至少包含 MinPts 个样本，即 $|N_\varepsilon(x_j)| \geq \text{MinPts}$，则 x_j 是一个核心对象；密度直达（Directly density-reachable）表示如果 x_j 位于 x_i 的 ε - 邻域内，且 x_i 是核心对象，则称 x_j 由 x_i 密度可达；密度可达（Density-reachable）表示对 x_i 与 x_j，若存在样本序列 $p_1, p_2, \cdots, p_n$，其中 $p_1 = x_i$，$p_n = x_j$ 且 p_{i+1} 由 p_i 密度直达，则称 x_j 由 x_i 密度可达；密度相连（Density-connected）表示对 x_i 与 x_j，若存在 x_k 能够密度可达 x_i 与 x_j，则称 x_i 与 x_j 密度相连。

DBSCAN 聚类算法[71]先根据给定的邻域参数（ε，MinPts）从数据集中找出所有核心对象，并任选一个核心对象作为出发点，然后由此出发找出所有密度可达的样本生成聚类簇，直到所有核心对象都被访问过为止，具体步骤如表 5.6 所示。

表 5.6 DBSCAN 算法聚类过程

输入：样本数据集 $D = \{x_1, x_2, \cdots, x_m\}$；邻域参数 $(\varepsilon, \text{MinPts})$
过程：初始化核心对象集合：$\Omega = \emptyset$
for $j = 1, 2, \cdots, m$ do
确定样本 x_j 的 $\varepsilon -$ 邻域 $N_\varepsilon(x_j)$
if $\left| N_\varepsilon(x_j) \right| \geqslant \text{MinPts}$ then
将样本 x_j 加入核心对象集合：$\Omega = \Omega \cup \{x_j\}$
end if
end for
初始化聚类簇数：$k = 0$
初始化未访问样本集合：$\Gamma = D$
while $\Omega \neq \emptyset$ do
记录当前未访问样本集合：$\Gamma_{\text{old}} = \Gamma$；
随机选取一个核心对象 $o \in \Omega$，初始化队列 $Q = <o>$；
$\Gamma = \Gamma \setminus \{o\}$；
while $Q \neq ?$ do
取出队列 Q 中的首个样本 q；
if $\left| N_\varepsilon(q) \right| \geqslant \text{MinPts}$ then
令 $\Delta = N_\varepsilon(q) \cap \Gamma$；
将 Δ 中的样本加入队列 Q；
$\Gamma = \Gamma \setminus \Delta$；
end if
end while
$k = k + 1$，生成聚类簇 $C_k = \Gamma_{\text{old}} \setminus \Gamma$
$\Omega = \Omega \setminus C_k$
end while
输出：簇划分 $C = \{C_1, C_2, \cdots, C_k\}$

    采用聚类方法进行姓名消歧时有一个难以决定的因素，就是如何决定结果簇的数量，即一个重名姓名下有多少个具体人物实体，而 DBSCAN 不用

事先设置聚类个数、能发现任意大小形状的类簇、聚类效果受噪声点影响较小等特点受到一些研究人员的青睐，例如，任景华（2014）[26]对 DBSCAN 文本聚类算法进行优化，解决数据量较大条件下的文献著者姓名消歧，Kim（2015）等[84]利用随机森林和 DBSCAN 聚类算法实现了专利发明人姓名消歧。

5.5.5 聚类算法对比

上述几种主要的聚类算法在用于著者姓名消歧上各有优缺点，对比结果如表5.7所示。

表5.7 聚类算法用于著者姓名消歧的优缺点比较

聚类算法	控制聚类方式	姓名消歧优点	姓名消歧缺点
K-means 聚类	人工设置聚类个数	收敛快；不需要估计阈值	难以确定重名著者有多少独特个体
层次聚类	人工设置聚类个数	可以获得不同粒度上的聚类结构	难以确定重名著者有多少独特个体
图聚类	人工设置聚类精度	不用设置聚类个数	抛弃孤立点；计算成本高
DBSCAN 聚类	人工设置相似度阈值	不用设置聚类个数	不能很好反映高维和密度变化不均的数据

K-means 聚类、层次聚类需要人为设置聚类个数，但是重名著者中有多少独特个体（即每个重名姓名下实际有多少个人物）难以确定，所以这两种聚类方式并不太适合著者姓名消歧；图聚类和 DBSCAN 聚类算法都不需要确定最终聚类簇数，都是通过聚类阈值，确定重名著者中有多少独特个体，但是图聚类算法会舍弃无向网络图中的孤立点，导致辨识结果缺失部分数据，并且图聚类需要实时更新 n 阶距离矩阵，计算成本较高，而 DBSCAN 聚类算法没有上述缺点，既能够识别出所有独特的著者个体，又不会造成数据缺失，但它对于高维数据和密度变化不均的数据效果不佳。每一种聚类算法各有优缺点，在实际应用中需根据情况来选择一个合适的算法。

5.6 本章小结

本章主要介绍了语义指纹理论进行姓名消歧的基础理论。信息指纹一节介绍了信息指纹的基本原理及应用领域；哈希函数介绍了常用的普通哈希函数，这些函数是形成语义指纹的基础；语义指纹介绍一节较详细地介绍了 Shingling、Simhash、IMatch、Minhash 和 SDR 等语义指纹技术，并对比了它们的优缺点；主要的文本相似度计算方法一节介绍了主要的相似度公式，这些内容是理解语义指纹姓名消歧算法中对象之间比对技术的基础；主要聚类算法一节介绍了 K-means 聚类、层次聚类、图聚类和 DBSCAN 聚类等几种常用的著者姓名消歧聚类算法，并对比了它们的优缺点，这些算法在语义指纹姓名消歧中可以作为聚类算法。

第 6 章　基于语义指纹的论文著者姓名消歧

论文著者姓名消歧是文献计量分析和科技挖掘需要解决的一个重要问题。针对当前多数自动化著者姓名消歧方法耗时多、不支持增量消歧及面临"多维度灾难"或者需要外部数据辅助消歧的问题，提出了基于语义指纹的论文著者姓名消歧方法。首先，介绍了基于语义指纹的文献著者姓名消歧实施方案，该方案不需要利用外部数据信息；然后，利用人工标注的中文论文文献数据构建实验数据集，实验采用合著者特征、作者机构特征和文本指纹分别进行了姓名消歧实验，发现前两种实验结果具有较高的准确率但召回率较低，而文本指纹进行消歧时具有较高的召回率但准确率较低。因此，我们将合著者特征、作者机构特征和文本语义指纹单特征综合，并利用提出的方案进行了实验，取得了较好的效果。

6.1　引言

6.1.1　研究背景

数字图书馆时代，著者姓名消歧问题造成了作者与其论文不正确的关联，对有效的信息检索和数据库集成带来了挑战，人们不得不花费大量人力、物力和财力来解决这一问题[16,21,94]。有一些作者的姓名歧义问题非常严重，例如，在按姓名检索英文论文时，你会发现 John Smith 和 Wei Zhang 名字下的文章特别多，这样检索者常常难以确定哪些是自己关注的研究人员的论文。著者姓名歧义问题为研究人员和机构的成果评价带来了不少麻烦，他们需要明确地识别作者，建立其作者与文章之间的关联[18,201]。今天，科研评价日益成为研究个体职业生涯激励的一部分，不准确的评价可能影响到一些人的学术地位甚至科研基金的申请。

迄今为止，多数著者姓名消歧的案例大都涉及人工处理。然而，人工消歧是一个非常困难和不确定的过程，即使小规模数据量，对于一些常见名字也几乎是完全不可行的任务[15]。有一些提议采用组合自动化与作者或社区帮助的方法。一个著者姓名消歧问题的解决方案是简单地建立一个具有唯一编号的作者注册系统，如 ReseacherID ①、ORCID ②及 ScholarID③。在这个系统中，每一个成员被赋予一个唯一的标识符。尽管这个系统具有理论上的简便性、技术上的可行性，它却忽视了现实的人类行为[15]。研究人员在注册后很少更新他们的信息，在发表论文时除非编辑强制要求他们一般不会提供自己的注册 ID。有一个研究揭示，这类系统的效果很差，至少在该研究测试的两个常用名字上是这样[19]。这种注册机制既没有考虑到基于 Web 的资源天性是脆弱的，也没有考虑到这样一个注册系统谁愿意来长期资助并维护[15]。此外，现在国内外存在多个研究人员 ID 注册系统，如果一个人有多个 ID，怎么来建立不同系统之间 ID 的映射也是一个难以解决的问题。

因此，在当前情况下，基于机器学习技术的自动著者姓名消歧仍然是必要的[56]。在过去的 10 年内，自动姓名消歧技术一直是一个研究热点。多数自动化方法采用了分类或聚类技术。在提出的自动姓名消歧方法中，一些方法只利用了元数据，一些方法利用了文本内容数据，也有将两类数据结合起来的，还有的利用了外部数据[202-203]。这些方法在某种程度上能够消除同名作者的歧义，然而他们常常需要一些先决条件。例如，K-means 聚类算法需要提前给定结果簇的数量 k[204]，然而在聚类前常常难以知道一个待消歧名字下有多少重名的人。此外，多数现有方法不支持增量消歧。这些方法虽然能够赋予新文章一个预定义的类，即这个文章属于现有哪个重名人的文章，却不能识别出这是不是一个新的重名人发表的文章。

现有方法还存在另一个问题，就是很难满足实际应用的需要，这是因为它们常常需要大量的时间才能达到算法收敛并获取理想的结果，尤其是当前情况下，文献量以非常快的速度增长，这些方法难以满足实用性要求[15,56]。例如，一个实验揭示其提出的消歧算法在处理 400 万篇论文消歧时花费了 24 小时[205]；另一个实验则表明，在十万篇文章、百万个名字的数据量下，作者姓名消歧花费了几天时间[21]。为了提高算法效率，一些方法采用了"分块"（Blocking）策略[205-206]来减少算法的计算量。分块策略是将整体数据按照某种策略分隔为不相交的小数据集合，然后针对每一个数据集分别消

① http：//www. researcherid. com/.

② http：//orcid. org/.

③ http：//xueshu. baidu. com/scholarID/CN-BF738V7J.

歧，然而这种方法可能会切断不同块间的关系。

语义指纹技术曾经被用在检测近似重复文档[163]或论文抄袭[207]上，取得了很好的效果。基于一个人的一篇论文与其之前发表的论文之间的相似性，较其他重名人员论文之间的相似性高的假设，本研究拟采用语义指纹技术来识别一个论文属于哪个重名的研究人员。该研究的目标在于不利用外部信息的条件下使用语义指纹技术实现姓名消歧，希望能够在重名研究人员的论文中找到一个给定作者的论文，把重名人员的论文分开，并且以快速有效的方式实现这个过程。为了利用指纹技术，在开始需要提供一些重名人员每个人的论文，这样可以为每个重名人员的论文建立指纹。需要说明的是，我们的实验将对中文论文的中文姓名进行消歧，尽管如此，提出的方法也可以用在英文论文、英文姓名的消歧，或者其他语言的著者姓名消歧上。中文姓名一般是姓在前名在后，姓、名之间没有空格，这个不同于英文姓名或其他语言的姓名。中国研究人员通常不会用缩写或变体名称发表他们的中文文章，这些问题可能给其他语言的名字消歧带来更多麻烦。

6.1.2　研究意义

著者姓名消歧在知识领域关联、文献计量和科学计量分析上是最基本的一步[16,19]。著者姓名消歧有着巨大的实际应用价值。许多工具和资源，例如，科学研究数据库、数据库管理工具、引文管理和分析工具、研究创作工具及其他强大的工具和资源，已经被使用或开发出来，给研究人员和科学家提供了有用的服务[16]。这可以带来对研究人员和科学家、研究机构更为准确的研究评价，这些评价可能对研究人员和机构的收入和声望很有价值。高引文作者的研究成果如果被其机构认可，可能得到更高的终身薪酬或荣誉。著者姓名消歧对希望将广告投放给特定个人的营销人员也将产生巨大影响，对于建立新资源，如合著网络、引文网络和协作网络也是至关重要的。此外，著者姓名消歧在个性化搜索、自动问答系统、多文档摘要、热点图形追踪和发现及其他领域也得到广泛的应用。

6.1.3　主要研究内容

本章提出了一种应用语义指纹技术进行论文著者姓名消歧的方法。利用语义指纹技术，将文本特征转化为用 64 位二进制数表示的语义指纹，在实际应用中可以达到消歧速度快、占用存储空间小的效果。我们设计并实现了基于语义指纹的综合特征姓名消歧方案，包括 PDF 格式转文本、指纹产生、指纹比较、认领决策、作品指派、争议仲裁 6 个步骤，取得了较好的著者姓名消歧效果。主要工作包括以下几个部分。

①提出了为论文文本生成二进制表示的语义指纹的方法，用来识别一篇论文的实际作者。提出的方法利用 Simhash 算法，通过设计的指纹产生器生成文本语义指纹，构建作者论文的指纹库。作者的论文指纹与作者的属性特征被用来对比一篇待消歧论文与指纹库中论文的相似性，确定待消歧论文的实际作者。

②提出了著者姓名消歧的技术方案，设计了指纹生成器、指纹比较器、认领决策器和作品指派器来实现待消歧论文的指派，将待消歧论文指派给一个已存在的作者或一个新重名作者。考虑到一篇论文可能被多名作者"认领"，即待消歧论文按照设计的规则被指派给数据库中的多名重名作者，设计了争议仲裁器来实现一篇待消歧论文的唯一指派。

③人工采集了著者姓名消歧实验数据，对数据进行了预处理，构建了人工标注的实验数据集，对提出的方法进行了验证。采用半监督的训练技术，选取理想的实验参数，对合著者特征、作者机构特征和文本语义指纹特征分别进行姓名消歧实验，测试各个特征的消歧效果，以此为依据设计了综合 3 个特征的姓名消歧方案，并进行了实验分析。

6.2　方法

我们的方法包括 6 个单元，分别是：PDF2TXT（PDF 转文本）、指纹生成器、指纹比较器、认领决策器、作品指派器和争议仲裁器（图 6.1）。PDF2TXT 被用来将 PDF 格式的论文转变为纯文本数据，方便其他模块对数据做进一步处理和使用；指纹生成器被用来为每篇论文创建指纹，并将生成的指纹存入论文指纹库；指纹比较器用来比较和计算两篇文章的指纹相似性，以决定两篇同姓名论文的相似程度；认领决策器被用来比较一篇待消歧论文和数据库中一个同名作者的每一篇论文的指纹，根据一组指纹比较器的结果决定一篇待消歧文章是否为该同名作者的作品，从而决定该同名作者是否"认领"这一篇待消歧论文；论文指派器被用来根据待消歧论文与数据库中全部同名作者论文的比较和认领结果，指派一篇论文给已存在的重名作者，或指派给一名新的重名作者；争议仲裁器被用来在一篇待消歧论文被指派给多个重名作者时，决定该待消歧论文指派给哪一个作者。

姓名消歧问题的数学描述如下：集合 S 为作者名为 A 的论文集合，其中 $A = \{A_1, A_2, \cdots, A_n\}$，$A_i$ 为名字为 A 的同名、不同作者实体，作者 A_i 的论文集合为 $S_i = \{p_{i1}, p_{i2}, \cdots, p_{im}\}$，$S_i \subset S$，$A_i \in A$。对于一篇作者名为 A 的待消歧论文 p_x，姓名消歧的任务就是求文献 p_x 与每个 S_i 中的论文的相似度，最终将 p_x 正确地归类为某一个 A_i，或者确定 p_x 的作者为新的同名作者 A_{n+1}，并将 A_{n+1} 加入同名作者集合 A 中。

PDF2TXT	指纹产生器	指纹比较器
认领决策器	作品指派器	争议仲裁器

图 6.1　语义指纹方法的主要处理单元

6.2.1　方法的原理

指纹技术在近似重复检测和抄袭检测上已经被证实是有效的[163,207,208]。一般来说，对于一个学者或科学家来说，其研究领域和写作风格在一段时间内是相对稳定的。因此，一个作者将在其文章中采用相同或相似的词汇。这种现象给我们判断两篇文章是否是同一个作者的作品提供了线索。显然，我们不可能像抄袭行为那样对同一个作者写的两篇文章得到一个非常高的重复率，我们仍然相信同一个作者所著论文之间的这种相似性是具有区分性的。实际上，很多姓名消歧聚类算法也是利用了这个假设，尽管并没有显式地声明这个基础。因此，同一作者撰写的两篇文章的指纹相似性要高于不同作者的这个特点可以被用来进行姓名消歧。

为了处理著者姓名消歧，我们设计了一套机制来产生一篇论文的指纹，然后比较该论文指纹与数据库中现有同名作者的论文指纹的相似性。根据对比结果，我们采用一种方法将这篇论文分配给数据库中存在的某个同名作者，或认为这篇论文是一个新的同名作者写的。如果这篇新论文按照我们设计的方法被分配给多个同名作者，我们将采用设计的仲裁器来决定它是哪位同名作者写的。我们提出的消歧机制的工作过程简单描述如下：首先，基于学术文档的元数据，我们通过预处理操作后抽取合著者特征和机构特征；其次，指纹生成器被用来产生文本指纹，文本指纹一般采用某个指纹算法（如 Simhash）对全文本数据处理后生成；最后，组合元数据指纹和文本指纹生成一篇论文的语义指纹。指纹比较器会对比这个新生成的语义指纹与数据库中存在的同名作者的全部论文语义指纹，数据库中的同名作者已经做过消歧处理；然后，认领决策器会根据比较器的结果决定这篇新文章是数据库中某个特定作者的文章还是一个新的同名作者的文章。下面介绍该机制中 6 个重要单元的工作原理。

6.2.2　PDF2TXT

我们的方法需要论文的元数据和文本数据。元数据被用来抽取合著者和机构信息，而文本数据被用来生成指纹。数字图书馆的多数出版物包括论文大多是 PDF 格式（Portable Document Format，便携式文件格式）的。PDF 格式是由 Adobe Systems 公司在 1993 年用于与应用程序、操作系统、硬件无关的方式进行文件交换所发展出的文件格式，它的优点在于跨平台、能保留文件原有格式（Layout）、开放标准，2007 年 12 月成为 ISO 32000 国际标准。Adobe 公司设计 PDF 文件格式的目的是为了支持跨平台上的、多媒体集成的信息出版和发布，尤其是提供对网络信息发布的支持。但 PDF 是一种图片格式的文件，并不方便直接编辑和处理，我们需要把它先转换成自由文本格式来生成指纹。PDF2TXT 就是本方法中将 PDF 文档转换为纯文本数据的单元。在实现上，我们采用了 Apache PDFBox[①] 来完成这种转换。

6.2.3　指纹生成器

指纹生成器用来给数字图书馆仓储中的每一篇文章产生指纹。其输入包括论文的元数据和全文本数据。图 6.2 显示了一篇论文 P_i 输入指纹生成器后产生语义指纹的过程。因为大多数论文是 PDF 格式的，我们的系统接受 PDF 类型的文件作为全文本输入，当然也可以直接接受文本类型数据的输入。可以用来进行著者姓名消歧的语义特征包括文本特征、合著者特征和机构特征。文本特征基于全文本数据，而合著者特征和机构特征基于论文元数据。论文元数据中的合著者中的作者姓名被抽取出来作为合著者特征。元数据中作者所属的第一层次机构被抽取出来，机构 ID 的组合被作为机构特征。

---

① https://pdfbox.apache.org/.

文本指纹的产生过程描述如下：首先，PDF 格式的论文文档通过 PDF2TXT 被转换为纯文本数据；其次，由于本应用是对中文文章进行处理，所以需要进行分词，分词工具被用来对文本进行分词，然后进行去除停用词操作；再次，计算每一个单词的词频—逆文档频率（Term Frequency – Inverse Document Frequency，TF-IDF）[209]，并以向量空间模型[210]来创建文档的向量表示。具有较高 TF-IDF 值的单词被用来选作文本特征；最后，语义指纹算法（如本研究采用的 Simhash 算法生成指纹的具体过程如图 5.1 所示）被用来生成文本指纹。混合了合著者特征和机构特征的文本指纹是一个输入文章 P_i 的语义指纹。图 6.2 中的 f_i 表示了输入 P_i 后指纹生成器输出的语义指纹。

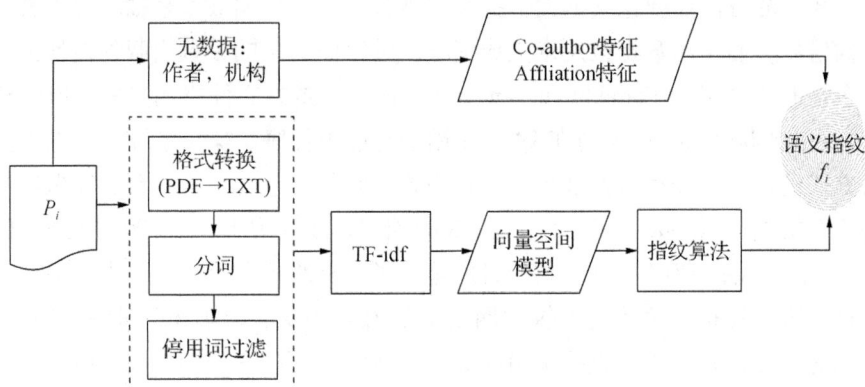

图 6.2　语义指纹生成器

6.2.4　指纹比较器

指纹比较器用来计算 2 篇同名作者文章的语义指纹相似度（图 6.3）。在该图中，f_i 是数据库中一篇文章的语义指纹，f_x 是一篇同名作者论文，它的著者姓名需要消歧，两篇论文的语义指纹都是通过指纹生成器来产生的。指纹比较器将分别比较文本指纹相似度、合著者特征相似度、机构特征相似度，然后根据这 3 个相似度产生两篇论文的语义指纹相似度。文本指纹相似度的计算采用海明距离（Hamming Distance），而合著者特征和机构特征相似度的计算采用基于字符串匹配的方法。

指纹比较器的输出 $H(i, x)$ 是一个四元组。四元组的第 1 项是合著相似度（co-author 相似度）。当两篇论文有 2 个或 2 个以上的同名合著者，合

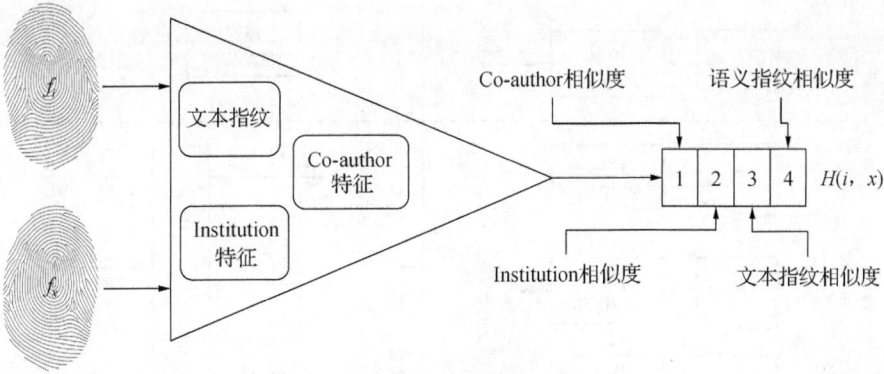

图 6.3　指纹比较器

著相似度为 1，否则为 0。第 2 项是机构相似度，当 2 个同名作者论文中的机构名相同（ID 相同）时，机构相似度为 1，否则为 0。第 3 项是文本指纹相似度，通过 Simhash 算法获得指纹的相似度，通过海明距离[163]来测量。第 4 项是语义指纹相似度，其值由前 3 项决定，如果 2 篇论文存在 2 个或 2 个以上的合著者时，语义指纹相似度 $H(i, 4) = H(i, 1) = 1$，或者 2 篇论文的同名作者具有相同的机构 ID 时，$H(i, 4) = 1$，否则语义指纹相似度完全由文本指纹相似度决定，即 $H(i, 4) = H(i, 3)$。

6.2.5　认领决策器

认领决策器被用来决定一篇新文章（即未被消歧的文章）是数据库中哪一个作者写的。我们的研究认为，初始数据库中已经存在一些姓名没有歧义的作者，认领决策器要解决的问题就是帮助数据库中存在的作者"认领"一篇未被消歧的文章。图 6.4 展示了一篇未被消歧的文章如何被认领的决策过程。$P_1 - P_m$ 是一个作者写的（如 Smith，论文中的姓名已不存在歧义，数据库中可能存在多个 Smith）、已保存在数据库中全部论文，这些论文已确定是该 Smith 写的，它们的指纹已经通过指纹生成器产生且保存在数据库中，并与该 Smith 建立了联系。P_x 是重名的一篇新文章，作者是 Smith，但不确定这个 Smith 是数据库中已经存在的多个 Smith 的一个，还是一个新的 Smith。P_x 的指纹与该 Smith 写的每一篇论文的指纹相比较，最终认领决策器输出"是"或"否"。如果输出"是"，则 P_x 是该 Smith 发表的论文，否

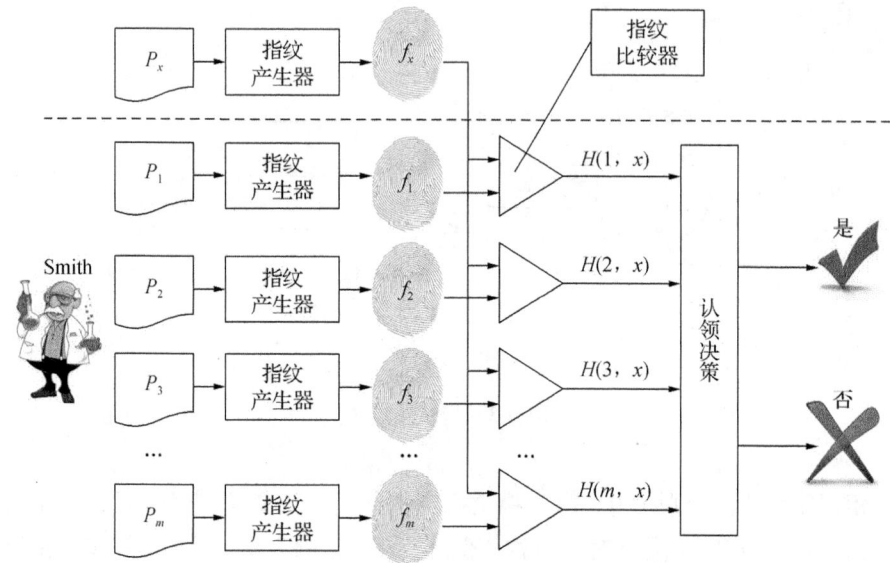

图 6.4   一个未被消歧的文章通过认领决策器决定是哪一个作者的论文

则 P_x 是另一个叫作 Smith 的作者写的。

认领决策器的工作原理具体描述如下。一篇待消歧论文与数据库中某个重名作者（如 Smith）的每篇论文比较时，如果某次比较的语义指纹相似度是 1，则 P_x 被认定为 Smith 所写，认领决策器的输出为"是"，即该 Smith "认领"了这篇论文。否则，即所有 m 个指纹比较器的输出均不为 1，这时我们定义两个阈值 δ 和 h，其中 δ 是语义指纹相似度的阈值，h 是 m 次对比中，语义指纹相似度高于 δ 的次数占比。记 m 次比较中指纹比较器输出值（即语义指纹相似度）高于 δ 的次数为 k，则如果 k/m 的值 $\geqslant h$，即 $k/m \geqslant h$，则认领决策器的输出为"是"，这时 Smith "认领"了论文 P_x。其他情况下，认领决策器的输出为"否"，Smith 不认领论文 P_x。

如果数据库中存在多个重名的作者（多个 Smith），则会利用认领决策器将 P_x 指纹与多个 Smith 的论文指纹进行对比，并确定数据库中存在的每一个 Smith 是否认领论文 P_x。

6.2.6   作品指派器

如果数据库中已存在多个重名作者，我们将使用一个称为作品指派器的单元来将一篇未被消歧的论文 P_x 指派给其中的一个作者或者一名新重名作者。图 6.5 展示了论文 P_x 的指派过程。当论文 P_x 的语义指纹与数据库中的每一名重名作者的所有论文的语义指纹进行对比后，认领决策器会决定 P_x 是由哪一位重名作者所写，或者 P_x 是由一名新的重名作者所写。

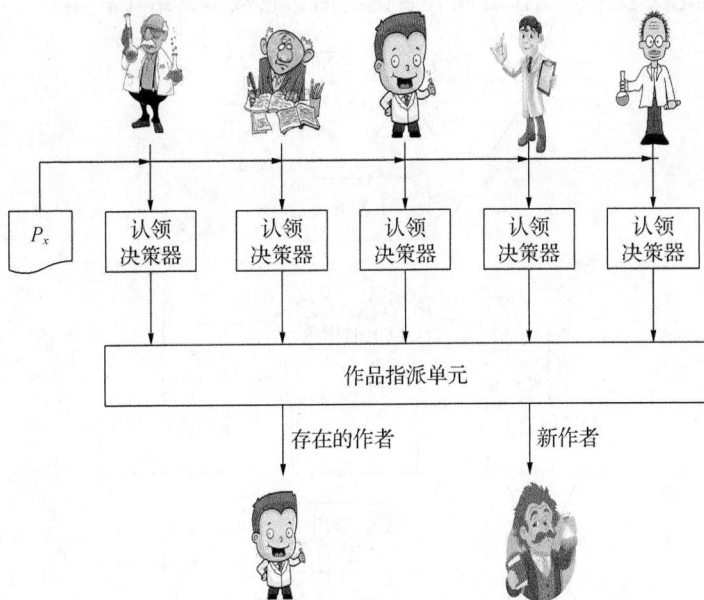

图 6.5　一个新同名论文的指派过程

当一篇待消歧的新论文 P_x 被认领后，可能存在如下 3 种结果：①P_x 被指派给一个在数据库中的重名作者，它确定是该作者所写；②P_x 被指派给 2 个以上的重名作者，我们将使用一个称为争议仲裁器的单元来解决这个问题，经过仲裁后，P_x 将被指派给其中的一个作者，这种仲裁可以是自动的或手工的；③P_x 没有被指派给数据库中已有的重名作者，那么它将是一个新的重名作者所写。

6.2.7　争议仲裁器

争议仲裁器单元用在当一篇待消歧论文被两个以上同名作者认领时，来决定多个"认领"一篇论文的重名者哪一个是真正的作者。图 6.6 展示了作品指派后 3 种情况下争议指派器的处理过程。在实际工作中，在遇到一篇待消歧论文被多个重名作者"认领"时，可以推送给系统用户来手工判定哪一个是真实的作者。这里我们给出一个相对简单的自动化方法。不失一般性，假定重名作者 a_1 和 a_2 均"认领"了同一篇论文，数据库中作者 a_1 和 a_2 的论文数量分别是 m 和 n，则如果满足式（6.1）所示的不等式条件，这篇待消歧论文被指派给作者 a_1，否则的话，它被指派给作者 a_2。

$$\frac{\sum_{i=1}^{m} H(i,4)}{m} > \frac{\sum_{j=1}^{n} H(j,4)}{n} 。 \tag{6.1}$$

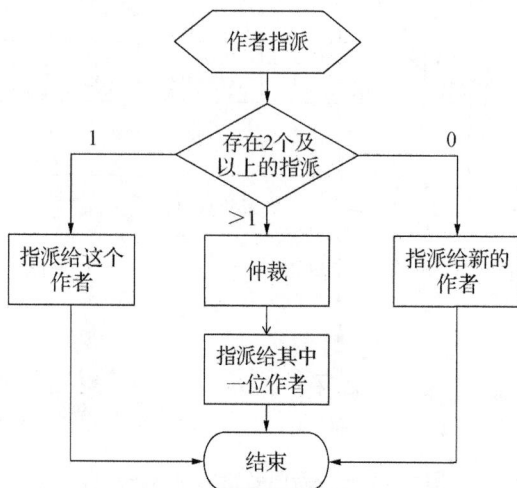

图 6.6　争议仲裁器工作过程

上面说明了两个重名作者"认领"同一篇待消歧论文的情况。当一篇论文被 3 个以上重名作者"认领"时，我们进行两两比较，选择具有最大值的作者作为该论文的实际作者。

6.3　评价指标

姓名消歧本质上是一种聚类任务。聚类算法中常用的评价指标是标准的纯度（*Purity*）和逆纯度（*Inverse Purity*）指标[38]，这两个指标曾经被 WePS-1（第一届网页人物搜索评测会议）所采用。但是，它们存在一些缺陷[34,122]，一些欺骗系统利用这些缺陷可能获得较高的评分。因此，WePS-2 引入了另一个称为 *B-Cubed* 的指标。*B-Cubed* 指标被证实在聚类指标家族中

是唯一的、能够满足姓名消歧问题的直观的形式化约束指标。关于 WePS-1
和 WePS-2 的介绍请参见 3.1。因此，在我们的研究中，我们采用 *B-Cubed*
指标作为评价著者姓名消歧效果的指标。

为评价基于语义指纹的文献著者姓名消歧方法的有效性，本实验借鉴由
ACL SIGHAN 和中文信息学会共同组织的中文多文本姓名消歧任务 CLP2012
（CIPSSIGHAN Joint Conference on Chinese Language Processing）所使用的 *B-*
Cubed 评价指标，分别从准确率（*Precision*）、召回率（*Recall*）及 *F* 值（*F-*
measure）来评价。该评测指标广泛应用于信息检索与统计学分类领域，被
用来评价一个方法的效果。其中，准确率是指检索出的相关文献数量与检索
出的总文献数量的比率，衡量该系统或者该方法达到的查准率。召回率是指
检索出的相关文献数量与文档库中相关文献总量的比率，来衡量该系统的查
全率。两者的取值在 0 ~ 1，越接近 1，查全率或查准率就越高。最理想的结
果是准确率和召回率都越高越好，由于准确率和召回率往往会出现矛盾的情
况，所以需要用 *F* 值综合反映整体的指标。

用 *d* 表示参与聚类的每个文档，*S* 表示人工消歧的结果的集合（标准聚
类结果集合），$S_i \in S$ 表示标准结果类别集合中的其中一类，*R* 表示算法进
行姓名消歧的结果集合（实际聚类结果集合），$R_i \in R$ 表示实际聚类结果集
合中的其中一类，那么衡量一个姓名消歧算法效果的准确率指标（*Preci-*
sion）可以采用式（6.2）计算，召回率指标（*Recall*）可以采用式（6.3）
计算[211]。

$$Precision = \frac{\sum_{S_i \in S} \sum_{d \in S_i} \max_{R_j \in R; d \in R_j} \frac{|S_i \cap R_j|}{|S_i|}}{\sum_{S_i \in S} |S_i|}, \tag{6.2}$$

$$Recall = \frac{\sum_{R_i \in R} \sum_{d \in R_i} \max_{S_j \in S; d \in S_j} \frac{|R_i \cap S_j|}{|R_i|}}{\sum_{R_i \in R} |R_i|}, \tag{6.3}$$

其中，$|R_i|$ 和 $|S_i|$ 分别表示 2 个集合的大小，即元素的数量。在获得 *Preci-*
sion 和 *Recall* 后，采用 *F-measure* 指标来评价姓名消歧算法的整体性能，可
采用式（6.4）计算。

$$F\text{-measure} = \frac{2 \times Precision \times Recall}{Precision + Recall}。 \tag{6.4}$$

6.4 实验结果

6.4.1 实验数据集构建

由于中文人名用字集中，在类似于万方数据和知网等文献数据库中检索作者名字时，约 75% 以上的文献著者姓名会遇到重名问题，虽然人工标注、人工识别可以解决一部分姓名消歧问题，但是在文献数据量剧增，面对文献数据库中海量的文献数据时，人工标注的方法显然已经失效，需要使用自然语言处理技术和自动化处理的方法来实现快速有效的姓名消歧。

为了验证姓名消歧方法的有效性和通过实验对方法改进和优化，需构建一个包含待消歧作者姓名的文献数据集。最初，我们想找一个黄金标准数据集（Golden Standard Dataset）作为实验数据，最终我们放弃了，决定自己建一个数据集。原因在于现有的标准数据集（如 WePS）不是论文数据，我们找不到一个合适的、既包括元数据又包括文本数据的论文标准数据集。我们选择中文学术论文文章来构建实验数据集，主要原因在于，相较于英文论文，我们能更容易地识别重名作者的论文。

对于著者姓名消歧来说，构建一个具有代表性和说服力的实验数据集应该考虑以下几种情况。

①因为有些名字重名人数多，而有些名字重名人数少或没有重名，所以构建的数据集既要选取重名较多的常用作者名的论文文献，也要选择重名数量少、使用频率低的作者名的论文文献。

②因为不同作者发表的论文数量不同，所以构建的数据集既要包含发表论文数量多的作者，又要包含发表论文数量较少的作者。

③因为论文存在合著和独著两种情况，所以构建的数据集需要涵盖两种类型的论文，既要包含合著论文数据，又要包含独著论文数据。

④因为论文的作者发表论文时存在隶属于一个机构或隶属于多个机构的情况，所以构建的数据集需要涵盖不同的作者机构类型，既要包含作者所属机构只有一个的论文数据，又要包含隶属多个机构的作者的论文数据。

⑤因为有的作者研究领域很专注，发表的论文属于一个领域，而有些作者研究领域分散或研究的是跨学科内容，所以构建的数据集要考虑作者发表文献领域的分布，既要包含那些在一个研究领域发表论文的作者，又要包含涉及多个领域研究的作者。

按照上述几个条件，我们通过手工方法，有针对性地从在线论文文献数据库中选择了若干作者名及论文，构建了实验数据集。我们在万方数据中选取了"李建军""李军""王琳"等 7 个作者姓名（表 6.1），共下载论文元数据及全文 PDF 格式数据 845 条。选取的每个作者姓名代表了满足上述某一或多个情况的作者，如"李建军"代表的是重名作者较多的情况，构建的实验数据集中共包含该名的实际作者数为 14，且包括了合著者文献和作者独著文献。"王伟"也是重名作者较多的一类，实验数据集中共包含该姓名的实际作者数为 9 人，其中作者机构同属于大连理工大学的就有 3 人，其中的一个作者"王伟"同时在同济大学土木工程防灾国家重点实验室、上海岩石工程勘察设计研究院及上海市闵行区建设工程安全质量监督站兼职，是一个作者属于多个机构的情况。"吴雁林"代表个性化的辨识度较高的、较少作者重名的情况，实验数据集中包含该姓名的实际作者数量为 3，3 人的论文数量也比较均衡。"张强"代表了少数作者包含较多论文、其余重名作者所占论文数较少的情况，实验数据集中属于该姓名的实际作者数为10 人，其中北京理工大学的张强老师的论文数量占比高达 1/4，属于重名作者的论文占比不均衡的一类。本研究构建的实验数据样本通过人工方法、参考万方学术圈进行标注，标注的 7 个不同名字分属于 68 个不同的人物实体。表 6.1 展示了每个重名姓名下的实际作者数、对应的论文总数及每个作者的人均论文数量。

表 6.1　实验数据集情况

作者姓名	实际作者数量	文献总数	人均文章数量
王琳	8	109	13.63
王伟	9	139	15.44
张强	10	118	11.80
李军	10	197	19.70
张超	14	121	8.64
李建军	14	151	10.79
吴雁林	3	10	3.33
汇总	68	845	12.43

实验数据样本集中的姓名可以分为 6 个类型：重名较多型、重名较少型、论文文献占比不均型、论文文献占比均衡型、同一机构型、论文文献稀疏型。论文文献占比不均型指重名作者中少数作者的论文占了大多数，其余作者的论文占了少数的情况，在论文文献数据库中大多数重名都属于这种情况。论文文献占比均衡指重名作者中每个作者的论文数量占比均匀、相差不大。同一机构指重名的不同作者隶属于同一机构。有的作者包含多种类型，如"张强"同时属于重名较多型和论文占比不均型。图 6.7 为构建的实验数据集中各个类型所占的比例。

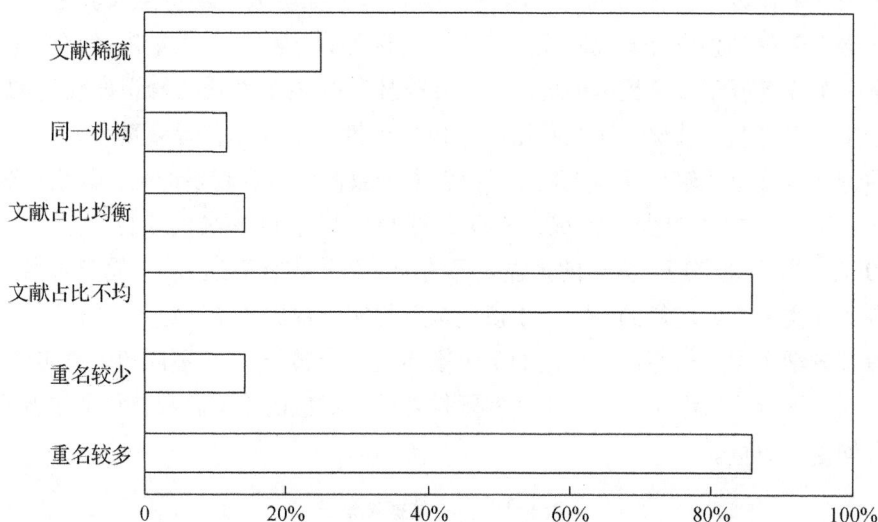

图 6.7　数据类型比例

6.4.2　数据预处理

在构建了实验数据集后，需要对数据进行预处理和清洗，包括将 PDF 格式文献的内容提取并转化为方便程序处理的自由文本，将论文的元数据信息抽取并处理，以及抽取并构建作者机构库，对作者隶属机构信息规范化处理等，使预处理后的数据可被程序批量读取和进一步处理。

6.4.2.1　论文全文 PDF 格式转换处理

文本预处理是指纹生成器的第一步工作任务，包括格式转化、数据清洗、中文分词、去除停用词，以及文献题录信息、作者机构和合著者的抽取等。格式转化阶段将 PDF 格式的论文全文数据转化为方便程序处理的自由文本，即转换为 TXT 格式的目标文件。我们的研究使用 Apache Tika 进行内容分析，Apache Tika 是一个通用的解析工具，可以从各种文件中提取内容数据，支持范围非常广泛，包括文本、PDF、音频、图片及多媒体文件等各种格式的文件。Apache Tika 通过一个通用的 API 来检测文件格式，并通过对应的 Parser 类来解析文件并提取数据。搜索引擎可以通过 Apache Tika 来识别要爬取的文本和元数据，在自然语言处理领域里，利用 Apache Tika 提取数字文档文件并输出为目标文本，来进行更深入的数据挖掘工作。在我们的研究中，我们利用 Apache Tika 和 Apache PDFBox 开源程序，对 PDF 文献进行格式解析、内容提取，批量转化为程序可识别的 TXT 格式文件。图 6.8 展示了对其中一个论文的转化结果，其中（a）是原始的 PDF 论文，（b）是经过处理后的格式。

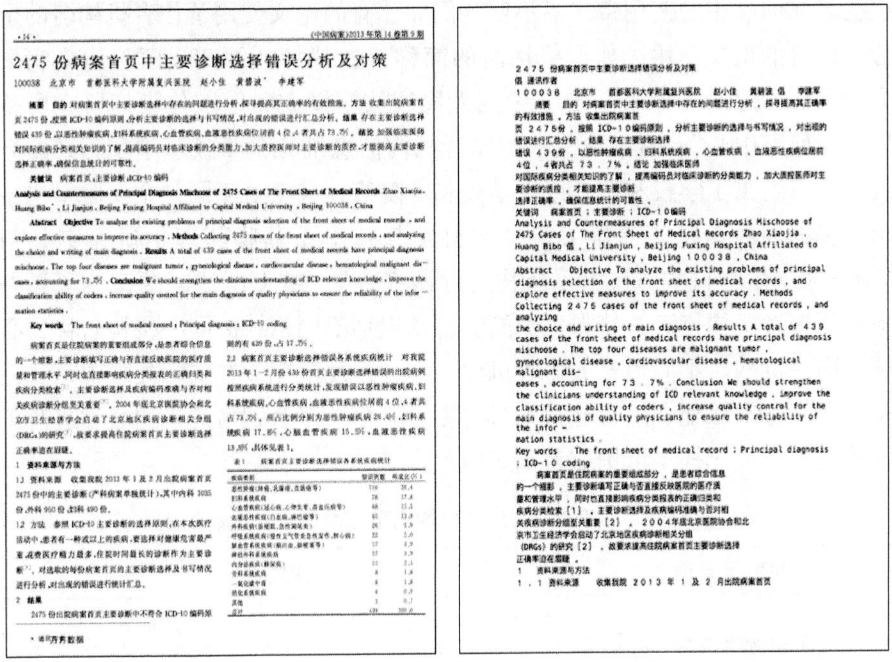

(a) 原始论文格式　　　　　　　　　(b) 文本内容提取后格式

图 6.8　文本格式转化结果对比

在完成文献的文本内容提取后，我们利用目前较流行且权威的中科院汉语分词工具 ICTCLAS 进行分词，分词引擎采用最大概率法和隐马尔科夫模型，针对消歧文本涉及的领域，用户词典选择搜狗细胞词库构建了分词词库。在对转换后的文本内容数据进行分词后，进行了停用词过滤处理，得到文本的特征词。一个分词结果及选择的特征词如图 6.9 所示。

① "电池"，"短路"，"负机"，"模块"，"测试"，"正极"
② "电池"，"模块"，"失控"，"反应"，"阶段"，"材料"
③ "苎麻"，"扩增"，"引物"，"木质素"，"GH"，"品种"

图 6.9　分词结果示例

6.4.2.2　机构名称规范化处理

作者机构是文献著者姓名消歧中非常重要的一个特征，常被用来辅助消歧。然而同一个作者机构在不同的论文中常常出现多种表示方式，这给作者机构名在消歧中的使用带来了不便。例如，有的论文使用了作者机构名的全称，而有的论文使用了作者机构名的简称，如"解放军 302 医院传染病研究所基因治疗研究中心"与"中国人民解放军第 302 医院传染病研究所基因治疗研究中心"；有的论文中的作者机构信息细化到学校、学院、系，有的论文只给出了学校和系，或者学校和学院等；甚至对于同一个实验室也会出现多种别名，如"清华大学生物科学与技术系药物药理学研究室"与"清华大学生物科学与技术系药物药理研究室"。综上所述问题，为了更好地利用作者机构信息，使得机器能够自动识别不同格式的同一机构名称，必须对同一机构、不同形式的作者机构名称进行规范化。在实际处理中，我们采用了字符串匹配和人工检查核对的方法对存在多个别名的机构名称进行了规范化，规范化样本示例如表 6.2 所示。

表 6.2　作者机构规范化示例

规范化名称	机构别名
中国人民解放军第 302 医院传染病研究所基因治疗研究中心	解放军 302 医院传染病研究所基因治疗研究中心
	中国人民解放军第 302 医院传染病研究所基因治疗研究中心
中国人民解放军海军总医院骨科	中国人民解放军海军总医院骨科
	海军总医院骨科
	北京海军总医院骨科

续表

规范化名称	机构别名
北京林业大学园林学院国家花卉工程技术研究中心	北京林业大学园林学院国家花卉工程技术研究中心
	北京林业大学园林学院，国家花卉工程中心
	国家花卉工程技术研究中心（北京林业大学）
	北京林业大学国家花卉工程技术研究中心
中国农业科学院畜牧研究所	中国农业科学院畜牧研究所
	中国农科院畜牧研究所
西北农林科技大学植物保护学院	西北农林科技大学植保学院
	西北农林科技大学植物保护学院
北京工业大学电子信息与控制工程学院	北京工业大学电子信息与控制工程学院
	北京工业大学电控学院
四川大学华西基础医学与法医学院微生物学教研室	四川大学华西基础医学与法医学院微生物学教研室
	四川大学华西基础医学与法医学院微生物室
北京理工大学机械与车辆工程学院	北京理工大学，机械与车辆工程学院
	北京理工大学机械与车辆学院

我们对规范化的机构名称进行了编号，将每一篇论文中的作者机构与规范化的名称和机构进行了关联，方便未来使用。

6.4.2.3　文本指纹生成

文本指纹生成采用 Simhash 算法，该算法的介绍请参见 5.3.4.2。Simhash 算法中需要选择一个普通 Hash 函数将文本特征 v_i 映射为一个具有 b 个比特位（如 32 位或者 64 位）的数值 h_i，这里我们采用了 Jenkins Hash 作为普通哈希函数。我们将实验数据集中的论文数据转变为文本数据，并进行预处理和特征抽取后，按照 TF-IDF 方法并计算了每篇论文文本的每一个特征值，然后采用 Simhash 算法生成了每一篇论文的文本指纹。

表 6.3 和表 6.4 为论文文本指纹和它们之间的海明距离计算结果示例，其中表 6.3 为同一作者的两篇论文，海明距离较小为 14；表 6.4 为不同作者的两篇论文，海明距离较大为 36。

表 6.3　文本指纹距离计算结果示例 1

论文题目	文本指纹值	海明距离
电动车用锂离子蓄电池模块安全性之内短路	0001110001001000001111101010100110100110001100011010111101011011	14
锂离子电池硅基负极材料研究进展	0101101001011000001111001100100110101110001010110001111011011011	

表 6.4　文本指纹距离计算结果示例 2

论文题目	文本指纹值	海明距离
电动车用锂离子蓄电池模块安全性之内短路	0001110001001000001111101010100110100110001100011010111101011011	36
42 例外伤性肝破裂的治疗分析	0010100101110100110101010100010100111010101010101100100110101010	

6.4.3　姓名消歧特征选择及独立特征姓名消歧实验

一篇论文的题录信息一般包括篇名、作者、合著者、作者机构、母体文献、发表时间、页码、摘要、关键词、年份、分类号等信息[212]，这些题录信息获取方便，便于分析和使用，是表征作者信息的重要外部特征，且某个特征或者某些特征的组合具有较强的区分不同作者的能力，但也并非所有特征都适应于姓名消歧，需要筛选出具有较强消歧能力的特征[213]。考虑了消歧特征的易获得性和实用性，本研究主要选择了作者机构特征、合著者特征和文本指纹特征作为消歧的依据。为了区分不同特征的消歧效果，本研究对每类特征的消歧效果进行了分析、实验和评价。

6.4.3.1　姓名消歧特征选择

选择具有较强消歧能力的文献特征及作者特征是文献著者姓名消歧非常关键的步骤，直接影响消歧效果的好坏。题录信息中的标题、作者机构、合著者、摘要及关键词等元数据，被广泛地应用于姓名消歧问题中，这些信息可以方便地从万方数据、中国知网等文献数据库中下载，且可以从一定程度上表示作者的属性特征、研究领域等信息。

题录信息中的作者机构和合著者是著者姓名消歧中得到广泛应用的两个

特征，且在实际应用中取得了较好的效果，本研究将选择这两个特征作为姓名消歧的重要特征。关键词和从摘要中抽取的词语也是很多姓名消歧算法尤其是机器学习算法利用的特征，我们的研究实际上也用到了这两个特征，但我们采用的是将论文文本转变为语义指纹的方法，将转换后的指纹作为消歧的依据，所以本研究没有单独用到摘要和关键词。有些著者姓名消歧研究还用到了作者简介和 Email，这些信息确实是区分性非常好的特征，但很多论文文本中没有这两个信息，有些论文中虽然提供了这两个信息，但一般只有第一作者的简介和 Email，其他作者的往往没有，且作者 Email 不一定提供，或者一个作者存在多个 Email。因此，作者简介、Email 信息存在不易获得、可用性较差、不具有实用性等问题，所以本研究并未选择这些信息作为消歧特征。通过分析后，本研究选择了作者机构特征、合著者特征和语义指纹特征作为著者姓名消歧的三类特征。

选择作者机构特征作为姓名消歧特征的主要考虑是，具有作者姓名且机构名称相同的两篇论文，在多数情况下，这两篇文章是同一个作者。因此，很多姓名消歧方法仅将作者机构特征用来进行姓名消歧，在准确性上取得了很好的效果。但是，只利用作者机构特征来消歧是存在问题的，例如，一个作者先后在不同机构就职，或者同一个机构里存在重名的几个作者，此时只通过作者机构特征来区分论文归属问题就存在错误。所以著者姓名消歧中不能完全依赖该特征，需要对作者机构特征赋予一定的权重。

选择合著者特征作为姓名消歧特征的主要考虑是，大多数论文都是多个作者合著的，当两篇待消歧同名作者的论文中出现一个或多个同名的合著者时，则可以认为这两篇待消歧论文是同一作者所著，从而顺利完成姓名消歧。因此，合著者特征也常常用来消歧，是重要的姓名消歧依据。但是合著者特征的使用也存在一些问题，一个是当一篇论文是独著时（只有一个作者），很难使用这个规则来判定；另一个是这个规则可能会受到传递性冲突（Rransitivity Violations）的影响[15]，即便是存在合著者也不能使用这个规则判定。传递性冲突在一个著者与完全不同的、相互没有姓名重叠的两组人合作发表了很多文章时发生。

采用语义指纹特征作为姓名消歧特征的主要考虑是，相似的文本具有相似的语义指纹。一般情况下，一篇论文的全文文本内容能够较准确、全面地反映一个作者的研究领域、用词习惯等，且一个作者在一定时间内发表的论文具有同一领域语义特征的相关性，所以同名作者的论文中，同一个实体作者的两篇论文的相似度一般要大于不同作者的两篇论文的相似度。另一个考虑是，机器学习中的分类和聚类算法面对海量文本数据时，常常受阻于"多维度灾难"，需要大量的计算时间或存储空间，而语义指纹算法是一种有效的降维技术，能够适应海量数据的处理。但语义指纹方法也存在问题，当两个同名作者的研究领域非常接近，或者当同一个作者的两篇研究论文完全不相关时，语义指纹的区分能力可能大大减弱。

从以上分析看，每类特征都具有一定的消歧能力和问题，在实际消歧中应该充分利用各自的优点，制定合适的规则，或对这些特征设置适当的权重及合理的消歧顺序，也许会产生较好的姓名消歧效果。为此，我们拟对每一类特征的消歧能力进行单独实验，以决定最终的消歧方案。在单独采用合著者特征进行消歧时，基本思路是采用字符串匹配的方法，当重名的两篇论文中其他相同姓名的合著者时，则将它们归类为同一个作者的论文。在单独采用作者机构特征进行消歧时，同样采用字符串匹配方法，因为作者机构名称进行了规范化和编码，实际上是采用编码对比的方法，两篇重名的论文，如果重名作者的机构相同时，则将它们归类为同一个作者的论文。在单独采用语义指纹特征进行消歧时，我们需要对比一篇待消歧论文与库中同名作者论文的语义指纹，需要确定语义指纹相似性的阈值及相似比例阈值，只有待消歧论文在对比后满足了阈值要求时，才将它归类为某一个作者。

6.4.3.2　独立特征著者姓名消歧实验

基于构建的实验数据集，分别进行了三类特征的独立姓名消歧实验，并对每一种实验的效果采用准确率（*Precision*）、召回率（*Recall*）及 *F* 值（*F-measure*）3 个指标进行评价，然后对比了三类特征进行著者姓名消歧的效果。

（1）合著者特征消歧实验

首先，进行了合著者特征消歧实验，只利用合著者特征对姓名进行消歧，对每一个重名姓名的合著者进行判断，当两篇文章存在一名相同姓名的合著者时，就认为两篇论文为同一个人所著。图 6.10 为采用程序进行合著者姓名消歧后的结果示例。例如，图 6.10 中，第 1 篇论文"基于模糊故障树的摊铺机液压调平系统故障诊断与维护策略"是一个待消歧重名人员"张超"的论文，他的合著者是"晁鹏军，李雷"，第 2 篇论文"新型工程机械防卡断多齿松土器"也是一个待消歧重名人员"张超"的论文，他的合著者是"晁鹏军，张接信"，两篇论文存在一个同名的合著者"晁鹏军"，那么系统就判断这两篇论文的作者是同一个张超，同理，前 5 篇文章是同一个作者张超的论文，因为它们之间至少存在一个合著者的作者名相同。

标注	篇名	合著者	消歧后的合著者	作者单位
12	基于模糊故障树的摊铺机液压调平系统故障诊断与	晁鹏军、李雷	晁鹏军、李雷、张接信、龙高周	长安大学工程机械学院
12	新型工程机械防卡防多齿松土器	晁鹏军、张接信	晁鹏军、李雷、张接信、龙高周	长安大学工程机械学院
12	基于AMESim的装载机动臂势能回收系统研究	晁鹏军、龙高周	晁鹏军、李雷、张接信、龙高周	长安大学工程机械学院
12	基于模糊Petri网的摊铺机液压调平系统故障诊断	晁鹏军、张接信	晁鹏军、李雷、张接信、龙高周	长安大学工程机械学院
12	浅析垂直升降机械式停车库的设计与运用	晁鹏军、张接信	晁鹏军、李雷、张接信、龙高周	长安大学工程机械学院
14	大型养路机械施工组织方案及措施研究	陈业林、赵香和	陈业林、赵香和	北京交通大学交通运输学院
14	铁路调车作业考核机制的探讨	陈业林	陈业林、赵香和	北京交通大学交通运输学院
8	北京地区高尔夫球场植物应用调查与分析	董玫、郑雨茗	董玫、郑雨茗	北京林业大学园林学院
13	石灰粉煤灰类基层材料早期强度的可恢复性	杜新科、胡长顺	杜新科、胡长顺	长安大学特殊地区公路工程教
7	川楝45及其适应性分析	段晓明、李长生	段晓明、李长生	四川省农业科学院经济作物育
8	外源乙烯及1-MCP对牡丹CTR基因表达的影响	高娟、贾彦义、王彦杰	高娟、贾彦义、王彦杰、付建新	北京林业大学园林学院国家花
8	高等植物己糖激酶基因研究进展	王彦杰、付建新	高娟、贾彦义、王彦杰、付建新	北京林业大学园林学院
8	牡丹泛萜延伸蛋白片段的克隆及序列分析	贾培义、董丽、王彦杰	高娟、贾彦义、王彦杰、付建新	北京林业大学园林学院国家花
8	高等植物EIN3/EILs转录因子研究进展	王彦杰、王晓庆	高娟、贾培义、王彦杰、付建新	北京林业大学园林学院
8	牡丹ACC合成酶ACS1基因的克隆与原核表达	张玉环、贾培义	高娟、贾培义、王彦杰、付建新	北京林业大学园林学院国家花
8	牡丹盆花采后特征及'洛阳红'采后品质对1-MCP的	周昕蕾、贾培义	高娟、贾培义、王彦杰、付建新	北京林业大学园林学院国家花

图 6.10　合著者姓名消歧的结果样例

单独使用合著者特征进行姓名消歧实验的结果如表 6.5 所示。表中展示了每一个重名姓名的消歧准确率、召回率和 F 值指标，平均消歧准确率、召回率和 F 值采用了各个名字的平均值。总体上来说，消歧准确率均值高达 99.3%，但召回率较低，均值仅有 26%，F 值的均值为 39%。这个结果是可以想象到的，因为只有同名的不同作者包含有相同姓名的合著者才会出现准确率较低的情况，所以合著者单特征姓名消歧准确率普遍较高，在论文由作者独著完成或者同一个人名的两篇文献并无合著者的情况下失效，所以召回率较低。因此，仅依靠合著者特征无法达到较理想的消歧效果，但是利用合著者特征进行消歧的高准确率应该充分利用。

表 6.5　合著者特征消歧实验结果

作者姓名	文献总数	实际作者数	准确率	召回率	F 值
王琳	109	8	0.977	0.19	0.31
王伟	139	9	1	0.20	0.34
张强	118	10	1	0.21	0.34
李军	197	10	1	0.15	0.27

续表

作者姓名	文献总数	实际作者数	准确率	召回率	F 值
张超	121	14	0.96	0.28	0.43
李建军	151	14	1	0.16	0.27
吴雁林	10	3	1	0.60	0.75
均值			0.99	0.26	0.39

（2）作者机构特征消歧实验

作者机构特征消歧实验，只利用作者机构特征对姓名消歧，当2篇重名作者论文的作者机构相同时，则认为这两个重名人员是同一个作者，两篇论文均为该作者所著。例如，图6.10中，第1篇论文"基于模糊故障树的摊铺机液压调平系统故障诊断与维护策略"中待消歧重名人员"张超"的隶属机构是"长安大学工程机械学院"，第2篇论文"新型工程机械防卡断多齿松土器"中重名人员"张超"的隶属机构也是"长安大学工程机械学院"，那么系统判定这两篇论文是同一个作者张超所著。

只利用机构特征进行著者姓名消歧实验的结果如表6.6所示，平均的准确率、召回率和 F 值均是计算每个姓名后再进行平均。总体上来看，准确率均值达到了94%，虽然低于合著者特征姓名消歧实验结果，但也是比较好的结果，同样召回率比较低，只有38%，但比合著者特征姓名消歧实验结果要好一些，总体的 F 值为53%，也要好于合著者特征姓名消歧实验。作者机构特征的姓名消歧实验取得了较好的结果，我们推测与所用的实验数据集较小，实验数据中重名者均为同一作者单位的论文比例较高，但在实际情况中，这种方法的准确率会低一些。召回率较低的原因在于同一重名作者的多篇论文存在不同的机构名称，或者有些重名作者是两个人但隶属于同一个机构。所以，作者机构特征对姓名消歧虽然具有较好的效果，但由于存在较常见的作者机构变化等情况，它在应用于姓名消歧中存在无法解决的问题，在实际中也需要结合其他特征进行综合判断。

表6.6 作者单位特征姓名消歧实验结果

作者姓名	文献总数	实际作者数	准确率	召回率	F 值
王琳	109	8	0.97	0.24	0.38
王伟	139	9	0.85	0.32	0.46

续表

作者姓名	文献总数	实际作者数	准确率	召回率	F 值
张强	118	10	0.92	0.39	0.55
李军	197	10	0.89	0.37	0.52
张超	121	14	0.95	0.49	0.65
李建军	151	14	0.97	0.35	0.51
吴雁林	10	3	1	0.5	0.67
均值			0.94	0.38	0.53

（3）文本指纹特征消歧实验

论文文本指纹特征姓名消歧实验的目的主要有两个：第一个目的是需要通过实验检验论文文本指纹在著者姓名消歧中的效果，为融合三类特征的语义指纹方案提供支撑；第二个目的是需要通过实验确定出语义指纹方法中认领决策器所需要的 2 个阈值参数，其中一个参数是指纹相似度的最小阈值 δ，另一个参数是语义指纹高于 δ 的比较器数量所占的百分比阈值 h，为实现语义指纹著者姓名消歧方法选择最优的 δ 和 h 组合。

我们采用启发式搜索方法来确定最佳指纹相似度的阈值指标 δ。首先要选取测试数据，本研究选取 10 个作者，共 100 篇文献作为训练数据。对这 100 篇论文文献数据生成的语义指纹（100 个语义指纹），进行两两比较，并求出海明距离，形成一个 100×100 的矩阵。如图 6.11 所示为测试数据生成的语义指纹海明距离矩阵示例，其中由实线框起来的 4 个小矩阵为同一个作者的文献之间的指纹距离，其余的为不同作者的文献之间的指纹距离。

然后，比较分析同一个作者的任意两篇文献的语义指纹海明距离，与不同作者的任意两篇文献的语义指纹海明距离，来确定指纹相似度最小阈值 δ 的取值范围。通过分析矩阵的内容可知，同一个作者的任意两篇文献的海明距离在区间（14，32）之内，且主要集中于（18，25），不同作者的任意两篇文献的海明距离在区间（23，39）之内，且主要集中于（26，36），如图 6.12 所示。

因此，我们将指纹相似度的最小阈值 δ 确定在（18，25）之间。令阈值 δ 的变化 u 以 1 为间隔，同时阈值 h 以 1% 为间隔在 10%～50% 变动，在每个组合参数下计算准确率、召回率和 F 值，观察得到的 F 值曲线，找出

论文	1	2	3	4	5	6	7	8	9	10	11	12	13	14	15	16	17	18	19	20
1	0	23	14	20	22	29	33	28	29	28	29	27	35	34	31	22	27	29	28	27
2	23	0	18	16	29	29	25	29	23	36	38	31	39	28	31	32	27	33	28	31
3	14	18	0	24	21	31	25	28	29	24	36	35	31	38	31	34	35	33	36	35
4	20	16	24	0	19	38	34	39	30	31	33	32	30	29	32	35	34	36	31	36
5	22	27	21	19	0	30	32	31	32	27	32	38	32	41	34	33	30	38	33	34
6	29	29	31	38	30	0	18	25	22	21	19	22	34	35	32	27	30	38	24	27
7	33	25	25	34	32	18	0	20	24	20	25	20	34	33	26	31	26	38	29	28
8	28	29	28	39	31	25	20	0	13	24	18	29	35	30	24	31	31	24	29	29
9	29	23	29	30	32	22	24	13	0	19	21	24	34	29	30	25	34	32	29	34
10	28	36	24	31	27	21	20	24	19	0	21	32	35	36	35	38	31	34	34	37
11	29	38	36	33	23	19	25	18	21	21	0	23	30	38	29	24	35	27	29	27
12	27	31	35	32	38	22	20	24	23	32	23	0	32	24	31	27	32	22	32	24
13	35	39	31	30	32	34	34	35	34	35	30	32	0	18	24	30	30	32	35	32
14	34	28	38	29	41	35	33	30	29	36	38	24	18	0	23	26	31	29	28	35
15	31	31	31	32	34	32	26	35	30	35	29	31	24	23	0	19	32	28	31	30
16	22	32	34	35	33	29	31	24	25	38	24	29	30	26	19	0	25	25	22	21
17	27	27	35	34	30	30	26	31	34	31	35	32	30	31	32	25	0	19	29	22
18	29	33	33	36	38	38	38	24	32	34	27	22	32	29	28	25	19	0	23	22
19	28	28	36	31	33	27	29	24	29	34	29	35	28	31	22	29	23	0	25	
20	27	31	35	36	34	30	28	29	34	37	27	24	32	35	30	21	22	22	25	0

图 6.11 语义指纹海明距离矩阵（部分）示例

效果最好的参数组合。图 6.13 展示了阈值 δ 和 h 参数确定实验中的三类指标曲线变化情况，最终确定当 δ 取 22、h 取 24 的组合时获得最佳的 F 值，这时得到的准确率为 81%、召回率为 54%、F 值为 65%。

采用选取的最佳阈值组合，只采用文本指纹特征进行了著者姓名消歧实验，结果如表 6.7 所示。总体上来说，文本指纹方法取得了较好的准确率和召回率，虽然准确率较合著者特征和作者机构特征低一些，但召回率取得了较好的结果，F 值是三类特征中最好的。这说明，文本指纹在消除姓名歧义上有较好的效果。实际情况中，一个作者很可能由于职位的调动或者兴趣变化，研究领域随之发生变化，或者不同的同名作者有非常接近的研究领域，这两种情况都可能造成文本指纹单特征消歧准确率较低，所以姓名消歧问题

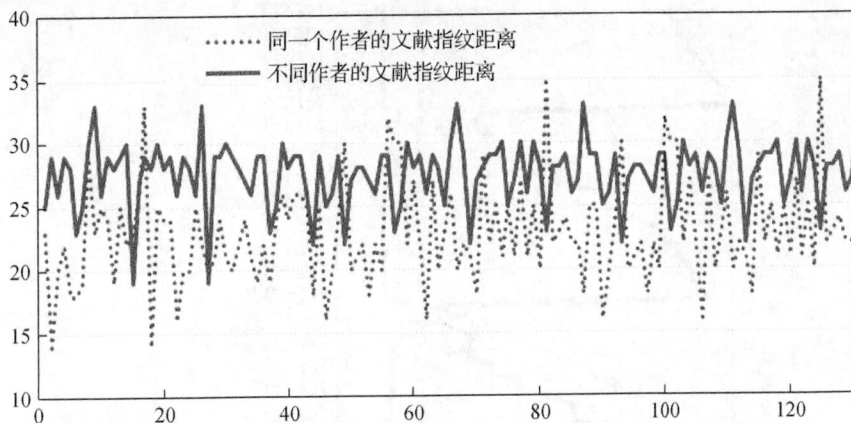

图6.12　同一个作者文献指纹距离与不同作者文献指纹距离对比

的解决需要综合多种特征才能达到更佳的消歧效果。

表6.7　文本指纹特征姓名消歧实验结果

作者姓名	文献总数	实际作者数	准确率	召回率	F 值
王琳	109	8	0.87	0.56	0.68
王伟	139	9	0.85	0.61	0.71
张强	118	10	0.81	0.47	0.60
李军	197	10	0.76	0.49	0.60
张超	121	14	0.88	0.53	0.66
李建军	151	14	0.72	0.64	0.68
吴雁林	10	3	0.79	0.50	0.61
均值			0.81	0.54	0.65

（4）3种特征消歧效果对比

本研究对合著者特征、作者机构特征及文本指纹特征的消歧能力及效果分别进行了实验，图6.14展示了三类特征在相同数据集上的消歧能力对比。在我们构建的实验数据集上，合著者、作者机构及文本指纹特征分别应用于著者姓名消歧时均表现出良好的消歧能力，获得了较高的准确率，其中合著者特征最好，作者机构特征次之，文本指纹特征最低。而在查全率方面三类

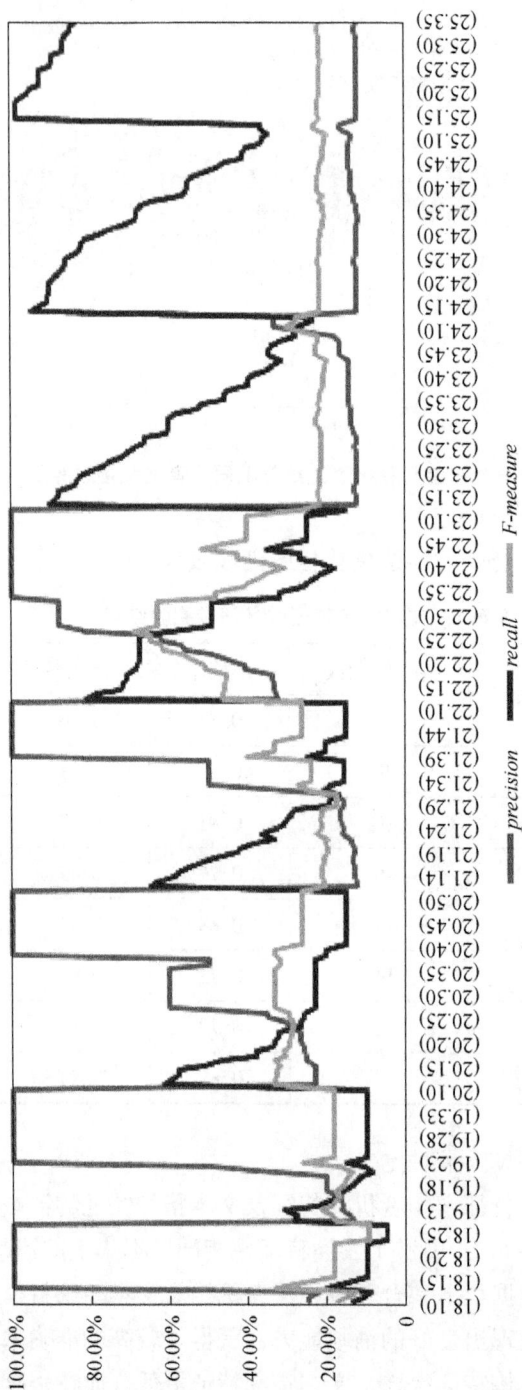

图 6.13　文本指纹参数选择实验结果示例

特征都较弱,其中语义指纹特征较好,召回率,而合著者和作者机构两类特征能力弱,仅在 30% 左右。在 F 值指标的排序上,文本指纹特征最好,作者机构特征次之,合著者特征最低。

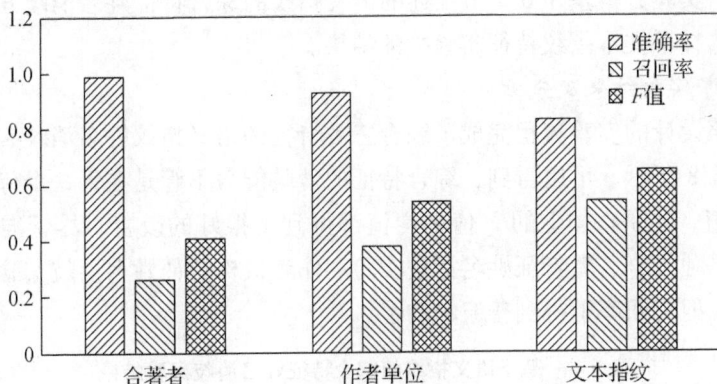

图 6.14 三类单特征消歧能力对比

综上,三类特征在姓名消歧能力上表现出了各自的价值,都能为姓名消歧贡献力量,但也有各自的不足。虽然合著者特征和作者机构特征具有很好的消歧能力,但论文数据中并不总是存在一个作者的所有文章都会出现合著者相同、作者单位相同的情况,所以还需要借助于文本指纹特征的消歧能力,通过文本指纹来进一步判断。而文本指纹则在存在同名作者研究方向非常接近或一个作者变换了研究方向等情况时才可能失效,这时可能借助前两种特征来完成消歧。所以,每一类特征的姓名消歧方法均存失效的情形,但可以借助其他特征来完成消歧,它们之间存在一定程度的互补性和增强性。因此,需要综合利用三类特征来消歧,发挥各个特征的优势,提高文献著者姓名消歧的效果。

6.4.4 基于语义指纹的综合特征姓名消歧实验

鉴于三类特征的优势和劣势,以及它们之间存在的互补性,我们提出了综合了文本指纹特征、合著者特征和作者机构特征的姓名消歧方法。

6.4.4.1 实验数据集和实验环境

在综合三类特征的实验中,实验数据仍然是 6.4.1 节所述的构建的论文文献数据集,所有论文文献的全文以 PDF 格式存储。基于 6.2 节描述的方法，开发了著者姓名消歧系统。该系统的各模块采用 Java 语言编程实现，编译环境为 eclipse、JDK1.8，实验数据利用 MySQL 数据库存储，中文分词使用了较权威的汉语分词系统 NLPIR 进行分词。实验在 Windows 7 操作系统下完成，实验方案基于 6.2 节描述的语义指纹的综合特征姓名消歧方案，相关参数选择了文本指纹特征实验中的结果。

6.4.4.2　实验结果及分析

按照设计的实验流程完成了综合三类特征的语义指纹姓名消歧实验，结果如表 6.8 所示。可以看到，综合特征的消歧能力不管是在每一个待消歧姓名的 F 值，还是整体上的 F 值平均值都得到了很好的改善，尽管准确率上可能与单独的合著者特征姓名消歧实验和作者机构特征姓名消歧实验存在小的差别，但召回率上得到普遍的改善。

表 6.8　基于语义指纹的综合特征姓名消歧实验结果

作者姓名	文献总数	实际作者数	准确率	召回率	F 值
王琳	109	8	0.89	0.61	0.72
王伟	139	9	0.91	0.70	0.79
张强	118	10	0.84	0.63	0.72
李军	197	10	0.83	0.57	0.68
张超	121	14	0.90	0.65	0.75
李建军	151	14	0.93	0.67	0.78
吴雁林	10	3	0.97	0.89	0.93
均值			0.90	0.67	0.77

图 6.15 以图示的方式展示合著者特征、作者机构特征、文本指纹特征和综合三类特征 4 种情况下的著者姓名消歧能力对比情况，可以明显地看到，综合三类特征的语义指纹方法在召回率和 F 值两个指标上明显好于前三类方法。

图 6.15 验证了我们对于三类特征在姓名消歧上存在互补和增强的分析。融合了文本指纹的消歧能力后，虽然在总体准确率上较合著者特征、作者机构特征稍有下降，但其显著的召回能力弥补了，在 F 值上取得了较大的提升效果。

为了进一步了解提出方法的效果，我们选择了 *K-means* 聚类算法对构建

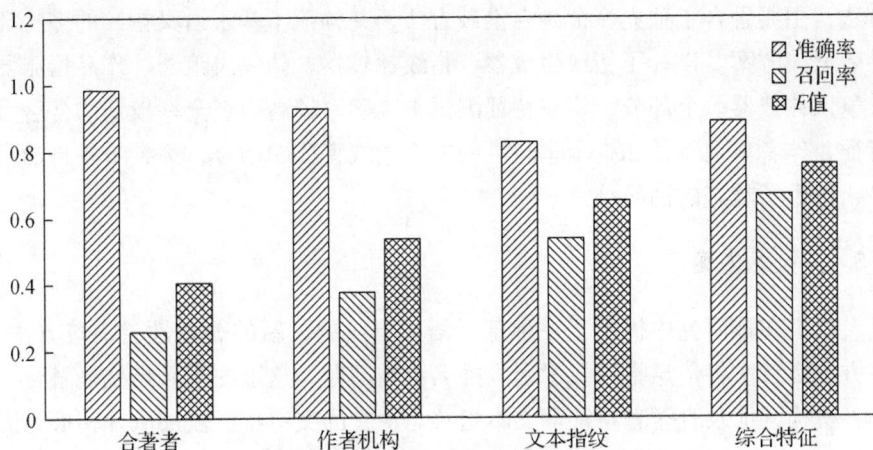

图 6.15　综合特征和单特征姓名消歧对比

的实验数据集进行了姓名消歧。对于每一个重名姓名，我们将人工标注的真实的作者数量作为 k 值，而一般情况下很难确定 K-means 算法的 k 值。表 6.9 展示了著者姓名消歧实验结果。总体上看，K-means 在同样的实验数据集下进行姓名消歧的 F 值仅为 0.53，远低于语义指纹算法 0.77 的结果，显然，语义指纹的姓名消歧方法取得了更好的效果。

表 6.9　基于 K-means 的著者姓名消歧实验结果

作者姓名	文献总数	实际作者数	准确率	召回率	F 值
王琳	109	8	0.58	0.49	0.53
王伟	139	9	0.51	0.35	0.41
张强	118	10	0.76	0.47	0.58
李军	197	10	0.42	0.32	0.36
张超	121	14	0.92	0.58	0.71
李建军	151	14	0.74	0.43	0.54
吴雁林	10	3	0.75	0.45	0.56
均值			0.67	0.44	0.53

6.5　本章小结

对于姓名消歧问题，本章引入了一种基于语义指纹的综合特征姓名消歧方法，主要融合了独立特征姓名消歧方法，并构建了基于语义指纹的多特征姓名消歧方案。设计了指纹生成器、指纹比较器、认领决策器、作品指派器及争议仲裁器5个部分。将单特征测试中准确率较高而查全率较低的合著者特征、作者单位特征和查全率较高的文本指纹特征相结合，弥补了各自的不足，得到了较好的消歧结果。

6.5.1　技术内涵

我们在该研究中提出了一种基于语义指纹的、新的著者姓名消歧方法，该方法是首次将信息指纹技术引入姓名消歧问题，这里的语义指纹是融合了作者机构特征及合著者特征的文本指纹。论文的文本特征被抽取并转换为固定长度的文本指纹，这种转换对于数字论文库中的每一篇文章只需要一次。对于一个作者的一篇待消歧论文，其语义指纹与数据库中所有重名作者的每一篇论文的指纹进行比较。这个比较过程速度非常快，因为它不涉及类似文本分类或聚类等复杂的模型。提出的方法集成了合著者特征和机构特征，以便这两类特征的优点可以在姓名消歧中得到利用。实验结果表明，这种集成是有效的，语义指纹的消歧效果也比姓名消歧中常用的 K-means 算法好。这个方法能够动态地构建指纹数据库并且支持增量消歧，而不用像传统方法一样需要将重名作者的全部论文进行聚类。

6.5.2　可能的应用

该研究证实了指纹技术对于著者姓名消歧是有效的。它可以用来对数字图书馆中的重名作者进行消歧从而提升作者数据库的质量。因为该方法基于文本数据，所以只要其他实体能够与对应文本建立联系，它也可以用来对其他实体进行消歧，如机构名称消歧、专利发明人姓名消歧、网页作者或编辑姓名消歧。其应用也可能扩展到可能的竞争者，只要它们的产品或技术能够采用指纹形式表示，并且其产品或技术具有较高的相似性。

6.5.3　研究限制

在这个研究中，我们的实验是基于中文著者姓名消歧进行的。因为无法得到满足我们要求的、公开的黄金标准测试数据集，我们手工构建了一个小型的实验数据集以便测试提出方法的有效性。尽管实验的结果令人满意，但在其他数据集上是否能得到良好的结果需要在未来进行检验。另外，我们也注意到数据集的规模较小，在规模较大的数据集上效果如何还有待在未来进行检验。我们在自建实验数据集上的实验结果表明，提出的语义指纹方法取得了较高的准确率，但召回率比较低，真实的原因是什么也需要在未来研究。

虽然我们提出的方法是在中文实验数据集上开展的，但对于英文著者姓名消歧，或者一个作者在其不同文章中存在不同的姓名表示形式等情况下，我们推测此方法也是可用的，因为它并不是一定要在中文环境下才能使用，也可以比较姓名形式完全不同的两篇文章的语义相似度，但能否达到好的效果需要在未来验证。

此外，提出的语义指纹方法可能无法解决一些文本语义指纹非常接近情况下的姓名消歧。例如，如果两个重名作者的研究领域非常接近，且通过合著者、机构难以区分时，或者如果一个作者的研究方向出现重大变化，与原来研究完全不相关时，这个方法可能会失效。对于这些情况，我们在未来希望能够采用某种方法获得一个作者的写作风格，将写作风格融入语义指纹中来解决问题。

6.5.4　未来研究方向

在研究中，由于文献的邮箱特征不能准确获取及和对应作者匹配，导致作者邮箱信息这一具有极高识别能力的可唯一确定一个作者的特征无法利用，加强对作者邮箱信息提取的关注，有效利用作者邮箱信息将带来姓名消歧准确率的提升。对于某一类情况，例如，一个作者换个两个单位，且研究领域和合著者都跟随之变化，本研究所采用的方法也不能很好地区分，该类问题是下一个需要深入研究的难点。还有另一类情况，有两个重名作者，同属于一个机构一个部门，具有相似的研究领域，可能有共同的合著者，这种情况也是姓名消歧的又一个难点，本研究的方法也很难准确区别，需进一步深入研究。当一个作者的职业生涯发生变化，研究兴趣、研究领域发生变化时，目前尚没有好的方法进行区分，一般通过作者自己确认的方法来解决。

未来，该方法可以尝试在英文或其他语言环境下的著者姓名消歧是否有效。这时一些新的问题应该考虑，例如，缩写的名字，像 Wang L. 和 Wang W.，而不是 Wang Lin 和 Wang Wei。我们也将尝试获取大规模的实验数据集来测试我们方法的查准率、查全率、*F-measure* 值、速度等指标，并与其他方法进行比较。对于低召回率问题，我们将尝试从论文中不同部分抽取特征词，并探讨怎样生成更好的指纹。我们也将比较不同的指纹生成算法，包括 MD5、MiHash、Simhash 等，来判断哪些指纹算法在姓名消歧上更有效。

我们在设计语义指纹技术应用于姓名消歧的方案时，曾想通过融合一个作者的外部特征、发表的全部论文的文本数据，为作者构建一个语义指纹，用来表示该作者独特的"语义特质"，从而当一篇新的论文作者需要消歧时，生成该待消歧作者的语义指纹，通过对比来进行消歧，而不是像现在这个方案，为每一篇论文建立语义指纹。这种为作者建立指纹的方法需要在未来进行尝试和探索，并检验其消歧的效果。

第7章 基于语义指纹的
专利发明人姓名消歧

专利文献是与论文文献同等重要的科技文献资源，在创新和研发管理过程中甚至更为重要。然而，专利发明人同样存在着非常严重的姓名歧义问题，这给专利的有效运用带来了障碍。专利发明人姓名消歧的主要目的是通过区分专利数据库中具有相同或相似姓名的发明人，将每个发明人与其专利对应起来。对专利发明人姓名消歧的研究对优化专利数据库、提升专利发明人评价和推荐准确性、促进竞争情报学科发展等具有重要的价值。本研究针对国内外现有发明人姓名消歧方法中的规则方法适应性较差、机器学习方法存储空间大和时间成本高等问题，提出了基于语义指纹和 DBSCAN 聚类的专利发明人姓名消歧方法。提出的方法基于专利的元数据特征和文本特征为每篇专利文档生成一个 128 位的语义指纹，将字符串成对比较、机器学习中的文本高维向量比较转换为二进制指纹值的成对比较，显著减少了对存储空间的需求，大大提高了方法的运行效率，实现了较好的发明人姓名消歧效果。

7.1 引言

7.1.1 研究背景

专利文献和论文文献是两类主要科技信息资源，它们都提供了良好的数据结构及时间的连续性。相比于论文文献来说，专利文献在某些方面具有独特的优势。首先，专利数据不但是一种具有丰富信息的、重要的技术研发数据源[214]，而且是分析技术创新和变革的数据源，包含了长时间的技术信息[215]。专利是一项发明的第一次透漏，专利透漏的技术信息有 80% ~ 94%是任何其他地方得不到的信息，专利文献中公布的重要发明比其他形式的报道要早 5 ~ 10 年[216]。欧洲专利局的一项研究表明，大约 80% 的科技信息可以在专利文献中找到[217]。根据世界知识产权组织（World Intellectual Property Organization，WIPO）统计，专利信息中含有90%～95%具有经济价值的研发成果，其他文献中则仅占5%～10%。如果企业能够充分利用专利数据，将可缩短60%的研发时间，降低40%的研发经费，可以了解到技术的发展动向等重要情报。其次，专利数据不仅是最有用的、最客观的衡量技术产出的指示器[218]，而且是技术变革和创新的指示器[219]，更重要的是专利数据集技术情报、法律情报和经济情报于一体[220]，可以很容易且免费获取[215,219]。因此，作为一种重要的竞争情报信息分析来源，专利数据常常被应用于研究发明人迁移[221]、创新经济[69]和创新合作网络影响力[65]等方面。

专利数据中的发明人信息可以为企业发现发明人才、制定人才战略、获取专业情报及评价发明人对企业创新绩效影响等方面提供重要依据，可以在企业加速技术创新、寻找新的盈利增长点方面发挥独特的作用[222]。然而，现有的专利数据中存在大量的发明人歧义现象，专利数据的有效运用常常受制于专利发明人歧义带来的困扰[95,223]。要想有效运用专利发明人数据，无论是合作网络分析还是引文分析，必要的前提是解决发明人姓名的歧义问题，如果不解决姓名歧义问题，将会严重影响专利分析结果的准确性和可靠性，减弱专利数据对决策的支持作用[224]。专利发明人姓名歧义是一种身份不确定的现象，指专利文本中具有相同字符串的姓名指向现实世界中不同的实体人物。

在"七国两组织"①专利数据资源中，美国专利商标局（United States Patent and Trademark Office，USPTO）的专利数据资源是世界最重要的创新资源之一，常常被全世界的技术研发人员和科技情报分析人员使用。USPTO一直没有给专利发明人或专利权人分配一个独一无二的身份识别号[95]，随着专利文献数量越来越多，具有同名或近似名的专利发明人也越来越多，而姓名缩写、中间名缺失、拼写错误等原因使得重名现象更加严重，这种现象已经阻碍了专利数据在科学研究和专业领域科技信息分析等方面的应用[82]。

专利发明人姓名消歧越来越困难的原因主要有以下4种情况。

①专利数据规模庞大，现有专利发明人姓名消歧方法计算成本太高。USPTO在2013年就已拥有超过800万件专利和3200万亿对记录，这使得人工处理方法不再可行，而现有的方法常常基于复杂的机器学习算法，计算成

---

① 七国两组织指中国、美国、日本、德国、英国、法国、瑞士、欧洲专利局、世界知识产权组织。

本太高[81]。

②专利发明人姓名存在缩写、后缀、拼写错误、中间名缺失等情况，这增加了发明人姓名消歧的难度。在美国专利中，专利发明人中间名缺失率约为 51.1%[131]。

③USPTO 专利发明人大量使用常用名，如 John Smith。根据统计，美国约有 16.4% 的人口使用常用名，数量约为 5271 万人[84]。

④技术领域信息不能有效区分专利发明人。USPTO 专利大多为跨学科领域的合作发明，这使得学科领域不能作为区分重名发明人的主要依据，增加了专利发明人姓名消歧的难度[15]。

专利发明人姓名消歧方法是为解决专利发明人重名现象而提出的，其目的在于促进专利数据在科研和情报分析领域的应用[63]。这类方法根据专利元数据和文本数据提供的线索，常常通过专利发明人记录的成对比较结果，来区分专利数据库中具有相同或相近姓名的发明人，并将每个发明人与其专利对应起来。

除了人工消歧方法外，专利发明人姓名的消歧方法主要依赖于基于规则的方法和基于机器学习的方法。基于规则的方法通过制定一些规则来自动消歧，例如，根据发明人姓名和分类号、地址等信息来消歧[225]，虽然简单、有效，但稳定性差，不能有效适应不同的专利发明人姓名消歧环境，且准确率不高，一般在 70%~80%[224]。基于机器学习的方法一般采用分类算法、聚类算法或者混合算法来实现发明人姓名消歧，不依赖于具体的数据，能够较好地适应不同的专利发明人姓名消歧环境。例如，对中文和英文专利数据可以采用同一种算法实现，机器学习方法一般具有较好的姓名消歧效果，但由于算法的复杂性，在大规模专利数据集上运行时间成本较高[83]。

本研究针对现有发明人姓名消歧方法存在的主要问题，将语义指纹技术引入，提出了一种综合语义指纹和 DBSCAN 聚类的姓名消歧方法，以实现在较小的时间成本和计算代价上实现较好的姓名消歧效果。在具体实现上，我们利用专利的元数据、摘要和权利要求的文本数据生成代表专利语义内容的指纹信息，并将专利之间语义指纹相似度作为 DBSCAN 聚类算法中两个样本点之间距离的测量，通过聚类技术将同一发明人的专利聚为一簇，实现发明人姓名消歧。为了达到更好的计算效率，我们采用了前人研究中提出的分块策略[226]。本研究实验数据选择了 2015 年 USPTO 专利发明人姓名消歧竞赛 PatentsView 中的 IS 和 E&S 数据集。采用这两个数据集的原因之一是 IS

和 E&S 数据集有标签、规模较大，原因之二是这两个数据集经过广泛地研究测试，已被作为标准的专利发明人重名辨识方法评测数据。

7.1.2 研究意义

专利发明人姓名消歧方法研究是数据挖掘、自然语言处理、知识组织等领域的基础技术，具有重要的理论意义和应用价值。

①本研究首次将语义指纹技术应用于专利发明人消歧中，是对该类研究的一次有益探索，不仅研究了语义指纹技术在专利发明人消歧中的有效性和效果，也丰富了姓名消歧理论和方法的研究成果，对解决其他类似问题具有借鉴意义或参考价值。

②有助于提升专利数据库检索的效果和发现所关注的发明人的准确性。专利发明人姓名消歧通过区分同名不同发明人的专利，分别建立不同的专利发明人索引，可以优化专利发明人检索结果排序。

③有助于提升专利发明人的评价和推荐准确度。通过准确查找和区分同名不同发明人的专利，可以准确识别出某个独特发明人的全部专利，从而获得该发明人的科研成果和科研关系网络，使得优秀发明人的评价和推荐结果更加准确。

④更好地满足专利发明人姓名消歧的工程系统需要。实际工程系统需要较低的时间消耗和运算代价，现有的基于机器学习的专利发明人姓名消歧方法往往时间成本高，需要很高配置的计算环境，而本研究的出发点是在较低的时间成本和计算成本下较好地完成专利发明人的姓名消歧。

7.1.3 主要研究内容

本章提出了一种应用语义指纹技术进行专利发明人姓名消歧的方法。本研究利用从专利数据字段中抽取出来的区分性较强的字段特征来生成元数据指纹，利用专利的标题、摘要和权利要求的文本数据来生成文本指纹，综合两类指纹来判断两篇专利文档之间的语义相似度，将成对专利的语义指纹距离结合聚类算法实现了发明人姓名消歧。主要工作包括以下几个部分。

①提出了生成专利文档的语义指纹的方法，用二进制表示来表征某一重名专利发明人的专利。不像第 6 章中将论文文本形成指纹，将合著者特征和作者机构特征作为字符串处理的方法，这里将专利的元数据也采用 Simhash 算法生成元数据指纹，通过融合元数据指纹和文本指纹生成一篇专利文档的

语义指纹，并根据两类指纹来计算成对的两件专利之间的语义距离。

②提出了基于语义指纹和 DBSCAN 聚类的专利发明人姓名消歧方法。该方法可以在较短时间内、较小的计算成本下有效实现发明人姓名消歧。发明人姓名消歧的步骤大致可以分为 3 个阶段：

a. 数据处理阶段。主要进行专利数据获取、数据规范化、特征提取、分块和语义指纹生成；

b. 匹配阶段。主要对每一分块内的每对专利发明人记录进行相似度比较，记录每对专利记录的相似度；

c. 聚类阶段。首先通过参数估计获得最佳距离阈值，以区分不同的专利发明人，然后通过聚类算法将相似专利发明人聚集成簇。

③利用 PatentsView 竞赛数据进行了姓名消歧实验，验证了所提出方法的有效性，证实了语义指纹在专利发明人姓名消歧中的价值。在实验中，为了获得较好的姓名消歧效果，我们对专利元数据指纹和文本指纹的综合指纹融合权重、DBSCAN 聚类的最佳距离阈值参数进行了估计。综合指纹是一个抽象概念，它通过指纹融合权重将专利元数据指纹相似度和文本指纹相似度融合为两篇专利文献的综合指纹相似度。

7.2　专利发明人姓名消歧方法

本节主要介绍了基于语义指纹和 DBSCAN 聚类的专利发明人姓名消歧方法具体步骤，其中 7.2.1 节介绍了该方法的总体架构和发明人姓名消歧流程，7.2.2～7.2.8 节分别介绍了姓名消歧中涉及的数据获取、数据规范化、特征提取、语义指纹生成、分块策略、参数估计等工作和消歧实现的实验步骤。

本研究为对比本文实验结果与 USPTO 专利发明人姓名消歧竞赛实验结果，验证本文方法的姓名消歧效果，采取与 PatentsView 消歧竞赛相同的实验数据集和评价指标，而这些数据集和评价指标也是现有专利发明人姓名消歧方法研究领域中通用的数据集和评价指标。

7.2.1　总体架构

在现有的两种重要发明人姓名消歧方法中，基于规则的姓名消歧方法虽然简单有效，但存在环境适应性差和准确率不高的问题；基于机器学习的方法虽然准确率高，但存在算法复杂和成本代价高的问题。本研究引入语义指纹技术，希望利用语义指纹压缩比例高、存储空间小、匹配计算效率高等优势，在实现较好的姓名消歧效果的同时实现较低的时间成本和运算代价。综合考虑到 DBSCAN 在聚类方面的优势，本研究提出了基于语义指纹和 DB-SCAN 聚类的姓名消歧方法。

提出的方法的总体架构对发明人姓名消歧实现的流程进行了说明，这里面主要包括数据获取、数据规范化、特征提取、语义指纹生成、分块策略、参数估计等工作，以及最终的消歧实验步骤。首先，本研究对 USPTO 竞赛数据进行收集和规范化处理，将其作为本研究实验数据，通过 Simhash 语义指纹算法将专利元数据和文本数据转化为 128 位语义指纹，并提出抽象的综合指纹概念，综合指纹通过融合元数据指纹和文本指纹相似度计算其相似度；其次，本研究设计了分块策略对实验数据进行分块，基于分块函数将专利发明人姓名划分为不同的群组，以便提高方法运行速度和准确度；再次，本研究在分块数据上进行基于语义指纹和 DBSCAN 聚类的姓名消歧实验，利用评价指标对本文实验结果进行评价；最后，本研究将实验结果与 USP-TO 竞赛实验结果进行对比，得出结论。

本研究采用 USPTO 竞赛中的 IS 和 E&S 数据集，构建训练数据集进行参数估计，以便获得最佳的指纹融合权重和 DBSCAN 聚类阈值，然后在 IS 和 E&S 整体数据集上进行语义指纹姓名消歧的测试实验和指标评价，方法的具体流程如图 7.1 所示。

7.2.2　数据获取

为了验证基于语义指纹和 DBSCAN 聚类方法的姓名消歧效果，方便将本研究实验结果与 USPTO 消歧竞赛的实验结果对比，我们通过 PatentsView 官方网站获取了竞赛采用的标签数据集和评价体系，并从 USPTO 官方网站获取了相关的元数据和权利要求文本数据。

如前所述，考虑到 IS 和 E&S 数据集的规范性（有标签）、规模性（数据量大）和采用度（很多研究人员采用），我们从 USPTO 消歧竞赛网站上下载了 IS 标签数据集、E&S 标签数据集、Combined IS and E&S 标签数据集，作为专利发明人姓名消歧实验数据集。

在下载的数据集中，IS 数据集是由 Trajtenberg[134] 提供的美国以色列发明人专利数据，包含 is_inventors.csv 一个数据文件，该文件数据记录每个专利的发明人记录，主要包括专利号（patent number）、姓（last name）、名

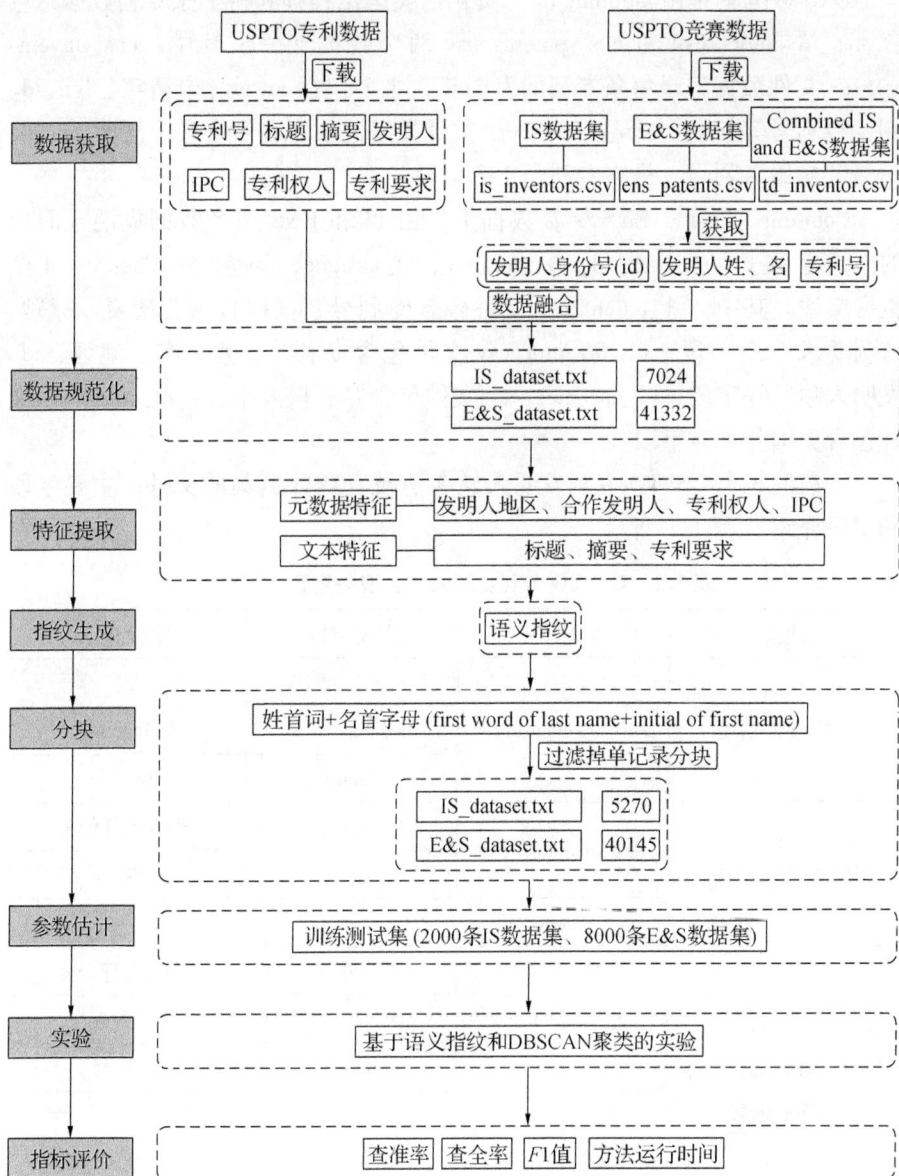

图7.1 USPTO专利发明人姓名消歧方法流程

（first name）、id、申请年（application）、发明人地区（inventor location）、专利权人（assignee）等字段。

E&S 数据集是由 Chunmian[135] 提供的美国工程师和科学家专利数据，包含 ens_inventors. csv 和 ens_patents. csv 两个数据文件。其中，ens_inventors. csv 文件数据记录每条专利的发明年，主要包括 lower、申请年、lkn_id、url、专利号等字段；ens_patents. csv 文件数据记录专利号信息，包含 lkn_id、lower、初始专利号、最终专利号 4 个字段。

Combined IS and E&S 标签数据集是由 IS 和 E&S 两个数据集混合而成的，包含 td_patent. csv、td_inventor. csv、td_assignee. csv 和 td_class. csv 4 个数据文件。其中，td_patent. csv 文件包含专利号、授权日期、摘要、标题、权利要求 5 个字段；td_inventor. csv 文件包含专利号、姓、名、地区、id、发明人顺序等字段；td_assignee. csv 文件包含专利权人字段；td_class. csv 文件包含美国分类号字段。

下载的 3 个 USPTO 专利发明人姓名消歧竞赛数据集的文件、主要字段和字段介绍如表 7.1 所示。

表7.1　USPTO 专利发明人姓名消歧竞赛数据介绍

数据集	文件	主要字段	字段介绍
IS 标签数据集	is_inventor. csv	id	发明人身份号
		inventor_name	发明人姓名
		patent	专利号
E&S 标签数据集	ens_inventors. csv	id	发明人身份号
		patent	专利号
	ens_patents. csv	—	—
Combined IS and E&S 标签数据集	td_inventor. csv	id	发明人身份号
		inventor_name	发明人姓名
		patent	专利号
	td_patent. csv	—	—
	td_assignee. csv	—	专利权人字段
	td_class. csv	—	美国分类号

本研究在数据收集过程中发现 USPTO 竞赛数据存在字母大小写、停用词、中间名缺失、姓后缀、部分数据缺失或不规范等现象，这些现象影响到语义指纹的生成和对本章提出的方法进行评价的有效性，所以本研究需要对

实验数据进行必要的规范化处理。

7.2.3　数据规范化

　　USPTO 专利数据是半结构化数据。IS 和 E&S 标签数据集中存在非结构化数据和噪声数据等，如 "the descent" " < B > < /B > " 和 "the adminis-trator"，这会导致同一专利发明人姓名分块错误；标题、摘要、权利要求等文本字段中存在停用词、字母大小写等情况，如 "Abstract" 和 "abstract"，这可能会降低语义指纹表征专利发明人的能力；还有，发明人地区（inventor location）和合作发明人（co-inventor）融合在专利原始数据的发明人（inventors）字段中，不利于数据的进一步处理。

　　数据规范化是指通过规范化处理 IS 和 E&S 标签数据集中的专利数据，以便后期研究更好地生成语义指纹和进行专利发明人姓名消歧实验。本研究主要对专利的标题、摘要、发明人、专利权人、IPC（International Patent Classification，国际专利分类法）分类号和权利要求等字段进行处理，具体处理方法如表 7.2 所示。

表 7.2　IS 和 E&S 数据集字段处理情况

数据字段	处理原因	处理方法	生成字段
标题	单词大小写；存在停用词	小写转换；过滤停用词	标题
摘要	单词大小写；存在停用词	小写转换；过滤停用词	摘要
专利发明人	发明人特征混合	提取发明人地区和合作发明人特征	发明人地区；合作发明人
专利权人	单词大小写，存在专利权人地区	小写转换；去除专利权人地区	专利权人名称
国际分类号	IPC 分类粒度太细	小写转换；取前 4 位 IPC 分类号	IPC（前 4 位）
权利要求	单词大小写；存在停用词	小写转换；过滤停用词	权利要求

　　对于专利发明人、专利权人、IPC 及文本字段的处理描述如下。

　　（1）专利发明人字段处理

　　发明人地区（inventor_location）和合作发明人（co-inventor）是两个用于专利发明人姓名消歧的重要特征，但这两个特征融合在专利发明人字段中，本研究需要从发明人字段中拆分这两个字段。另外，发明人地区和合作发明人特征存在字母大小写的情况，本研究需要将这两个特征数据转换为小写字母。例如，原始专利发明人字段 Timmons；Scott F.（San Antonio，TX），Blanchard；Cheryl R.（San Antonio，TX），经过处理、规范化后的字段为 timmons；scott f，blanchard；cheryl r.；san antonio，tx，san antonio，tx。

（2）专利权人字段处理

专利权人字段包括专利权人名称（Assignee Name）和专利权人地区（assignee_location），如 Keraplast Technologies Ltd.（San Antonio，TX），本研究只保留专利权人名称特征，规范化后的字段为 keraplast technologies ltd.。

（3）IPC 字段处理

在专利文本分类中，IPC 分类号分类粒度越细，相似文本聚集能力越差[227]。本研究抽取 USPTO 专利数据中 IPC 分类号的前 4 位（小类），并将它们转换为小写字母。例如，原始专利 IPC 字段 A61K 35/36（20060101）；A61K 38/17（20060101）；A61K 38/39（20060101）；A61K9/70（20060101），规范化的字段为 a61k a61k a61k a61k。

（4）文本字段处理

文本字段包括标题、摘要、权利要求等，它们包含大量停用词和大小写字母，而这些停用词和大小写字母会降低语义指纹表征专利发明人的能力，所以需要在进一步处理前去除文本字段中停用词，并将大写字母转换为小写字母。

本研究在获得结构化的专利数据之后，发现不同的专利字段包含表征专利发明人的信息不同。如果不对这些特征进行区分，可能会造成专利信息缺失，影响实验结果的准确性和客观性。因此，本研究需要通过对现有的特征提取方法进行调研，制定合理的特征提取方式。

7.2.4 特征提取

首先，本研究需对现有的特征提取方法进行调研，制定合理的特征提取方式，从专利数据字段中抽取出区分性较强的字段特征，用来表征专利发明人。在现有姓名消歧方法中，Kim[84]利用基尼指数（Gini Importance）挑选能够有效表征专利发明人的特征，包括发明人（inventor）、机构（affiliation）、合作发明人（co-author）、专利权人（assignee）、分组（group）和标题（title）等；Yang[77]将发明人（inventor）、地区（location）、专利权人（assignee）、NBER 分类号和 Inpadoc 家族号等作为区分专利发明人的重要特征。

根据 Kim 和 Yang 的研究成果，我们将专利发明人特征分为专利元数据特征和文本特征，其中元数据特征包括发明人地区（inventor location）、合作发明人（co-inventor）、专利权人名称（assignee name）、国际分类号（IPC）；文本特征包括标题（title）、摘要（abstract）、权利要求（claim）。这两类表征专利发明人的特征如表 7.3 所示。

表 7.3　专利发明人特征提取结果

专利发明人特征	字段			
元数据特征	发明人地区（inventor_location）	合作发明人（co-inventor）	专利权人名称（assignee name）	IPC
文本特征	标题（title）	摘要（abstract）	权利要求（claim）	

7.2.5　语义指纹生成

语义指纹生成是基于抽象的综合指纹概念，通过融合元数据指纹相似度和文本指纹相似度作为综合指纹的相似度，将表征能力不同的专利发明人特征融合到一个指纹中。其中，元数据指纹、文本指纹、综合指纹介绍如下。

（1）元数据指纹

元数据特征包括专利发明人地区（inventor_location）、合作发明人（co-inventor）、专利权人名称（assignee name）、IPC（前 4 位）。本研究将上述规范化的 4 个字段特征以空格连接成长字段串，然后按照 Simhash 语义指纹算法生成元数据指纹。Simhash 语义指纹算法具体过程如图 5.1 所示。

（2）文本指纹

文本特征包括专利标题（title）、摘要（abstract）、权利要求（claim）。本研究将上述规范化、去除停用词的 3 个字段特征以空格连接成长字符串，然后按照 Simhash 语义指纹算法生成文本指纹。

使用 Simhash 语义指纹算法对专利元数据特征和文本特征进行二进制映射处理，其生成过程主要分为 4 步：去除停用词、哈希函数映射、哈希值加权、收缩。

1）去除停用词

专利数据中标题、摘要、权利要求等文本特征存在大量停用词，可能会降低不同专利文献的差异程度，导致语义指纹难以有效区分不同的专利发明人，因此，需要专利文本特征进行小写转换、停用词过滤，并进行词频统计，然后将词频作为哈希值赋值权重。

2）哈希函数映射

Simhash 语义指纹算法需要借助于普通哈希函数，将专利文本中的特征词映射为 128 位二进制字符串。在专利发明人姓名消歧应用中，主要利用哈希函数来将文本或其他数据转换为由 0～1 位组成的指纹信息，而不是进行数据加密，所以可以选择效率更高的 MD5 哈希函数作为 Simhash 算法中的普通哈希函数，满足专利文本映射为二进制字符串的需要，将每个英文单词映射为 128 位的二进制哈希值。

3）哈希值加权

首先设置一个 128 位全为零的语义指纹 $\Psi(X)$，然后根据第二步生成的特征词 X_i 的哈希值进行加权计算，遵循逢 1 相加、逢 0 相减的原则，而权重是通过第一步统计得到的特征词词频 w。如果哈希值第 t 位为 1（$t=1$，2，…，128），则在 $\Psi(X)$ 第 t 位加上特征词 X_i 的权值 w；如果哈希值第 t 位为 0，则 $\Psi(X)$ 第 t 位减去权值 w。

4）收缩

将语义指纹 $\Psi(X_i)$ 各个位上的权值相加或相减，然后对语义指纹加权结果进行二值化处理，如果语义指纹 $\Psi(X_i)$ 第 t 位的加权结果 $\sum_{i=1}^{n} w_i > 0$，则将其收缩为 1，否则为 0，从而获得专利文本特征的 Simhash 语义指纹值。

（3）综合指纹

综合指纹是一个抽象概念，其目的是充分利用专利发明人特征数据，将表征能力不同的专利特征融合为一个指纹，从而更加有效地进行专利发明人姓名消歧。

语义指纹生成方案不生成实际的综合指纹值，而是通过融合权重将元数据指纹相似度和文本指纹相似度融合为综合指纹相似度。该方案通过融合权重 w_1、w_2 对元数据指纹相似度和文本指纹相似度进行加权求和，获得专利发明人记录对（即两个专利文档）的综合指纹相似度，具体的综合指纹相似度融合方法如式（7.1）所示：

$$sim(f_综) = w_1 * sim(f_元) + w_2 * sim(f_文), \tag{7.1}$$

其中，sim（$f_综$）表示专利发明人记录对的综合指纹相似度，sim（$f_元$）表示专利发明人记录对的元数据指纹相似度，sim（$f_文$）表示专利发明人记录对的文本指纹相似度，w_1、w_2 分别表示文本指纹相似度和元数据指纹相似度的融合权重，并且 $w_2 = 1 - w_1$。

7.2.6　分块策略设计

分块（Blocking）的目的是对规模庞大的数据进行分隔，使相同发明人的专利记录分到一块，以便更有效地执行姓名消歧算法[226]。设计分块策略的原因主要有两点：①出于计算机物理内存的限制，姓名消歧方法不能在整个数据库上执行聚类消歧算法，如 USPTO 专利数据库中包含 1200 多万条发明人记录，基本上不可能将全部数据加载到内存中；②专利发明人姓名形式不规则，如发明人姓名中可能存在中间名，"Robert A. Smith"和"Robert Smith"；发明人姓后面可能存在后缀，如"Kilbourne Allen"和"Kilbourne, II Allen"等，这些不规则的姓名形式增加了专利发明人姓名消歧的难度。

现有的专利发明人姓名消歧方法中提出了不同的分块策略。Migulez[69]使用桑迪克斯代码系统（Soundex-code），将专利发明人姓、名重新编码成首字母加 6 个数字的形式，然后把姓名相同的专利记录聚集到一块。Yang[77]为了提升算法的运行效率，先后执行了多个分块措施，首先，执行基于精确字符串匹配的分块去除重复数据：名 + 中间名 + 姓 + 专利权人 + 城市（name_first + name_middle + name_last + assignee + city），将 1200 多万条发明人记录减少到 625 多万条；其次，执行第二步分块措施：姓 + 名首字母（name_last + initial of name_first），在此分块数据上进行专利发明人姓名消歧。Kim[84]为了使姓名消歧方法性能达到最优，他尝试了不同的姓、名组合分块函数，并计算了不同分块策略下的查准率、查全率和 $F1$ 指标①（图 7.2）。其中，F（i）表示专利发明人名的前 i 个字母，F（f）表示专利发明人名的全部字母；L（i）表示专利发明人姓的前 i 个字母，L（f）表示专利发明人姓的全部字母。从图 7.2 中可以看出，在不同的分块函数下，查准率比较稳定，但随着分块尺寸变小，查全率和 $F1$ 值持续降低，这可能是

---

① Kim. Random Forest DBSCAN for USPTO Inventor Name Disambiguation. 2016.

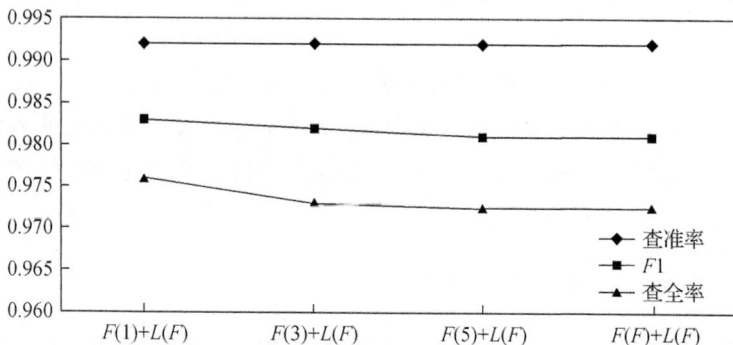

图 7.2　Kim 执行不同分块函数的方法准确度

因为严格的分块函数将相同发明人的不同专利记录划分到不同的块中造成的结果。基于实验结果，Kim 最终选择了"姓 + 名首字母（full last name + initial of first name）"的分块策略。

在总结现有研究中提出的分块策略的基础上，我们设计了"姓首词 + 名首字母（first word of last name + initial of first name）"的分块策略。采用这种分块策略基于如下两个原因：原因之一是在 USPTO 专利发明人姓名中存在姓后缀的情况，如"Kilbourne Allen"和"Kilbourne，II Allen"，这种情况在 E&S 标签数据集中约存在 3.39% 比例的数据；原因之二是在 USPTO 专利发明人姓名中存在姓连词符的情况，如"Bar-on Yair"和"Baron Yair"，这种情况在 IS 标签数据集中约存在 3.07% 的数据。在上述 2 种情况下，Kim 提出的分块策略无法有效解决上述两种数据的分块问题，在"姓 + 名首字母"这种分块函数的基础上采用"姓首词 + 名首字母"的分块策略可以有效弥补上述分块函数的缺陷。为此，我们在选择的 4000 条 E&S 数据集上进行了实验，与 Kim 提出的分块策略进行了对比，实验结果如图 7.3 所示。其中，F（1）表示专利发明人名首字母，L（f）表示专利发明人姓，L（First Word）表示专利发明人姓首词。从图 7.3 的实验结果可以看出，这两种分块函数的查准率基本一致，而姓首词 + 名首字母分块函数的查全率显著增大，这是因为该分块函数能够包含更多的发明人姓名形式，能够更好地将同一发明人的专利划归到同一分块中。因此，该分块函数可以有效地提升发明人姓名消歧方法的性能，即 F1 指标值比较理想。

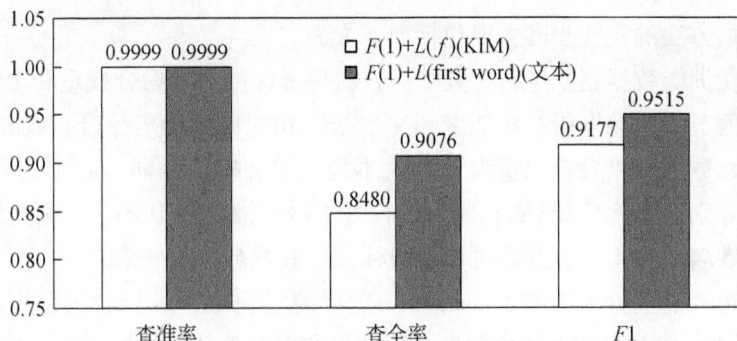

图 7.3　本研究不同分块函数测试结果

7.2.7　参数估计

参数估计的目的是为了获得最佳的指纹融合权重 w_1 和 w_2（$w_1 + w_2 = 1$），以及 DBSCAN 聚类算法的距离阈值 δ，从而获得更好的发明人姓名消歧效果。在 DBSCAN 聚类中，如果两个专利发明人能够通过 DBSCAN 聚类密度相连，本研究认为这两个发明人属于同一个人；反之，本研究认为这两个发明人不属于同一个人。

参数估计的具体步骤如下。

（1）构建标签训练数据集

本研究分别从 IS 数据集中随机抽取 2000 条记录和从 E&S 数据集中随机抽取 8000 条记录，将这些数据作为训练数据集。

（2）参数估计

本研究针对 128 位二进制语义指纹，采用海明距离作为其相似度计算方式，通过设置指纹融合权重的变化范围 0.1~1.0、设置 DBSCAN 聚类算法的距离阈值变化范围 10~90，在不同的距离阈值下测试本书方法在训练数据集上的姓名消歧效果，然后根据最优的测试效果确定最佳的指纹融合权重和 DBSCAN 距离阈值。

7.2.8　实验步骤

专利发明人姓名消歧实验是指在分块数据下对重名专利发明人进行 DB-SCAN 聚类，并将聚类后同一簇的发明人认为是同一人，将不同簇的发明人认为是非同一人。

本书方法的实验步骤主要包括如下方面。

①在训练数据集上进行参数估计，获得最优的指纹融合权重和 DBSCAN 距离阈值，将元数据指纹相似度和文本指纹相似度融合成综合指纹相似度。其中，元数据指纹融合权重为 w_1，文本指纹融合权重为 w_2，$w_1 + w_2 = 1$。

②分别在 IS 和 E&S 数据集上进行基于语义指纹和 DBSCAN 聚类的专利发明人姓名消歧实验，并通过评价指标评价其姓名消歧效果。

③将本书实验结果与 PatentsView 竞赛的实验结果进行对比，验证基于语义指纹和 DBSCAN 聚类方法姓名消歧专利发明人的有效性。

7.2.9 小结

本节主要介绍了提出的基于语义指纹和 DBSCAN 聚类的专利发明人姓名消歧方法及主要工作，包括数据获取、数据规范化、特征提取、语义指纹生成、分块策略设计、参数估计等和消歧实验步骤。其中，数据规范化是为获得结构化专利数据，以便更好地生成语义指纹和进行姓名消歧实验；特征提取是为区分表征能力不同的专利发明人特征，避免信息缺失影响实验结果；综合指纹是一个抽象概念，是为将表征能力不同的专利发明人特征融合为一个指纹；分块策略设计是专利发明人姓名消歧方法的基本步骤，是为降低内存消耗和提高方法准确度而提出的；参数估计是在构建的训练数据集上进行测试，获得最佳的指纹融合权重和 DBSCAN 距离的距离阈值，以便在整体数据上进行下一步的姓名消歧实验；实验步骤是在上述工作的基础上，实现具体的姓名消歧的过程，本研究将采用评价指标对消歧实验结果进行评价，并与 USPTO 竞赛实验结果进行对比，验证本研究提出的姓名消歧方法的有效性。

7.3 评价指标

为将本研究与现有方法的实验结果进行对比，采用了 2015 年 USPTO 专利发明人姓名消歧竞赛的评价指标，这些指标包括查准率、查全率、F1 值和方法运行时间。

查准率（*Precision Rate*）是指在全部预测连接中正确连接的比例，这里的连接指的是两个成对专利文档记录，正确连接是指待消歧的两个专利文档记录确是同一个发明人的专利，具体计算方法如式（7.2）所示：

$$Precision = \frac{\# \ of \ true \ positives}{\# \ of \ true \ positives + \# \ of \ false \ positives}。 \tag{7.2}$$

查全率（*Recall Rate*）是指由发明人姓名消歧算法预测的真实连接的比例，具体计算方法如式（7.3）所示：

$$Recall = \frac{\# \ of \ true \ positives}{\# \ of \ true \ positives + \# of \ false \ negatives}。 \tag{7.3}$$

*F*1 值（*F*1-measure）是指由查准率和查全率计算出的综合指标，用于衡量专利发明人姓名消歧方法的整体性能，具体计算方法如式（7.4）所示：

$$F1 = \frac{2 Precision \ Recall}{Precision + Recall}, \tag{7.4}$$

其中，# *of true positives* 是指由专利发明人姓名消歧方法正确匹配的发明人记录对数，# *of false negatives* 是指专利发明人姓名消歧方法误分的真实发明人记录对数，# *of false positives* 是指专利发明人姓名消歧方法错误识别的专利发明人记录对数。

方法运行时间是指从半结构化专利原始数据输入姓名消歧系统到完成聚类、实现消歧过程的时间，包括数据处理时间、参数估计时间、方法消歧时间。在我们的研究中，数据处理时间是指姓名消歧方法将半结构化专利原始数据转换为结构化指纹数据的时间，方法消歧时间是指从结构化指纹数据输入消歧程序聚类完成的时间。计算方法如式（7.5）所示：

$$Time = endTime - startTime, \tag{7.5}$$

其中，*startTime* 是指半结构化的专利原始数据输入姓名消歧程序的时间，*endTime* 是指 DBSCAN 聚类算法完成专利发明人姓名消歧的时间，*Time* 表示该方法完成专利发明人姓名消歧的总时间。

USPTO 专利发明人竞赛 PatentsView 中参赛系统的运行时间是在拥有 36 个虚拟 CPU 和 60 G 内存的亚马逊网络服务器（Amazon Web Services, AWS）上，对于 1200 万条专利发明人记录进行姓名消歧测得的。表 7.4 展示了参赛系统 ISTIC 和 UMass 及前面提到的 Kim 提出的方法的运行时间。其中，ISTIC 是中国科学技术信息研究所一个研究团队的结果，UMass 是美国麻省大学一个研究团队的结果，Kim[84] 方法是在竞赛之后提出来的，其运行时间是在 12 核 Intel Xeon X5660@2.80GHz 处理器和 40 G 内存机器配置上，同样对 1200 万条专利发明人进行姓名消歧测得的。

表 7.4 现有专利发明人姓名消歧方法运行时间

辨识方法		数据集	方法运行时间	方法消歧时间	机器配置
消歧竞赛方法	ISTIC	1200 万条	7 小时	—	AWS 服务器（36 个虚拟 CPU 和 60 G 内存）
	UMass	1200 万条	7 小时	1.75 小时	AWS 服务器（36 个虚拟 CPU 和 60 G 内存）
Kim 姓名消歧方法		1200 万条	6.5 小时	—	12 核 2.8GHz Intel Xeon X5600 和 40 G 内存

7.4 专利发明人姓名消歧实验

按照 7.2 节设计的专利发明人姓名消歧方法在 IS 和 E&S 数据集上进行实验。首先，在训练数据集上进行参数估计，获得最佳的指纹融合权重和 DBSCAN 聚类的距离阈值；其次，将元数据指纹相似度和文本指纹相似度融合成综合指纹相似度，用来表征专利发明人记录对的相似度；最后，进行基于语义指纹和 DBSCAN 聚类的专利发明人姓名消歧实验，并采用评价指标验证本文方法的有效性。

本研究的实验只是在一台普通的台式电脑上进行，该电脑的实验环境是：Windows10 操作系统、Eclipse 和 JDK 1.8，而 Simhash 语义指纹算法和 DBSCAN 聚类算法采用 Java 语言编写完成。

下面的 7.4.1 节主要介绍了实验的数据处理部分，主要包括数据获取、数据规范化、指纹生成、分块和训练数据集构建，该部分的目的是形成能够应用于专利发明人姓名消歧的规范数据；7.4.2 节介绍了基于语义指纹和 DBSCAN 聚类的专利发明人姓名消歧实验，将语义指纹姓名消歧实验结果与 PatentsView 消歧竞赛结果进行对比；7.4.3 节是小结，对基于语义指纹和 DBSCAN 聚类方法的专利发明人姓名消歧效果进行总结。

7.4.1 数据处理

专利发明人姓名消歧数据处理主要包括数据获取、数据规范化、指纹生成、分块和训练数据集构建，其目的是生成能够直接用于专利发明人姓名消歧的规范数据。

7.4.1.1 数据获取

本研究使用 IS 和 E&S 标签数据集进行专利发明人姓名消歧实验，使用 Combined IS and E&S 标签数据集补充上述集合中的缺失字段，形成的 IS 数据集包含 7024 条数据记录，E&S 数据集包含 41 332 条数据记录。

USPTO 专利字段主要包括专利号（patent number）、授权日期（patent date）、标题（title）、摘要（abstract）、专利发明人（inventors）、专利权人（assignee）、家族号（family id）、专利申请号（application number）、专利申请日期（filed date）、美国分类号（U.S. class）、联合分类号（CPC class）、国际专利分类号（IPC）、权利要求（Claims）等。

本研究根据 7.2.4 节提取的特征，选择保留的专利有效字段为：发明人识别号（id）、待消歧发明人姓（last name）、待消歧发明人名（first name）、专利号（patent number）、标题（title）、摘要（abstract）、专利发明人（inventors）、专利权人（assignee）、国际专利分类号（IPC）、权利要求（claims）。

表 7.5 展示了 USPTO 原始专利数据的一个样例。

表 7.5 USPTO 原始专利数据样例

字段	数据
发明人识别号	3071269
待消歧发明人姓、名	Rashid A
专利号	6419874
标题	multilayer plastic container and method of making the same
摘要	the multilayer plastic container comprises a neck portion, a body portion, adjacent the neck portion, forming a cylindrical wall, and a bottom portion adjacent the body portion and opposite the neck portion. the cylindrical wall comprises a first layer of pet, a layer of evoh adjacent the first layer of pet and a second layer of pet adjacent the layer of evoh. the evoh has an average thickness which is greater near the neck portion of the container than near the bottom portion of the container
专利发明人	Rashid A. B. M. Bazlur（Neenah, WI）; Curie Kevin James（Appleton, WI）; Bushman Patrick Carl（Neenah, WI）; Wampler Michael Lewis（Menasha, WI）

续表

字段	数据
专利权人	Pechiney Emballage Flexible Europe
IPC	b29c45/16 （20060101）b29c49/22 （20060101）b29c 49/00 （20060101）b32b27/08 （20060101）b65d 1/02 （20060101）b29c 49/06 （20060101）b29c 049/22 （20060101）
权利要求	we claim：1. a method of making a multilayer plastic container comprising the steps of：a) providing a multilayer preform having a top portion，a neck portion extending from the top portion，a body portion extending from the neck portion opposite the top portion，and a bottom portion closing the body portion，wherein at least the body portion of the preform has a first layer，a intermediate layer adjacent to the first layer and a second layer adjacent to the intermediate layer，wherein an average thickness of the intermediate layer in the body portion of the preform is greater near the neck portion of the preform than near the bottom portion and，in the body portion，the intermediate layer extends substantially parallel to the body portion and b) blow molding the preform to form the container（略）

7.4.1.2　数据规范化

数据规范化对取得的专利原始数据进行规范化处理。处理后的 IS 和 E&S 标签数据集字段为：发明人识别号（ID）、待消歧发明人姓（last name）、待消歧发明人名（first name）、专利号（patent number）、标题（title）、摘要（abstract）、发明人地区（inventor location）、合作发明人（co-inventor）、专利权人名称（assignee name）、国际专利分类号（IPC）、权利要求（claims）。

表 7.6 展示了表 7.5 中的样例数据规范化后的结果。

表 7.6　规范化专利数据样例

字段	数据
发明人识别号	3071269
待消歧发明人 姓、名	Rashid A

字段	数据
专利号	6419874
标题	multilayer plastic container method making same
摘要	multilayer plastic container comprises neck portion body portion adjacent neck portion forming cylindrical wall bottom portion adjacent body portion opposite neck portion cylindrical wall comprises layer pet layer evoh adjacent layer pet layer pet adjacent layer evoh evoh average thickness neck portion container bottom portion container
发明人地区	Neenah WI
合作发明人	Curie Kevin James Bushman Patrick Carl Wampler Michael Lewis
专利权人名称	pechiney emballage flexible europe
IPU	b29c b29c b29c b32b b65d b29c b29c
权利要求	claim method multilayer plastic container comprising steps providing multilayer preform top portion neck portion extending top portion body portion extending neck portion opposite top portion bottom portion closing body portion body portion preform layer intermediate layer adjacent layer layer adjacent intermediate layer average thickness intermediate layer body portion preform neck portion preform bottom portion body portion intermediate layer extends parallel body portion blow molding preform form container （略）

7.4.1.3 指纹生成

在对 IS 和 E&S 标签数据集进行规范化处理之后，需要将专利发明人数据转化为 Simhash 语义指纹。经过指纹生成处理后 IS 和 E&S 数据集字段为：发明人识别号（id）、待消歧发明人姓（last name）、待消歧发明人名（first name）、专利号（patent number）、元数据指纹（metadata_Simhash）、文本指纹（text_Simhash）。

上述规范后的样例数据生成语义指纹后的结果如表 7.7 所示。

表 7.7   语义指纹生成数据样例

字段	数据
发明人识别号	3071269
待消歧发明人姓、名	Rashid A
专利号	6419874
元数据指纹	110101011111011001000100110011111001100110000111000100010011100110110100111000100110100000011100010011001000111110100010 01111111
文本指纹	111001110011111001001001111110000001111111010100011100110101 010000100110001100000101000101001101100101001100000001101100 11001111

7.4.1.4   分块

本研究选择"姓首词 + 名首字母"的策略作为 USPTO 专利发明人姓名消歧方法的分块函数,经过分块后 IS 和 E&S 数据集字段为:分块号(block _id)、发明人识别号(·id)、待消歧发明人分块(block)、专利号(patent number)、元数据指纹(metadata_Simhash)、文本指纹(text_Simhash)。

为获得足够的正例和反例去训练 DBSCAN 聚类模型,需要去掉 IS 和 E&S 数据集中只包含一条记录的分块,防止在方法训练过程中出现欠拟合现象。最终,IS 数据集包含 5270 条记录,E&S 数据集包含 40 145 条记录。

上述的数据按照设计的分块策略处理后,加入了分块号字段,数据样例如表 7.8 所示。

表 7.8   分块数据样例

字段	数据
分块号	0
发明人识别号	3071269
待消歧发明人分块	Rashid A
专利号	6419874

字段	数据
元数据指纹	11010101111101100100010011100111110011001100001110001000 1001 1100110110100111000100110100000111000100110010001111101000 10 01111111
文本指纹	11100111001111100100100111111000000111111101010001110011010 1 0100001001100011000010100010100110110010100110000000110110 0 11001111

7.4.1.5　训练数据集构建

为将实验结果与 PatentsView 竞赛实验结果进行对比，本研究采用消歧竞赛的训练数据和测试数据。训练数据集是通过随机抽取部分 IS 和 E&S 数据混合组成；测试数据分别是 IS 和 E&S 数据集的全部数据。训练数据集通过随机抽取 2000 条 IS 标签数据和 8000 条 E&S 标签数据组成，在去除单记录的分块后，训练数据集共有 9128 条专利记录。

7.4.2　实验结果及讨论

在通过数据处理构建了训练数据集后，利用提出的方法在训练数据集上实验以确定将元数据指纹和文本指纹融合为综合指纹的权重参数，以及确定 DBSCAN 聚类算法中最优距离阈值参数。基于训练的参数，将提出的方法应用于整体 IS 和 E&S 数据集上进行实验，并将实验结果与其他在相同数据集上的研究结果进行对比。

7.4.2.1　参数估计

为了确定元数据指纹和文本指纹融合为综合指纹的权重 w_1 和 w_2，以及 DBSCAN 聚类算法中的最优距离阈值 δ，设置指纹融合权重 w_1 变化范围为 $0.1 \sim 1.0$（w_2 根据 w_1 变化）、DBSCAN 聚类的距离阈值变化范围为 $10 \sim 90$，计算每种参数组合下的消歧效果指标查准率、查全率和 F1 指标。参数估计实验的结果如图 7.4 所示。

通过分析实验结果，我们发现在不同的指纹融合权重 w_1 下，随着 DBSCAN 聚类的距离阈值 δ 逐渐增大，语义指纹姓名消歧方法在训练数据集上进行专利发明人姓名消歧的查准率逐渐降低，查全率和 F1 值则逐渐增大，

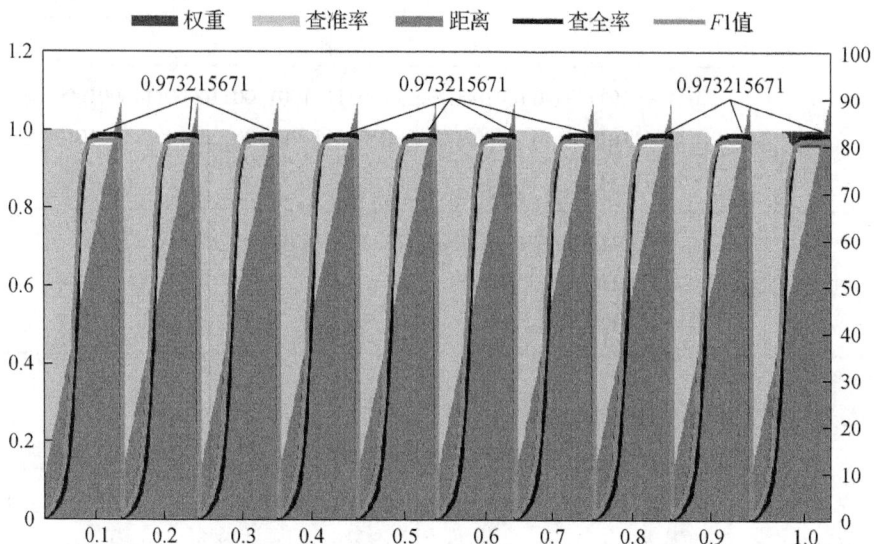

图 7.4 最佳指纹融合权重和最优距离阈值参数估计结果

$F1$ 值的训练结果最终都稳定在 0.9732，即不同的指纹融合权重几乎不影响语义指纹的姓名消歧性能。因此，本研究选取 $w_1 = 0.5$ 作为指纹融合权重的参数估计结果，并在该参数下，对不同的 DBSCAN 聚类距离阈值 δ 下的发明人姓名消歧效果进行了实验，实验结果如图 7.5 所示。

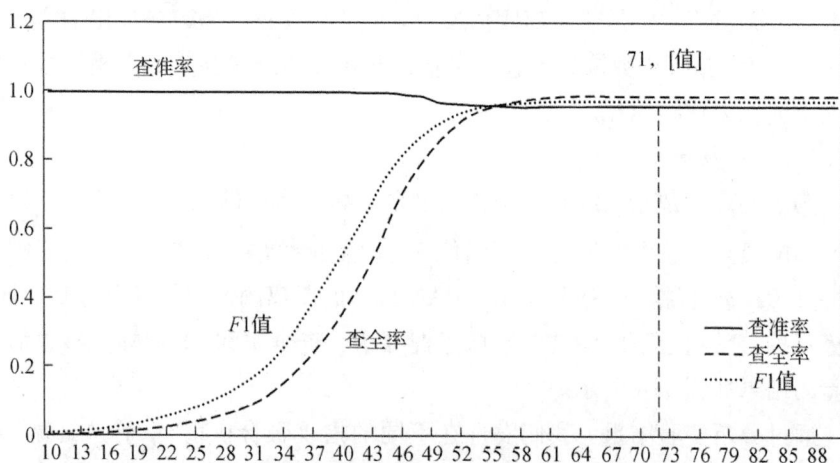

图 7.5 单指纹融合权重下 DBSCAN 不同距离阈值的参数估计结果

可以看到，在指纹融合权重 w_1 选取 0.5 时，$F1$ 值随着阈值的增加逐渐增大，在 DBSCAN 聚类阈值 $\delta = 71$ 时，$F1$ 值取得最优训练结果为 0.9732。因此，本研究将指纹融合权重 0.5、最优距离阈值 71 作为专利发明人姓名消歧方法的参数估计的结果。

7.4.2.2　实验结果

采用训练数据集上进行参数估计获取的指纹融合权重参数 $w_1 = 0.5$、DBSCAN 的最优距离阈值参数 $\delta = 71$，分别在 IS 和 E&S 数据集上进行实验，计算了所提出的方法在 2 个数据集中的发明人姓名消歧效果。其中，在 5270 条 IS 数据集上获得了 94.69% 的 $F1$ 值，在 40 145 条 E&S 数据集上获得了 96.54 的 $F1$ 值。实验结果如表 7.9 所示。

表 7.9　基于语义指纹和 DBSCAN 聚类的专利发明人姓名消歧结果

数据集	数据量	融合权重 w_1	距离阈值	查准率	查全率	$F1$ 值
IS 数据集	5270 条	0.5	71	0.9020	0.9964	0.9469
E&S 数据集	40 145 条			0.9418	0.9901	0.9654

为了对比本研究提出的语义指纹姓名消歧方法与其他方法的时间运行效率，我们需要对 PatentsView 竞赛的 1200 万条半结构化专利原始数据进行姓名消歧实验。因为从 PatentsView 竞赛网上无法直接得到 1200 万条专利原始数据，而且竞赛已经结束，因为各种原因，我们不可能再将算法提交给 US-PTO 帮助我们测试我们算法的消歧效果。因此，我们采用了一种变通的方法，通过复制 E&S 数据集中的数据产生了 1200 万条数据。还需要说明的是，我们无法获取竞赛中提供的那么高配置的电脑或云计算环境，实验所用计算机硬件配置为 4 核 Intel（R）Core Q9400@2.66GHz 处理器和 4 G 内存，这是一台非常普通的台式电脑。通过实验，测得提出的语义指纹方法的运行时间约为 4.54 小时、方法消歧时间约为 3.6 分钟。

7.4.2.3　结果对比

为了更好地说明本研究的姓名消歧效果和优势，我们将我们的实验结果与 2015 年 PatentsView 专利发明人姓名消歧竞赛中仅有的进入第 2 轮的两支团队 UMass 和 ISTIC 的实验结果，以及 Kim 团队的实验结果从查准率、查全率、$F1$ 值、运行时间、消歧时间、结构化数据的存储需求方面进行对比，结果如表 7.10 所示。

表 7.10　语义指纹实验结果与竞赛结果对比

方法	数据集	查准率	查全率	F1 值	运行时间	消歧时间	运算环境	存储需求
UMass	IS	0.9989	0.9553	0.9766	7 小时	1.75 小时	AWS 服务器（36 个虚拟 CPU 和 60 G 内存）	95.5 G
	E&S	0.9969	0.9634	0.97985				
ISTIC	IS	0.9969	0.7514	0.8569	7 小时	—		
	E&S	0.9849	0.9343	0.9590				
Kim 随机森林	IS	0.9989	0.9813	0.9900	6.5 小时	—	12 核 2.8 GHz Intel Xeon X5600 和 40 G 内存	
	E&S	0.9995	0.9810	0.9902				
语义指纹 + DBSCAN 聚类	IS	0.9020	0.9964	0.9469	4.54 小时	3.6 分钟	4 核 2.7GHz Intel（R）Core Q9400@ 和 4 G 内存	3.18 G
	E&S	0.9418	0.9901	0.9654				

在表 7.10 中，"—"表示缺失数据，其中，ISTIC 团队没有提供姓名消歧时间的实验数据，Kim 科研团队没有提供消歧时间的实验数据。这里的方法运行时间包括数据处理时间、参数估计时间和方法消歧时间，所有的实验结果都是在 1200 万条数据集上测得的。

在姓名消歧效果对比上，4 种算法均取得了较好的效果。在查准率对比上，Kim 在 IS 数据集和 E&S 两个数据集均取得了最好的效果，分别达到 99.89%（IS）和 99.69%（E&S）。在查全率对比上，我们提出的方法则在两个数据集上均取得了最好的效果，分别为 99.64%（IS）和 99.01%（E&S）。在 F1 值对比上，Kim 提出的方法在两个数据集上均取得最好效果，分别为 99%（IS）和 99.02%（E&S）。图 7.6 展示了 4 种方法在两类数据集上的 F1 值指标对比情况。

在完整的方法运行时间对比上，UMass 和 ISTIC 均需 7 小时，Kim 需 6.5 小时，而我们提出的方法只需 4.54 小时。在结构化数据输入算法后所需的姓名消歧时间对比上，UMass 需 1.75 小时，而本研究只需 3.6 分钟，ISTIC 和 Kim 没有提供该方面的数据。在运算环境对比上，显然 UMass 和

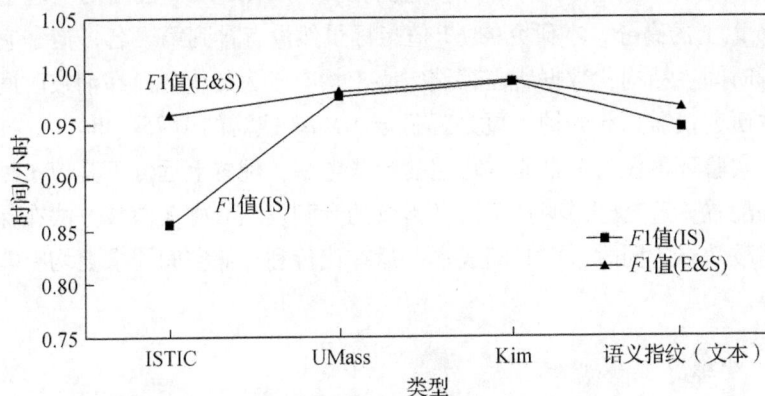

图 7.6　语义指纹与消歧竞赛的实验结果 $F1$ 值对比

ISTIC 的硬件配置最好，Kim 的次之，我们的最低，算法运行的计算机仅为一台非常普通的电脑。在结构化数据的存储需求上，UMass、ISTIC 和 Kim 的方法需 95.5 G，而本研究仅需 3.18 G。从运行时间、计算代价、存储空间需求对比上看，本研究提出的方法具有较低的时间成本和较低的存储需求。图 7.7 展示了 4 种方法在 1200 万条专利上进行姓名消歧所需的运行时间对比。

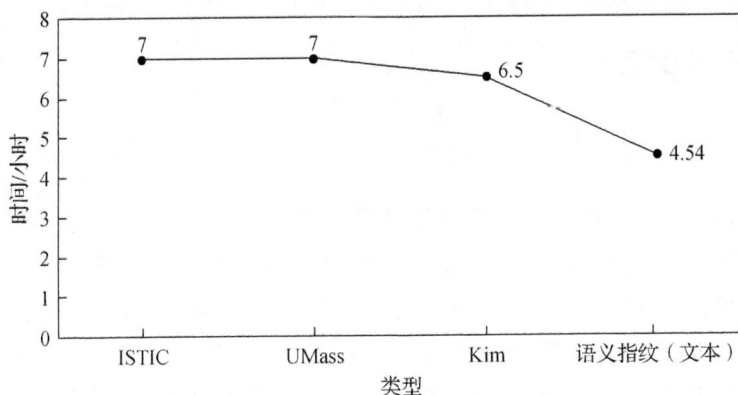

图 7.7　语义指纹与消歧竞赛方法运行时间结果对比

通过以上对 4 种发明人姓名消歧方法实验结果的对比和讨论，可以看出，4 种方法在专利发明人姓名消歧上均取得了较好的效果，除了 ISTIC 在

IS 数据集上的 $F1$ 值低于 90% 外，它们在 IS 和 E&S 两类数据的实验上均取得 90% 以上的高分，本研究的 $F1$ 值指标虽然没有排到第 1 名，但是它在方法运行时间、结构化数据所需存储空间上均有较大的优势。在消歧时间对比上，本研究仅需 3.6 分钟，更是远低于 UMass 搜需的 1.75 小时。此外，本研究的实验环境仅为一台非常普通的台式电脑，配置上远低于其他 3 种方法的硬件配置。这充分说明基于语义指纹的专利发明人姓名消歧方法在保持较高的消歧效果的同时，在时间成本、运算代价和存储空间需求上均有非常大的优势。

7.4.3　小结

本节对提出的基于语义指纹和 DBSCAN 聚类的发明人姓名消歧方法进行实验和对比验证。在实验数据处理部分，通过数据获取、数据规范化、指纹生成、分块和训练数据集构建等处理步骤，将半结构化的原始专利数据转化为结构化的语义指纹数据。在姓名消歧实验部分，则利用构建的训练数据集对姓名消歧算法所需的参数进行了确定，并基于确定的参数对 IS 和 E&S 数据集进行发明人姓名消歧实验，并将实验结果与 2015 年 PatentsView 竞赛中两支表现最好团队的结果及 Kim 的实验结果进行了对比和讨论。经过对比和讨论，验证了提出方法的有效性，也验证了提出的方法在时间、运算和空间代价上均有显著的优势，表明该方法具有更好的实用性。

7.5　本章小结

7.5.1　主要研究结论

USPTO 专利数据是竞争情报领域重要的数据分析来源，而发明人重名现象阻碍了专利数据在发明人迁移研究、创新经济研究和合作网络分析等领域的应用。现有的基于规则的方法虽然简单有效，但准确率不高、适用性差；基于机器学习的方法准确率高，但模型复杂，时间、运算和空间需求代价高。鉴于此，本研究将语义指纹技术引入，提出了基于 DBSCAN 聚类的专利发明人姓名消歧方法。

提出的方法选取专利发明人地区（inventor_location）、合作发明人（co-inventor）、专利权人名称（assignee name）和国际分类号（IPC）等字段作为专利发明人元数据特征，选取标题（title）、摘要（abstract）和权利要求（claim）等字段作为专利发明人文本特征，通过 Simhash 语义指纹算法将两类特征分别转化成 128 位二进制语义指纹。通过计算成对的专利记录之间的元数据指纹和文本指纹的距离确定它们之间的相似性，并将这种距离输入聚类算法中作为两个样本点之间的距离，通过设计一种分块策略实现将同一发明人的专利文档记录分配到一个块中，利用 DBSCAN 聚类算法实现了专利发明人的姓名消歧。

提出的方法在 IS 和 E&S 两类数据集上进行了专利发明人姓名消歧实验，取得了较好的消歧效果，$F1$ 值分别为 94.69%（IS）和 96.54%（E&S），证明了该方法在专利发明人姓名消歧上的有效性；在 1200 万条专利数据上测得方法运行时间约为 4.54 小时、消歧时间约为 3.6 分钟、结构化数据所需存储空间为 3.18 G，通过对比算法运行时间、所需存储空间及运算的硬件环境和配置，我们发现该方法在时间成本、运算代价和存储空间需求上均有明显的优势。这充分说明了本研究中我们提出的方法具有很好的实用性。

7.5.2 研究局限性

本研究将语义指纹技术引入专利发明人姓名消歧，根据专利元数据特征和文本特征形成的语义指纹，利用 DBSCAN 聚类方法实现专利发明人姓名消歧，验证了语义指纹在英文姓名消歧上的有效性，也验证了语义指纹技术在大规模数据上进行姓名消歧的效果，初步达到了研究的目的，但仍有部分不足之处需要改进和提高，具体问题如下。

①语义指纹产生方式和融合方式有待提高。本研究采用了一种相对简单的方式分别生成了元数据指纹和文本指纹，原本期待两种指纹在姓名消歧上起到不同的效果，从而融合两类指纹，通过赋予不同的权重，带来更好的姓名消歧效果。然而实验结果并没有支持我们的设想，原因究竟是数据源本身，还是指纹生成方法及指纹融合方法，或者还是其他问题造成的不得而知。

②因为一些原因限制，我们提出的语义指纹方法的姓名消歧效果指标，并非在真实的 1200 万条原始专利数据上测得的。因为 PatentsView 竞赛组织方并未在网上公开测试用的 1200 条原始专利数据，参赛系统是通过提交系统代码，由 USPTO 官方人员测得的。为此，我们采用了一种变通的办法，通过复制 E&S 数据产生了 1200 万条记录，这种在非真实数据上测得的指标

与在真实数据上测得的指标相比可能存在差异。

③训练数据和实验数据存在瑕疵。在研究中，我们发现 PatentsView 竞赛组织方提供的专利发明人姓名消歧训练集和实验数据存在一些问题。问题之一是在收集处理这些数据时，发现同一发明人被赋予不同的 ID，这会导致系统误判正确识别的专利发明人。问题之二是我们在查看分块后的数据时，发现大部分同一分块中的专利属于同一发明人，这可能影响现有方法姓名消歧效果的评价。

④提出的方法的发明人姓名消歧效果还有差距。提出的方法虽然取得了不错的发明人姓名消歧效果，但在查准率、查全率和 *F*1 指标上与 UMass、ISTIC 和 Kim 3 个优秀的消歧系统的最好指标存在一些差距，如何改进现有消歧方法的效果需要进一步考虑。

7.5.3　未来研究方向

专利发明人姓名消歧方法研究是近年来一个热门的研究领域，尤其是在 2015 年 USPTO 专利发明人姓名消歧竞赛之后，该研究领域受到更多的研究人员关注。本研究实现了基于语义指纹技术的发明人姓名消歧方法，未来需要进一步研究的方向如下。

①该研究针对的是英文专利数据，未来需要将其应用于中文专利数据、中文和英文论文文献数据，或者其他类型、其他语言的数据上，验证该方法在多种数据类型、多种语言甚至是跨语言上的有效性。

②该研究应用了一种简单的语义指纹技术和语义指纹生成方法，未来需要探讨更好的语义指纹生成方法，以更好地表征一篇文本的内容特征。例如，Cortical 公司提出的 Semantic Folding 语义折叠算法，通过大量数据的训练获得概念词汇的语义信息，生成了 SDR 格式的语义指纹，并在若干应用上取得了不错的效果，未来可以尝试将这种技术应用于姓名消歧中。

③本研究通过实现确定了 DBSCAN 聚类算法阈值，应用于全部分块的聚类，虽然获得了较好的姓名消歧效果，但是在处理实验结果时发现，不同分块内同一发明人的专利相似度差异较大，未来可以根据每个分块数据的特点，通过设置灵活的 DBSCAN 聚类阈值，实现更好的消歧效果。

④本研究应用了语义指纹技术与 DBSCAN 聚类算法结合实现消歧，未来可以考虑别的聚类算法，或者应用深度学习等神经网络算法，并对比不同

算法的效果。当前，随着深度学习的兴起和大数据平台的支撑建设，大规模的复杂神经网络可以有效应用于数据处理和模型应用，而且神经网络算法可以通过自动调参优化参数设置，也许可以更加理想、有效地进行发明人姓名消歧。

第 8 章 总结及展望

本章是全书的总结和展望部分，首先对主要的研究工作进行了概括，说明了研究取得的主要成果，对研究中存在的问题和局限性进行了说明，最后对未来需要进一步研究的内容进行了展望。

8.1 总结

本书中的著者指论文或图书的作者、专利的发明人，更广泛地可以把网页、微博和博客的作者，以及网络小说的作者等统称为著者，但本书只对论文和专利的著者姓名消歧研究进行了介绍，并未涉及图书及其他出版物的著者姓名消歧。著者姓名消歧是以著者为核心的文献数据库亟待解决的一个难点，是构建科研网络、合著者社会网络、科研评价、科研交流与知识共享等问题的基础性研究，具有较大的实际意义和应用价值。

本书将著者姓名消歧方法分为人工著者姓名消歧方法、基于规则的著者姓名消歧方法、基于机器学习的著者姓名消歧方法、基于语义指纹的著者姓名消歧方法、基于唯一标识的著者姓名消歧方法和其他著者姓名消歧方法，并对各种方法的优缺点进行了介绍。需要强调的是，这种分类并未将一些混合的方法包括进来，因为有些方法可能同时采用了几种方法。本研究提出的语义指纹著者姓名消歧方法严格上可以归入别的方法中，但为了突出语义指纹方法的特点，将其单列为一种方法。

本书对国内外非常重要的、对姓名消歧研究起到推动作用的相关评测会议进行了介绍。重点介绍了网络人物搜索评测竞赛（WePS）的 3 次会议情况、美国专利商标局 USPTO 组织的 PatentsView 专利发明人消歧竞赛会议情况。对 TAC-KBP 命名实体消歧评测和中文姓名消歧评测只进行了简要介绍。正是这些评测竞赛的推动，带动了众多的国内外学者关注并参与到这一研究中。

本书对目前主要的姓名唯一标识系统进行了介绍，包括 ResearcherID、ORCID、研究者名称解析系统等。这些系统的提出基于理论上听起来非常简单、可行的方案，即通过一个注册系统完全解决姓名歧义问题。国内外不少机构也在践行这一理念，目前仍在推进之中。但从近些年的实践效果看，这些系统并不能达到预期目的，我们在第4章中说明了为何姓名唯一标识系统在理论上可行，但在实践中并没有起到作用的原因。

本书对语义指纹及姓名消歧相关的基础理论进行了介绍，包括信息指纹、哈希函数、指纹算法、文本相似度计算方法、主要聚类方法等。在此基础上介绍了两个应用语义指纹进行著者姓名消歧的应用，一个是论文著者姓名消歧；另一个是专利发明人姓名消歧。前者的实验语料是中文，后者的实验语料为英文，说明语义指纹在著者姓名消歧上可以用在多种语言中，具有语言独立性。

本书提出了具有降维作用的语义指纹的文本特征表示方式，以减少姓名消歧算法的存储空间需求和运算时间。传统的姓名消歧方法一般只利用了文献的著者属性信息、关键词信息等，个别利用了从摘要或全文中抽取的词汇特征。由于全文文本篇幅较大，占用存储空间较大且面临多维度灾难的挑战，所以传统姓名消歧方法并没有充分利用文献的全文信息。我们提出的语义指纹方法，将文献文本特征表示为64位或128位的二进制指纹，保留了文本的特征且具有很好的降维效果，利用相似的文本具有相似的指纹的关系，实现对著者文献的聚类，能够以较高的效率来解决著者姓名消歧。因为语义指纹具有处理速度快、占用空间小的优势，采用基于语义指纹的姓名消歧方法，文本相似比较过程不涉及原文本的两两比较，而将全文相似度比较转换为二进制指纹值的比较，具有较高的效率。不仅如此，对于新增的文献采用动态建立著者指纹库的方法，可以解决动态、实时的姓名消歧，而传统方法只关注了对库中已有的文献静态姓名消歧，对于新增文献往往无能为力，或解决效果不好。

在对中文论文著者姓名消歧应用案例中，我们提出了姓名消歧问题的特征选择和消歧能力测试方法，构建了基于语义指纹的多特征文献著者姓名消歧方案。姓名消歧技术中，选择有效的文献特征及合理利用这些文献特征是一个很关键的环节。以文献的题录信息特征和文本特征为基础，通过对文献全文信息的指纹化和降维，充分利用文献的合著者特征、作者机构特征及文本指纹特征，构建基于语义指纹的多特征姓名消歧模型，提升了文献著者姓名消歧的效率和效果。研究中，我们首先设计了测试独立特征姓名消歧能力的方案，针对各个特征的特点，采用不同的单特征姓名消歧方法，并在构建的测试集上进行独立特征姓名消歧实验。通过比较准确率、召回率及 *F* 值来对比单特征消歧能力，实验结果表明，合著者特征、作者机构特征在姓名消歧准确率方面有很好的作用，准确率很高；然而召回率较低，文本指纹特征的准确率较低，但召回率比其他特征高。基于单特征姓名消歧的测试，提出了综合多特征的姓名消歧技术方案。提出的方案在文献属性特征消歧的基础上加入了文本指纹特征消歧，通过参数选择，既有效地利用 3 种特征的优点，又弥补了各自的不足之处，在保证了较高的准确率的同时，获得了较高的召回率。设计并实现了指纹生成器、指纹比较器、认领决策器、作品指派器、争议仲裁器等技术完成整个著者姓名消歧过程，在自建的中文论文文献数据集上进行实验和测试，获得了准确率 90%，召回率 67% 和 *F* 指标值达到 77% 的结果。

在对美国专利商标局发明人消歧的应用案例中，我们构建了基于专利元数据、专利摘要和权利要求文本数据的语义指纹模型，提出了基于语义指纹和 DBSCAN 聚类的专利发明人姓名消歧方法。将专利文档采用语义指纹表示，基于专利的元数据特征和文本特征生成 128 位语义指纹，给每篇专利的每个发明人赋予一个指纹值，从而将字符串成对比较转换为二进制指纹值的成对比较，将两个文档的相似度比较转换为其语义指纹的相似度比较，提升了聚类算法中两个数据对象之间距离计算的效率，在 DBSCAN 聚类算法中利用分块策略进一步改善了算法的效率，最终实现在较短时间内有效完成发明人姓名消歧的研究目的。研究选择 2015 年 USPTO 专利发明人姓名消歧竞赛中的 IS 和 E&S 数据集进行实验。IS 和 E&S 两个数据集有标签、规模较大，而且经过广泛地研究测试，已被作为标准的专利发明人姓名消歧方法评测数据。选取查准率、查全率和 F1 值指标评价提出的专利发明人姓名消歧方法的有效性；选取方法运行时间评价提出的方法的时间成本，方法运行时间包含数据处理时间、参数估计时间和姓名消歧时间。在 IS 和 E&S 实验数据集上测得 F1 值分别为 94.69%、96.54%，说明提出的方法具有较好的姓名消歧效果；在 1200 万条专利数据上测得该方法的运行时间约为 4.54 小时、姓名消歧时间约为 3.6 分钟，远低于几个优秀的发明人姓名消歧系统，说明该方法具有较低的时间成本；该方法实验中选择了机器配置较低的运行环境，所需数据存储空间较小，说明该方法实用性较强。

通过两个应用案例的研究可以看出，语义指纹在著者姓名消歧实现上具有如下优势。一是语义指纹方法解决了文本数据的压缩表示问题。由于文本表示的特征灾难问题，现有利用文本数据的自动化姓名消歧技术多从文本中选择部分特征来表示文本，而语义指纹技术可以将文本数据压缩到固定位长的二进制数字串，有效地规避了这个问题。二是语义指纹的计算效率高。语义指纹将字符串比较或基于向量空间模型的文本相似度比较转换为固定位长的二进制数字串比较，大大提高了计算效率。三是语义指纹所需的存储空间少。语义指纹将一篇文本压缩后仅需少量的存储空间，远比其他自动化姓名消歧算法所需存储空间小。四是语义指纹姓名消歧方法所需运算代价低，计算效率高和存储空间小的特点也使得语义指纹姓名消歧方法可以在配置较低的运算环境实现，不需要很高配置的机器。五是提出的语义指纹著者姓名消歧方法具有多语言适用性，第一个应用案例说明它能适合于中文语言环境的姓名消歧，第二个应用案例说明它也能适合英文语言环境下的姓名消歧，而且在两种语言下都取得了较好的效果。

8.2　展望

　　本书介绍了基于语义指纹的著者姓名消歧理论和两个应用案例。第 6 章介绍了语义指纹在论文著者姓名消歧上的应用，综合利用合著者特征、作者机构特征和文本指纹特征，设计了消歧方案和步骤，对传统的只利用文献属性特征的姓名消歧方法进行改进和效果提升。第 7 章介绍了语义指纹在专利发明人姓名消歧上的应用，综合利用元数据特征、专利摘要和权利要求的文本特征，形成元数据指纹和文本指纹，设计了消歧方案和步骤，结合语义指纹和聚类算法实现姓名消歧，取得了较好的效果，在消歧效率上取得了较好的提升。语义指纹在著者姓名消歧上的初步研究取得了较好的效果，达到了预期的目标，但本研究工作仍需进一步完善和扩展，未来主要的工作任务包括如下方面。

　　①未来将尝试对著者生成指纹的方法进行姓名消歧。本书中的两个语义指纹著者姓名消歧应用案例中，均是采用将著者属性特征和文本特征转换为语义指纹的方式实现的。这种方法的优势是一篇作品在出版后就形成了固定不变的指纹，方便管理和比对，但在消歧中存在比对工作量大的问题。未来，我们将尝试抽取著者的属性特征、发表的作品文本全部特征、写作风格特征等为著者形成一个可变的指纹，在处理一篇新的待消歧作品时，通过比对著者的指纹实现消歧，并及时更新数据库中著者的指纹，但这种方法需要解决消歧错误造成的著者指纹更新错误。此外，我们还设想利用一个机构的

全部作品形成其独特的机构语义指纹，并将其应用到机构的项目合作、竞争性评价上。

②未来将尝试采用更好的语义指纹技术实现著者姓名消歧。我们在研究中发现，美国 Numenta 公司的 Jeff Hawkins 教授提出了的一套基于大脑皮层智能的层次时序记忆模型（Hierarchical Temporal Memory，HTM），它主要研究人类大脑是如何工作的及如何将大脑的原理运用到机器智能上，基于这个理论 Numenta 公司开发了 NuPIC 开源软件技术并将它们应用到机器学习来解决连续流数据方面的问题。HTM 模型的一个重要基础是基于数据的稀疏分布式表示（Sparse Distributed Representation，SDR）[180]，它是一种高维的二进制数字表示方法，与本书介绍的语义指纹完全相似，但它具有更高的位数和稀疏性，具有更强大的语义表示能力和抗噪性。美国 Cortical 公司基于 HTM 的思想，提出了语义折叠理论（Semantic Folding Theory）[101]，在大规模数据的学习基础上生成概念词汇的 SDR 表示形式，应用于自然语言处理相关的研究中，取得了不错的效果。我们计划采用这种思想，构建中文的 word-SDR，并应用于姓名消歧研究中。

③未来将尝试在大规模真实数据集上或跨语言环境中应用语义指纹技术进行姓名消歧，并检验该方法的效果。本书介绍的两个应用案例中，作者姓名消歧是在小规模的中文论文数据上开展的，在其他数据集、大规模数据上的效果如何需要在未来进行检验。专利发明人姓名消歧应用案例虽然数据规模较大，但竞赛提供的数据样式、数据规模离真实的数据环境差距比较大，未来需要开展在真实的论文数据库、专利数据库上的著者姓名消歧研究，以进一步增强语义指纹方法的适用性和实用性。两个应用案例都是在一个语言环境下实现的，一个是对中文文献著者姓名消歧，一个是对英文专利发明人姓名消歧，虽然证明了语义指纹技术在应用到姓名消歧时具有语言独立性，但在中英双语言环境或多语言环境下，姓名消歧的复杂程度将呈几何级数上升，如何利用语义指纹技术进行消歧仍需要开展深入的研究。

最后，需要指出的是，作者姓名消歧还面临很大的困难，并不存在唯一范例的姓名消歧任务，不同类型的文献数据库、数字图书馆及出版物都存在各自的特点，数据集的大小不同、作者的多样性、不同出版物源数据的类型也不同，各文献数据库中新文献的增长率也不相同，所以很难有满足所有类型数据的姓名消歧任务的统一算法。另外，现在大多数著者姓名方法都建立在如下两点假设上：一是著者在一段时期内有比较稳定的合作人员；二是著者在一定时期内的研究方向、研究兴趣基本不变，其工作的机构也保持不变。然而现实中存在不少不满足这两个基本假设的实例，对这些特殊情况的消歧也是未来需要考虑的研究问题。此外，将不同类型的姓名消歧数据集关联起来是另一个很大的挑战，例如，同一个作者发表的出版物可能涉及不同的学科、不同的类型，包括书籍、期刊、专利、作者在互联网上的个人主页及网络上涉及该作者的文章，但对这种多类型、多样式的关联数据集的消歧研究具有更大的科学和商业价值，其实现和应用将对文献统计学、政策研究、信息检索及科学行为建模等产生巨大的影响。

总而言之，姓名消歧的研究还有很长的路要走，基于语义指纹的姓名消歧研究才刚刚起步，还处于初期研究阶段，新的研究方法也会带来更多的有待解决的关键问题，我们的研究在一定程度上解决了一部分问题，但还远远不够，有待进一步完善和改进，也希望更多的研究者参与到这一课题的研究中，共同推动这一技术走向成熟和完善。随着自然语言处理和数据挖掘技术尤其是深度学习技术、认知计算技术的成熟和应用，语义指纹技术也将随之发展，将会出现更好的表示文献的特征和语义形式，实现更好的姓名消歧效果。

参考文献

［1］ Artiles J, Gonzalo J, Verdejo F. A testbed for people searching strategies in the WWW ［C］//Proceedings of the 28th annual international ACM SIGIR conference on Research and development in information retrieval. NY, USA：ACM New York, 2005：569 – 570.

［2］ 王英帅. Web 人名消歧方法的研究与实现 ［D］. 苏州：苏州大学，2010.

［3］ Ide N, Ronis J. Introduction to the special issue on word sense disambiguation：the state of the art ［J］. Computer Speech & Language, 2004, 18 (3)：201 – 207.

［4］ 林翠萍. 中文人名消歧算法研究 ［D］. 泉州：华侨大学，2015.

［5］ 郎君，秦兵，宋巍，等. 基于社会网络的人名检索结果重名消解 ［J］. 计算机学报，2009, 32 (7)：1365 – 1374.

［6］ Artiles J, Sekine S, Gonzalo J. Weps 2 evaluation campaign：overview of the web people search clustering task ［C］//Proceedings of the Www Web People Search Evaluation Workshop. Madrid, Spain：WWW2009, 2009.

［7］ Guha R, Garg A. Disambiguating people in search ［C］//The thirteenth international world wide web conference. New York：Association for Computing Machinery, 2004.

［8］ Spink A, Jansen B J, Pedersen J. Searching for people on Web search engines ［J］. Journal of Documentation, 2008, 60 (3)：266 – 278.

［9］ 王鑫. 人名消歧关键技术研究与实现 ［D］. 哈尔滨：哈尔滨工业大学，2012.

［10］ Fleischman M B, Hovy E. Multi-document person name resolution ［J］. In Proceedings of ACL-42, Reference Resolution Workshop, 2004.

［11］ Bollegala D, Matsuo Y, Ishizuka M. Disambiguating personal names on the web using automatically extracted key phrases ［J］. Proc Ecai, 2006：553 – 557.

［12］ Fan Q H, Zan H Y, Chai Y M, et al. Chinese personal name disambiguation based on vector space model ［C］. Proceeding of the Second CIPS SIGHAN Joint Conference on Chinese Language, 2012.

［13］ Artiles J, Borthwick A, Gonzalo J, et al. WePS-3 Evaluation Campaign：overview of the web people search clustering and attribute extraction tasks ［C］. Proceedings of the Conference on Multilingual & Multimodal Information Access Evaluation, 2010.

［14］ 卢志茂，刘挺，李生. 统计词义消歧的研究进展 ［J］. 电子学报，2006, 34 (2)：

333 – 343.

［15］Smalheiser N R, Torvik V I. Author name disambiguation ［J］. Annual Review of Information Science & Technology, 2009, 43（1）：1 – 43.

［16］Griffith R A. Method and system for disambiguating informational objects ［P］. US7953724B2, 2016 – 07 – 07.

［17］Fan X, Wang J, Lv B, et al. GHOST：an effective graph-based framework for name distinction ［C］. Proceedings of the 17th ACM conference on Information and knowledge management, 2008：1449 – 1450.

［18］Harzing A W. Health warning：might contain multiple personalities-the problem of homonyms in Thomson Reuters Essential Science Indicators ［J］. Scientometrics, 2015, 105（3）：2259 – 2270.

［19］Tang L, Walsh J P. Bibliometric fingerprints：name disambiguation based on approximate structure equivalence of cognitive maps ［J］. Scientometrics, 2010, 84（3）：763 – 784.

［20］Ferreira A A, Goncalves M A, Laender A H F. A brief survey of automatic methods for author name disambiguation ［J］. Acm Sigmod Record, 2012, 41（2）：15 – 26.

［21］Strotmann A, Zhao D, Bubela T. Author name disambiguation for collaboration network analysis and visualization ［J］. Proceedings of the American Society for Information Science & Technology, 2009, 46（1）：1 – 20.

［22］Han H, Giles L, Zha H, et al. Two supervised learning approaches for name disambiguation in author citations ［J］. IEEE Conference on Digital Libraries, 2004：296 – 305.

［23］Zhu J, Wu X, Lin X, et al. A novel multiple layers name disambiguation framework for digital libraries using dynamic clustering ［J］. Scientometrics, 2017（1）：1 – 14.

［24］Andruszkiewicz P, Szepietowski S. Person name disambiguation for building university knowledge base ［C］. Asian Conference on Intelligent Information and Database Systems, 2016：270 – 279.

［25］付媛, 朱礼军, 韩红旗. 姓名消歧方法研究进展 ［J］. 情报工程, 2016, 2（1）：53 – 58.

［26］任景华. 利用优化的 DBSCAN 算法进行文献著者人名消歧 ［J］. 图书馆理论与实践, 2014,（12）：61 – 65.

［27］袁军鹏, 俞征鹿, 苏成, 等. 作者重名辨识研究进展 ［J］. 数字图书馆论坛, 2011（10）：60 – 65.

［28］倪吉. 中文人名跨文档指代消解研究 ［D］. 苏州：苏州大学, 2011.

［29］杨欣欣. 基于两步聚类和查询扩展的人名消歧方法的研究 ［D］. 苏州：苏州大学, 2012.

［30］陈晨，王厚峰. 基于社会网络的跨文本同名消歧［J］. 中文信息学报，2011，25
  （5）：75 – 82.

［31］刘婷婷. 基于人物属性知识的中文人名消歧方法研究［D］. 北京：北京大
  学，2013.

［32］Bhattacharya I, Getoor L. Entity resolution［M］. Boston：Springer，2011：321 – 326.

［33］Agirre E, Edmonds P. Word sense disambiguation：algorithms and applications［M］.
  Netherlands：Springer，2007，74（4）：505.

［34］Bagga A, Baldwin B. Entity-based cross-document coreferencing using the vector space
  model［C］//Proceedings of the 17th international conference on Computational linguis-
  tics-Volume 1，1998：79 – 85.

［35］Fellegi I, Sunter A B. A theory for record linkage［J］. Publications of the American Sta-
  tistical Association，1969，64（328）：1183 – 1210.

［36］Yarowsky D, Somers H, Dale R, et al. Word-sense disambiguation［J］. Handbook of
  Natural Language Processing，2000：629 – 654.

［37］Mann G S, Yarowsky D. Unsupervised personal name disambiguation［J］. Proc Conll，
  2003：33 – 40.

［38］Artiles J, Gonzalo J, Sekine S. The SemEval-2007 WePS evaluation：establishing a
  benchmark for the web people search task［C］. International Workshop on Semantic Eval-
  uations，2007：64 – 69.

［39］陈晨. 中文跨文本的人名消解［D］. 北京：北京大学，2010.

［40］Nadeau D, Sekine S. A survey of named entity recognition and classification［J］.
  Lingvisticae Investigationes，2007，30（1）：3 – 26.

［41］Wacholder N, Ravin Y, Choi M. Disambiguation of proper names in text［C］//Pro-
  ceedings of the fifth conference on applied natural language processing. Stroudsburg：As-
  sociation for Computational Linguistics，1997：202 – 208.

［42］Ikeda M, Ono S, Sato I, et al. Person name disambiguation on the web by two-stage
  clustering［C］. Weps, Www Conference，2009.

［43］章顺瑞，游宏梁. 基于层次聚类算法的中文人名消歧研究［C］//全国计算机信
  息管理学术研讨会论文集. 南京：中国科学技术情报学会，2010.

［44］张菲菲，李宗海，周晓辉，等. 基于层次聚类的跨文本中文人名消歧研究［J］. 计
  算机工程与应用，2014，50（6）：106 – 111.

［45］Giles C L, Zha H, Han H. Name disambiguation in author citations using a K-way spec-
  tral clustering method［C］//Proceedings of the ACM/IEEE-Cs Joint Conference on，
  2007.

［46］Delgado A D, Martínez R, Montalvo S, et al. Person name disambiguation in the web using adaptive threshold clustering [J]. Journal of the Association for Information Science & Technology, 2017, 68 (7): 1751 – 1762.

[47] 朱亮亮. 利用改进的 K-means 算法实现文献著者人名消歧 [J]. 软件导刊, 2013, 12 (5): 63 – 66.

[48] Vu Q M, Masada T, Takasu A. Name disambiguation in web search using knowledge base [J]. Ieice Technical Report Data Engineering, 2006, 106: 143 – 148.

[49] Vu Q M, Masada T, Takasu A, et al. Using a knowledge base to disambiguate personal name in web search results [J]. ACM Symposium on Applied Computing, 2007: 839 – 843.

[50] Nguyen H T, Cao T H. A knowledge-based approach to named entity disambiguation in news articles [J]. Australian Joint Conference on Advances in Artificial Intelligence, 2007: 619 – 624.

[51] 刘杰, 徐瑞峰, 陆勤, 等. 结合百科知识和互联网验证的中文人名消歧 [EB/OL]. (2013 – 08 – 22) [2017 – 06 – 25]. http://www. paper. edu. cn/releasepaper/search? searchContent = Name% 20disambiguation&searchType = 0.

[52] Qureshi M A, O'riordan C, Pasi G. Exploiting wikipedia for entity name disambiguation in tweets [M]. Switzerland: Springer International Publishing, 2014: 184 – 195.

[53] Gong J, Oard D W. Determine the entity number in hierarchical clustering for web personal name disambiguation [C] //Proceedings of the WWW web people search evaluation workshop. Madrid, Spain: WWW2009, 2009.

[54] Zhang B, Dundar M, Hasan M A. Bayesian non-exhaustive classification a case study: online name disambiguation using temporal record streams [J]. 2016: 1341 – 1350.

[55] Wang J, Berzins K, Hicks D, et al. A boosted-trees method for name disambiguation [J]. Scientometrics, 2012, 93 (2): 391 – 411.

[56] 郭舒. 文献数据库中作者名自动化消歧方法应用研究 [J]. 情报杂志, 2013 (9): 132 – 137.

[57] Cota R G, Ferreira A A, Nascimento C, et al. An unsupervised heuristic-based hierarchical method for name disambiguation in bibliographic citations [J]. Journal of the American Society for Information Science & Technology, 2010, 61 (9): 1853 – 1870.

[58] Li S, Cong G, Miao C. Author name disambiguation using a new categorical distribution similarity [C] //Ecml-Pkdd. Heidelberg: Springer, Berlin, 2012, 7523: 569 – 584.

[59] Angadi, Manjunath. ResearcherID: an unique identifier [R]. USA: Thomson Reuters, 2013.

[60] Haak L L, Fenner M, Paglione L, et al. ORCID: a system to uniquely identify researchers [J]. Learned Publishing, 2012, 25 (4): 259 – 264.

［61］肖晶，梁冰，张晓丹，等. 一种面向篇级数据的作者名消歧规则和算法［J］. 现代图书情报技术，2012，28（5）：55 - 59.

［62］黄国彬，郑琳. 科研人员唯一标识符的组成与应用研究［J］. 图书情报工作，2015（4）：25 - 31.

［63］Swapnil M U. Inventor disambiguation for patents filed at USPTO［D］. Canberra：Australian National University，2013.

［64］Singh J. Collaborative networks as determinants of knowledge diffusion patterns［J］. Management Science，2005，51（5）：756 - 770.

［65］Fleming L，King C，Juda A I. Small worlds and regional innovation［J］. Social Science Electronic Publishing，2007，18（6）：938 - 954.

［66］Milojevi S. Accuracy of simple，initials-based methods for author name disambiguation［J］. Journal of Informetrics，2013，7（4）：767 - 773.

［67］Morrison G，Riccaboni M，Pammolli F. Disambiguation of patent inventors and assignees using high-resolution geolocation data［J］. Social Science Electronic Publishing，2015，4：170064.

［68］Torvik V I，Weeber M，Swanson D R，et al. A probabilistic similarity metric for medline records：a model for author name disambiguation［C］. AMIA Annual Symposium Proceedings，2003，56（2）：140 - 158.

［69］Miguélez E，Gómezmiguélez I. Singling out individual inventors from patent data［J］. IREA Working Papers，2011（5）：1 - 39.

［70］Pezzoni M，Lissoni F，Tarasconi G. How to kill inventors：testing the Massacrator? algorithm for inventor disambiguation［J］. Scientometrics，2014，101（1）：477 - 504.

［71］周志华. 机器学习［M］. 北京：清华大学出版社，2016.

［72］韩红旗，朱东华，刘嵩，等. 关联词约束的半监督文本分类方法［J］. 计算机工程与应用，2010（4）：113 - 116.

［73］Jain A K，Murty M N，Flynn P J. Data clustering：a review［J］. ACM computing surveys（CSUR），1999，31（3）：264 - 323.

［74］史忠植. 知识发现［M］. 北京：清华大学出版社，2000.

［75］Zhu X. Semi-supervised learning literature survey［J］. Computer Science，University of Wisconsin-Madison，2006，37（1）：63 - 67.

［76］Han H Q，Zhu D H，Wang X F. Semi-supervised text classification from unlabeled documents using class associated words［C］//Computers & Industrial Engineering. IEEE，2009：1255 - 1260.

［77］Yang G C，Liang C，Jing Z，et al. A mixture record linkage approach for us patent inventor disambiguation［C］//. Park J R C K，Chen S C. Advanced multimedia and ubiquitous engineering. futuretech 2017, MUE 2017. Singapore: Springer, 2017, 448: 331 - 338.

[78] Zhang Y, Zhou J F. A trainable method for extracting Chinese entity names and their relations [C] //The Workshop on Chinese Language Processing: Held in Conjunction with the Meeting of the Association for Computational Linguistics, 2000: 66 - 72.

[79] Malin B. Unsupervised name disambiguation via social network similarity [C] //The Workshop on Link Analysis, 2005: 93 - 102.

[80] Han X, Zhao J. Web personal name disambiguation based on reference entity tables mined from the web [C]. Eleventh International Workshop on Web Information and Data Management, 2009: 75 - 82.

[81] Ventura S L, Nugent R, Fuchs E R. Methods matter: rethinking inventor disambiguation with classification & labeled inventor records [J]. Academy of Management Annual Meeting Proceedings, 2013, 2013 (1): 14537.

[82] Ventura S L, Nugent R. Hierarchical linkage clustering with distributions of distances for large-scale record linkage [C] //Lecture notes in computer science. Switzerland: Springer, Cham, 2014: 283 - 298.

[83] Ventura S L, Nugent R, Fuchs E R H. Seeing the non-stars: (some) sources of bias in past disambiguation approaches and a new public tool leveraging labeled records [J]. Research Policy, 2015, 44 (9): 1672 - 1701.

[84] Kim K, Khabsa M, Giles C L. Inventor name disambiguation for a patent database using a random forest and DBSCAN [J]. Digital Libraries IEEE, 2016: 269 - 270.

[85] 刘杰. 结合共指消解的跨文档中文人名消歧研究 [D]. 哈尔滨: 哈尔滨工业大学, 2013.

[86] Xu J, Lu Q, Liu Z. Combining classification with clustering for web person disambiguation [C]. International Conference Companion on World Wide Web, 2012: 637 - 638.

[87] Chen Y, Martin J. Towards robust unsupervised personal name disambiguation [C] // Proceedings of the 2007 joint conference on empirical methods in natural language processing and computational natural language learning. Prague. 2007: 190 - 198.

[88] 李丽. 基于属性信息的中文人名消歧研究 [D]. 北京: 北京邮电大学, 2012.

[89] Wang X, Liu Y, Wang X, et al. Adaptive resonance theory based two-stage chinese name disambiguation [J]. International Journal of Intelligence Science, 2012, 2 (4): 83 - 88.

[90] 丁海波, 肖桐, 朱靖波. 基于多阶段的中文人名消歧聚类技术的研究 [C]. 全国信息检索学术会议, 2010.

[91] 沈剑平. 面向网络人物搜索的中文人名消歧 [D]. 哈尔滨: 哈尔滨工业大

学，2010.

［92］李金平. 面向人物搜索的中文人名消歧方法研究 ［D］.北京：北京大学，2013.

［93］Cnrs n C G U. Who's who in patents. A bayesian approach ［J］. Working Papers, 2009 (7): 1 - 13.

［94］Torvik V I, Smalheiser N R. Author name disambiguation in medline. ［J］. Acm Transactions on Knowledge Discovery from Data, 2009, 3 (3): 1 - 29.

［95］Li G C, Lai R, D'amour A, et al. Disambiguation and co-authorship networks of the U. S. patent inventor database (1975—2010) ［J］. Research Policy, 2014, 43 (6): 941 - 955.

［96］Wang P, Zhao J, Huang K, et al. A unified semi-supervised framework for author disambiguation in academic social network ［C］. International Conference on Database and Expert Systems Applications, 2014: 1 - 16.

［97］Jiang J, Yan X, Yu Z, et al. A Chinese expert disambiguation method based on semi-supervised graph clustering ［J］. International Journal of Machine Learning & Cybernetics, 2015, 6 (2): 1 - 8.

［98］蒲旭，王建勇，范小明. GHOST：作者名字排歧系统 ［J］.计算机研究与发展，2010, 47 (z1) .

［99］Song Y, Huang J, Councill I G, et al. Efficient topic-based unsupervised name disambiguation ［C］ //Proceedings of the 7th ACM/IEEE-CS joint conference on digital libraries. Vancouver, BC, Canada: ACM, 2007: 342 - 351.

［100］吴军. 数学之美 ［M］.北京：人民邮电出版社，2014.

［101］Webber F D S. Semantic folding theory and its application in semantic fingerprinting ［R］. Austria: Cortical. io, 2015.

［102］Ibriyamova F, Kogan S, Salganikshoshan G, et al. Using semantic fingerprinting in finance ［J］. Applied Economics, 2016, 49 (28): 1 - 17.

［103］Rabin M O. Fingerprinting by Random Polynomials ［R］. Massachusetts: Harvard Uniuersity, 1981: 1 - 12.

［104］Jain S, Pandey M. Hash table based word searching algorithm ［J］. International Journal of Computer Science & Information Technologies, 2012 (3): 4385 - 4388.

［105］Rivest R. The MD5 message-digest algorithm ［J］. RFC Editor, 1992, 473 (10): 492 - 492.

［106］Stallings W. Secure hash algorithm ［J］. Cryptography & Network Security Principles & Practice, 1996: 1116.

［107］Broder A Z, Glassman S C, Manasse M S, et al. Syntactic clustering of the Web ［J］. Computer Networks and Isdn Systems, 1997, 29 (8 - 13): 1157 - 1166.

［108］Charikar M S. Similarity estimation techniques from rounding algorithms ［C］. Thiry-Fourth ACM Symposium on Theory of Computing, 2002：380－388.

［109］Broder A Z. On the resemblance and containment of documents ［J］. IEEE Computer Society Digital Library, 1997：21－29.

［110］Han H, Yao C, Fu Y, et al. Semantic fingerprints-based author name disambiguation in Chinese documents ［J］. Scientometrics, 2017, 111 （3）：1879－1896.

［111］蔡云雷. 基于潜在语义分析的专利文本分类技术研究 ［D］. 沈阳：沈阳航空航天大学, 2011.

［112］时迎超, 王会珍, 肖桐, 等. 面向人名消歧任务的人名识别系统 ［C］. 全国信息检索学术会议, 2010：17－22.

［113］李颖, 徐硕, 姚长青. 研究者标识系统的整合及其应用 ［J］. 中国科技资源导刊, 2014, （5）：90－94.

［114］中国科学院文献情报中心中国科学引文数据库. iAuthor：国际研究者辨识系统 ［J］. 中华普外科手术学杂志：电子版, 2015 （3）：255.

［115］Tang J, Fong A C M, Wang B, et al. A unified probabilistic framework for name disambiguation in Digital Library ［J］. IEEE Transactions on Knowledge & Data Engineering, 2012, 24 （6）：975－987.

［116］杨欣欣, 李培峰, 朱巧明. 基于查询扩展的人名消歧 ［J］. 计算机应用, 2012, 32 （9）：2488－2490.

［117］Vu Q M, Takasu A, Adachi J. Improving the performance of personal name disambiguation using web directories ［J］. Information Processing & Management, 2008, 44 （4）：1546－1561.

［118］周晓, 李超, 胡明涵, 等. 基于人物互斥属性的中文人名消歧 ［C］. 全国信息检索学术会议, 2010.

［119］Bunescu R C, Pasca M. Using encyclopedic knowledge for named entity disambiguation ［C］. Conference of the European Chapter of the Association for Computational Linguistics. Trento, 2006：9－16.

［120］Han X, Zhao J. Named entity disambiguation by leveraging wikipedia semantic knowledge ［C］. ACM Conference on Information and Knowledge Management, 2009：215－224.

［121］Yarowsky D, Mann G S. Multi-document statistical fact extraction and fusion ［J］. Journal of Medicinal Chemistry, 2006, 13 （1）：113－9.

［122］Amigo E, Gonzalo J, Artiles J, et al. A comparison of extrinsic clustering evaluation metrics based on formal constraints ［J］. Information Retrieval, 2009, 12 （4）：461－486.

[123] 程显毅, 朱倩, 王进. 中文信息抽取原理及应用 [M]. 北京: 科学出版社, 2010.

[124] Sekine S, Artiles J. Weps2 attribute extraction task [C]. Proceedings of the 2nd Web People Search Evaluation Workshop (WePS 2009) in the 18th WWW Conference, 2009.

[125] Long C, Shi L. Web person name disambiguation by relevance weighting of extended feature sets [C]. CLEF 2010 LABs and Workshops. Padua. 2010.

[126] Smirnova E, Avrachenkov K, Trousse B. Using web graph structure for person name disambiguation [C]. CLEF 2010 LABs and Workshops. Italy. 2010.

[127] Ferrés D, Rodríguez H. TalP at WePS-3 2010. [C] //Clef 2010 Labs and workshops, notebook papers. Padua, Italy: Springer, 2010.

[128] Dornescu I, Orasan C, Lesnikova T. Cross-document coreference for WePS [C]. CLEF 2010 LABs and Workshops, Notebook Papers. Italy. 2010.

[129] Lana-serrano S, Villena-román J, Cristóbal J C G. DAEDALUS at WebPS-3 2010: k-Medoids clustering using a cost function minimization [C]. CLEF 2010 Labs and workshops. Italy. 2010.

[130] Tin, Farkas R. Person attribute extraction from the textual parts of web pages [C] // CLEF 2010 Labs and workshops, Notebook Papers. Padua, Italy: Springer, 2010.

[131] Akinsanmi E O, Fuchs E, Reagans R E. Economic downturns, technology trajectories and the careers of scientists [R]. USA: Georgia Institute of Technology, 2011.

[132] Azoulay P, Michigan R, Sampat B N. The anatomy of medical school patenting [J]. New England Journal of Medicine, 2007, 357 (20): 2049 – 2056.

[133] Azoulay P, Zivin J G, Sampat B N. The diffusion of scientific knowledge across time and space: evidence from professional transitions for the superstars of medicine [J]. Nber Chapters, 2011: 107 – 155.

[134] Trajtenberg M, Shiff G. Identification and mobility of israeli patenting inventors [R]. Israel: Tel Aviv University, 2008.

[135] Ge C, Huang K, Png I P L. Engineer/scientist careers: patents, online profiles, and misclassification bias [J]. Strategic Management Journal, 2016, 37 (1): 232 – 253.

[136] Lissoni F, Maurino A, Pezzoni M, et al. Ape-Inv's "Name Game" algorithm challenge: a guideline for benchmark data analysis & reporting [R]. Strasbourg: European science foundation, 2010.

[137] 韩红旗. 基于专利数据的产业技术竞争分析方法研究 [D]. 北京: 北京理工大学, 2010.

[138] Varma V, Bysani P, Reddy K, et al. IIIT Hyderabad in guided summarization and

knowledge base population［C］. In Proceedings of Text Analysis Conference，2010.

［139］ Zhang W，Sim Y C，Su J，et al. NUS-I2R：learning a combined system for entity link-ing［C］. In Proceedings of Text Analysis Conference，2010.

［140］ Kurakawa K，Takeda H，Takaku M，et al. Researcher name resolver：identifier man-agement system for Japanese researchers［J］. International Journal on Digital Libraries，2014，14（1-2）：39-58.

［141］ 朱建新，杨小虎. 基于指纹的网络身份认证［J］. 计算机应用研究，2001，18（12）：14-17.

［142］ 韩伟红. 基于内容的检索系统及预处理［D］. 长沙：国防科学技术大学，1997.

［143］ 王希杰. 一种基于网页指纹的网页查重技术研究［J］. 计算机仿真，2011，28（9）：154-157.

［144］ 刘大乾. 学术论文数字指纹比对率辨析［J］. 中国科技期刊研究，2013，24（4）：775-776.

［145］ 陈雁. 面向中文文本的指纹提取与检测关键技术研究［D］. 北京：中国科学院大学，2016.

［146］ 赵应丁，戴仕明，刘金刚. 基于灰度指纹图像的指纹特征提取算法研究［J］. 系统仿真学报，2006，18（2）：319-322.

［147］ 仲琛，肖南峰. 指纹和声音自动识别系统的设计与实现［J］. 计算技术与自动化，2006，25（2）：113-116.

［148］ 李泽洲，欧阳建权，张敏，等. 基于视频指纹的视频片段检索方法［J］. 计算机工程，2010，36（7）：239-241.

［149］ 周莹冰. 基于S盒的单分组哈希函数的设计与实现［D］. 延边：延边大学，2015.

［150］ 王少辉. 数字签名算法的研究与设计［D］. 济南：山东大学，2008.

［151］ 闫俊伢. 基于MD5的网页去重算法的设计与研究［J］. 实验室研究与探索，2013，32（12）：105-108.

［152］ 马丹丹，张超奇. 基于变形Rabin算法的RFID安全协议［J］. 计算机工程，2012，38（16）：145-148.

［153］ Enbody R J，Du H C. Dynamic hashing schemes［J］. Computer Engineering，1993，25（20）：850-113.

［154］ 刘文龙，李晖，金东勋，等. 数字指纹生成方案及关键算法研究［J］. 信息网络安全，2015（2）：66-70.

［155］ 柏银，李志蜀，朱兴东. MD5算法及其在远程身份认证中的应用［J］. 四川大学学报：自然科学版，2006，43（2）：305-309.

［156］ 李超，魏悦川，孙兵，等. SHA-256压缩函数的结构安全性［J］. 应用科学学报，2008，26（1）：1-5.

［157］孙晶涛．基于 LSA 和 MD5 算法的垃圾邮件过滤系统研究［D］．兰州：兰州理工大学，2008.

［158］Pazienza M, Pennacchiotti M, Zanzotto F M. Identifying relational concept lexicalisations by using general linguistic knowledge［C］. Eureopean Conference on Artificial Intelligence, 2004, 16：1071 – 1072.

［159］陈源．从测试角度看指纹技术在图书馆的应用［J］．图书馆论坛，2010，30（4）：63 – 65.

［160］李旭，赵亚伟，刘国华．基于指纹和语义特征的文档复制检测方法［J］．燕山大学学报，2008，32（4）：334 – 339.

［161］张帆．基于指纹检索的文本相似性检测技术研究与应用［D］．长沙：中南大学，2013.

［162］Sood S, Loguinov D. Probabilistic near-duplicate detection using simhash［C］//Proceedings of 2014 international conference on smart computing（SMARTCOMP）. Hongkong, China：IEEE Computer Society, 2011：1117 – 1126.

［163］Manku G S, Jain A, Das sarma A. Detecting near-duplicates for web crawling［C］. Proceedings of the 16th international conference on world wide web, 2007：141 – 150.

［164］白如江，王晓笛，王效岳．基于数字指纹的文献相似度检测研究［J］．图书情报工作，2013，57（15）：88 – 95.

［165］马如林．基于贝叶斯和信息指纹的博客内容审计研究与实现［D］．桂林：桂林电子科技大学，2008.

［166］李纲，毛进，陈璟浩．基于语义指纹的中文文本快速去重［J］．现代图书情报技术，2013（9）：41 – 47.

［167］董博，郑庆华，宋凯磊，等．基于多 SimHash 指纹的近似文本检测［J］．小型微型计算机系统，2011，32（11）：2152 – 2157.

［168］郭晓光．基于 SimHash 的相似人脸检索算法研究［D］．武汉：华中科技大学，2012.

［169］Uddin M S, Roy C K, Schneider K A, et al. On the effectiveness of simhash for detecting near-miss clones in large scale software systems［C］. Reverse Engineering, 2011：13 – 22.

［170］赵德平，蔡丽静，李鹏．基于 Newshingling 的相似文本检测算法［J］．沈阳建筑大学学报：自然科学版，2011，27（4）：771 – 775.

［171］马成前，毛许光．网页查重算法 Shingling 和 Simhash 研究［J］．计算机与数字工程，2009，37（1）：15 – 17.

［172］原默晗，唐晋韬，王挺．一种高效的分布式相似短文本聚类算法［J］．计算机与

数字工程，2016，44（5）：895－900.

［173］ Jiang Q, Sun M. Semi-supervised simHash for efficient document similarity search ［C］//Meeting of the association for computational linguistics：human language technologies，2011：93－101.

［174］ Hamming R W. Error detecting and error correcting codes ［J］. Bell System Technical Journal，1982，29（2）：147－160.

［175］ 陈露，吴国仕，李晶. 基于语义指纹和 LCS 的文本去重方法 ［J］. 软件，2014（11）：25－30.

［176］ 陈春玲，陈琳，熊晶，等. 基于 Simhash 算法的重复数据删除技术的研究与改进 ［J］. 南京邮电大学学报：自然科学版，2016，36（3）：85－91.

［177］ Anand Rajaraman, Jeffrey David Ullman. 大数据：互联网大规模数据挖掘与分布式处理 ［M］. 王斌，译. 2 版. 北京：人民邮电出版社，2015.

［178］ 何亨，夏薇，张继，等. 一种云环境中密文数据的模糊多关键词检索方案 ［J］. 计算机科学，2017，44（5）：146－152.

［179］ 张庆梅. 针对舆情数据的去重算法 ［J］. 计算机系统应用，2017，26（5）：16－22.

［180］ Ahmad S, Hawkins J. Properties of sparse distributed representations and their application to hierarchical temporal memory ［R］. USA：Numenta，2015.

［181］ Jeff H, Subutai A. Why neurons have thousands of synapses, a theory of sequence memory in neocortex ［J］. Frontiers in Neural Circuits，2016，10（177）：23.

［182］ 杰夫·霍金斯，桑德拉·布拉克斯莉. 人工智能的未来 ［M］. 贺俊杰，李若子，杨倩，译. 西安：陕西科学技术出版社，2006.

［183］ Purdy S. Encoding data for HTM systems ［R］. USA：Numenta，2016.

［184］ Hawkins C J, Marianetti I R, Raj A, et al. Temporal memory using sparse distributed representation ［P］. US2548096 A1，2016－07－28.

［185］ 陈飞宏. 基于向量空间模型的中文文本相似度算法研究 ［D］. 成都：电子科技大学，2011.

［186］ Salton G. Dynamic information and library processing ［J］. Prentice-Hall，1975（4）：523.

［187］ Levenshtein V I. Binary codes capable of correcting deletions, insertions and reversals ［J］. Soviet Physics Doklady，1966，10（1）：707－710.

［188］ Winkler W E. String comparator metrics and enhanced decision rules in the Fellegi-Sunter model of record linkage ［J］. Proceedings of the National Academy of Sciences，1990：8.

［189］ 盛怡瑾，张学福，孙巍，等. 数据匹配算法应用对比研究：以期刊数据融合中作

者和机构匹配为例 [J]. 数字图书馆论坛, 2015 (10): 14 - 20.

[190] 刘雪莉, 王宏志, 李建中, 等. 基于实体的相似性连接算法 [J]. 软件学报, 2015, 26 (6): 1421 - 1437.

[191] 孙吉贵, 刘杰, 赵连宇. 聚类算法研究 [J]. 软件学报, 2008, 19 (1): 48 - 61.

[192] Macqueen J. Some methods for classification and analysis of multivariate observations [C] //Proceedings of the fifth Berkeley symposium on mathematical statistics and probability. California: University of California Press, 1967, 5 (1): 279 - 280.

[193] Jain A K. Data clustering: 50 years beyond K-means [J]. Pattern Recognition Letters, 2010, 31 (8): 651 - 666.

[194] Dhillon I S, Modha D S. Concept decompositions for large sparse text data using clustering [J]. Machine learning, 2001, 42 (1 - 2): 143 - 175.

[195] Bradley P S, Fayyad U M. Refining initial points for k-means clustering [C] //Shavlik J. Proceedings of the 15th international conference on machine learning (ICML98). San Francisco: Morgan Kaufmann, 1998, 98: 91 - 99.

[196] Voorhees E M. Implementing agglomerative hierarchic clustering algorithms for use in document retrieval [M]. United Kingdom: Pergamon Press, Inc., 1986: 465 - 476.

[197] 刘洋, 江志纲, 丁增喜, 等. 一种基于图的聚类算法 GB-Cluster [C]. 全国数据库学术会议, 2002.

[198] 姜火文, 曾国荪, 胡克坤. 一种遗传算法实现的图聚类匿名隐私保护方法 [J]. 计算机研究与发展, 2016, 53 (10): 2354 - 2364.

[199] 黄晖. 基于图聚类的入侵检测方法研究 [D]. 重庆: 重庆大学, 2012.

[200] 田维. 基于半监督图聚类的专家消歧方法研究 [D]. 昆明: 昆明理工大学, 2013.

[201] Ibanez A, Larranaga P, Bielza C. Cluster methods for assessing research performance: exploring Spanish computer science [J]. Scientometrics, 2013, 97 (3): 571 - 600.

[202] Bollegala D, Matsuo Y, Ishizuka M. Automatic annotation of ambiguous personal names on the web [J]. Computational Intelligence, 2012, 28 (28): 398 - 425.

[203] Pereira D A, Ribeiro-neto B, Ziviani N, et al. Using web information for author name disambiguation [C]. Acm/ieee-Cs Joint Conference on Digital Libraries, 2009: 49 - 58.

[204] Han H, Zha H, Giles C L. A model-based k-means algorithm for name disambiguation [C]. International Semantic Web Conference, 2003.

[205] Khabsa M, Treeratpituk P, Giles C L. Large scale author name disambiguation in digital libraries [C]. IEEE International Conference on Big Data, 2014: 41 - 42.

[206] On B W, Lee D, Kang J, et al. Comparative study of name disambiguation problem using a scalable blocking-based framework [C]. Acm/ieee-Cs Joint Conference on Digital

Libraries, 2005: 344 – 353.

[207] Elkhidir M, Ibrahim M M, Khalid T A, et al. Plagiarism detection using free-text fingerprint analysis [C]. Computer Networks and Information Security, 2015.

[208] Ho P T, Sung K R. Fingerprint-Based near-duplicate document detection with applications to SNS spam detection [J]. International Journal of Distributed Sensor Networks, 2014, 10 (1): 40 – 44.

[209] Zhang W, Yoshida T, Tang X. A comparative study of TF * IDF, LSI and multi-words for text classification [J]. Expert Systems with Applications, 2011, 38 (3): 2758 – 2765.

[210] Salton G, Wong A, Yang C S. A vector space model for automatic indexing [J]. Communications of the Acm, 1975, 18 (11): 273 – 280.

[211] 张晗. 融合句义特征的人名消歧及人物关系抽取技术研究 [D]. 北京: 北京理工大学, 2015.

[212] 尹相权, 曾姗, 糜凯. 基于人名消歧的自引统计研究 [J]. 情报探索, 2015 (5): 57 – 60.

[213] 宋文强. 科技文献作者重名消歧与实体链接 [D]. 哈尔滨: 哈尔滨工业大学, 2012.

[214] Pilkington A. Technology portfolio alignment as an indicator of commercialisation: An investigation of fuel cell patenting [J]. Technovation, 2004, 24 (10): 761 – 771.

[215] Lee C K, Ong R. An analysis of the liquid crystal cell patents of LG and Samsung filed at the USPTO [C]. IEEE International Conference on Management of Innovation and Technology, 2006: 345 – 349.

[216] 张冬梅. 专利分析在医药行业的技术预见能力检验: 以检测和诊断艾滋病病毒 (HIV) 感染的技术为例 [J]. 图书情报工作, 2008, 52 (2): 135 – 137.

[217] Ruotsalainen L. Data mining tools for technology and competitive intelligence [R]. Finland: VTT Technical Research Centre of Finland, 2008.

[218] Kayal A A, Waters R C. An empirical evaluation of the technology cycle time indicator as a measure of the pace of technological progress in superconductor technology [J]. IEEE Transactions on Engineering Management Em, 1999, 46 (2): 127 – 131.

[219] Connelly M C, Sekhar J A. A case study in metals for inventions and innovations [C] //PICMET'08 – 2008 portland international conference on management of engineering & technology. Cape Town, South Africa: IEEE, 2008: 639 – 655.

[220] 邓要武. 科技报告、专利文献和标准文献资源检索与利用 [J]. 图书馆工作与研究, 2008 (7): 71 – 74.

[221] Doherr T. Inventor mobility Index: a method to disambiguate inventor careers [R].

Mannheim, Germany: Centre for European Economic Research (ZEW), 2017.

[222] 刘斌, 赵升, 孙笑明, 等. 我国专利数据中发明家姓名消歧算法研究 [J]. 情报学报, 2016, 35 (4): 405 – 414.

[223] 张静, 张志强, 赵亚娟. 基于专利发明人人名消歧的研发团队识别研究 [J]. 知识管理论坛, 2016 (3): 217 – 225.

[224] 王道仁, 杨冠灿, 傅俊英. 专利发明人英文重名识别判据及效度比较分析 [J]. 数字图书馆论坛, 2016 (8): 2 – 9.

[225] Trajtenberg M, Shiff G, Ran M. The "Names Game": harnessing inventors, patent data for economic research [J]. Annals of Economics & Statistics, 2006, 7 (93/94): 79 – 108.

[226] Bilenko M, Kamath B, Mooney R J. Adaptive blocking: learning to scale up record linkage [C]. International Conference on Data Mining, 2006: 87 – 96.

[227] 刘玉琴, 桂婕, 朱东华. 基于 IPC 知识结构的专利自动分类方法 [J]. 计算机工程, 2008, 34 (3): 207 – 209.